大学生
健康运动与急救

袁文惠　主编

黄河水利出版社

内 容 提 要

全书共分 11 章，内容主要包括大学生健康之路、大学生营养与健康、大学生饮食与体重、大学生运动与健康、大学生身体素质的练习、大学生体育锻炼的处方、轻度运动损伤与急救、严重运动创伤与急救、运动骨骼损伤与救助、运动中受伤者的运送方法、游泳与溺水的救护等。本书可作为大学生的体育辅助教材，也可供体育爱好者学习参考。

图书在版编目(CIP)数据

大学生健康运动与急救／袁文惠主编．—郑州：黄河水利出版社，2008.6

ISBN 978-7-80734-432-2

Ⅰ.大… Ⅱ.袁… Ⅲ.①健身运动-高等学校-教材②急救-高等学校-教材 Ⅳ.G883 R459.7

中国版本图书馆 CIP 数据核字(2008)第 063248 号

组稿编辑：王路平 电话：0371-66022212 E-mail:hhslwlp@126.com

出 版 社：黄河水利出版社

地址：河南省郑州市金水路 11 号　　邮政编码：450003

发行单位：黄河水利出版社

发行部电话：0371-66026940、66020550、66028024、66022620(传真)

E-mail：hhslcbs@126.com

承印单位：黄河水利委员会印刷厂

开本：787 mm×1 092 mm 1／16

印张：12.25

字数：300 千字　　印数：1—1 200

版次：2008 年 6 月第 1 版　　印次：2008 年 6 月第 1 次印刷

定价：25.00 元

前　言

大学生是未来祖国现代化建设的人才。健壮的体魄、高超的智能、良好的心理素质、高尚的道德情操已成为21世纪对人才的基本要求。在这四项要求中，健壮的体魄是能更好地从事其他一切活动的根本，而健壮体魄的形成，除需要良好的先天生理因素之外，更重要的是得益于后天科学的体育锻炼。大学生正处于身体发育的旺盛阶段，因此树立健康第一的思想、培养良好的体育锻炼习惯、掌握科学的体育锻炼方法，对于提高大学生个人身体素质，进而提高全民族体质，具有特别重要的意义。为了健康目标，积极参与体育运动，实现身体、心理、精神和谐完美的发展已成为人们不懈的追求。如何科学、有效地进行运动，避免运动不慎造成对身体的伤害，获得良好的运动效果，实现健康目标呢？掌握运动的基本原理、基本方法是人们科学运动的前提和条件。

本书从大学体育教育和大学生的实际情况出发，为满足大学生对运动的多元化需要，从身体健康、心理健康、运动营养、运动保健、身体素质的练习、运动处方的制定、运动损伤的预防与急救等多角度阐述运动的原理及方法，为科学运动提供理论指导。本书共分11章及附录，各章节撰稿人如下：

郑州大学　王跃(前言、目录)

郑州轻工业学院　袁文惠(第一、二、三、五章，第十一章第一节，参考文献)

河南工业大学　郑国英(第四、六章)

郑州轻工业学院　李红涛(第七、九章)

郑州轻工业学院　高俊发(第八、十章)

郑州轻工业学院　贺伟(第十一章第二、三节)

郑州轻工业学院　李展(第十一章第四节、附录)

全书由郑州大学贺战冰主审。

在本书的编写过程中，我们吸取和借鉴了国内外专家和学者的研究成果，在此表示诚挚的感谢。但由于编者水平和时间有限，难免有不妥之处，恳请读者予以批评指正。

编　者

2008年4月

目　录

(8)睡眠维持在 6~8 小时，超过 10 小时或者不足 4 小时为不正常。

判断：有 1 项不正常者，应该找医生进行咨询，排除某些疾病；有 2 项不正常者，可能患有某种疾病，应该到医院进行全面体格检查，了解身体的健康状况；有 3 项或者 3 项以上不正常者，肯定患有某种疾病，应该立即到医院就诊。

(二)健康自测 12 项

美国加利福尼亚的医生设计了一组专项测试，能知道你是不是关心自己的健康：

(1)坚持健康的生活方式，保持优美的体形。

(2)保持乐观，任何争吵或纠纷都不是忧郁和苦闷的理由。

(3)每天全力以赴地投入工作。

(4)追求充实的精神生活：读书、看戏、参观展览。

(5)性格的显著特点：待人富有同情心。

(6)身体能适应周围环境的任何变化。

(7)高高兴兴地进行体育锻炼，从事一定的体力劳动。

(8)紧张工作之后或生病之后，很快就能恢复。

(9)会自我分析感情和行为，毫不犹豫地做出决定。

(10)很快忘记扫兴的事，振作精神。

(11)尽量做对社会有益的事，哪怕一点点也好。

(12)幽默感——生活的最好助手。

以上所列 12 项中，如果有 6 项与你一致，你的健康就有了可靠的保证，并能在今后很长一段时间里保持良好的自我感觉。

如果 7 项或 7 项以上对你来说是否定的，就应尽快改变自己对健康的态度，学会得到健康和保持健康。否则，在不久的将来，你会患上多种疾病。

第二节　影响健康的因素

健康是一个复杂的概念，受遗传、生活环境、行为与生活方式和运动等多种因素的制约和影响。影响健康的因素可归纳为以下几种。

一、人体生物学因素

人体是一个极为复杂的有机体。在影响和制约人体健康的诸多生物学因素中，主要有遗传和心理两种因素。

(一)遗传因素

后代形成和亲代相似的多种特征称遗传特征。遗传不仅使后代在形态、体质以至性格、智力、功能等方面和亲代相似，而且还把亲代的许多隐性或显性的疾病传给了后代。现代医学研究发现，遗传病有两三千种之多。遗传病不仅种类多，而且发病率高(约占一般病的 20%)。

(二)心理因素

我们祖先在 2 000 多年前就发现了情绪对身心健康的影响，如《黄帝内经》中多处提到了“怒伤肝”、“悲伤脾”、“恐伤肾”。现代医学心理学的研究也证明了许多疾病的发生、发展和心理因素有关，如心血管病、高血压、肿瘤等。大量的临床实践证明，消极的情绪(如悲伤、恐惧、愤怒、焦虑等)能引起各器官系统的功能失调，导致失眠、心动过速、血压升高、尿急、月经失调等。在我国癌症普查中还发现心理因素与食道癌、子宫颈癌的发病有密切关系。

二、环境因素

人类与自然环境之间有着极为密切的关系。自然环境提供了人类生存和发展的条件，同时，人类的生活和生产活动又不断地改造环境，创造出有利于自身生存和发展的环境条件。另外，人类在改造环境的过程中，还不断把大量的废弃物带给了环境，造成环境的污染，对人体健康产生不良影响，甚至危及生命。

三、行为与生活方式因素

不良的行为和生活方式对健康带来不利影响。美国著名保健学家培洛克对几千人进行了 35 年的跟踪调查，证明具有 6 种良好生活习惯者的寿命要比其他人延长 53%。这 6 种良好的生活习惯为：①每日三餐定时，不吃零食；②每周进行三次适当的锻炼活动；③每晚保证 7～8 小时睡眠；④不吸烟；⑤不酗酒；⑥保持正常体重。由此可见人的行为模式对人体健康的重要作用。

四、社会保健制度因素

保健是包括对疾病患者进行治疗在内的康复训练、普查疾病、促进健康、预防疾病、预防伤残以及健康教育等一系列的措施。显然，健全的社会保健制度是维护和促进健康的重要保障。

第三节　亚健康对生活质量的影响及防治

一、亚健康的概念

亚健康(Sub-health)概念首先是由苏联学者于 20 世纪 80 年代提出的。亚健康状态是介于健康与疾病之间的一种状态，又叫“第三状态”或“灰色状态”，是指机体在内外环境不良刺激下引起心理、生理发生异常变化，但尚未达到明显病理性反应的程度。从生理学角度来讲，亚健康状态就是人体各器官功能稳定性失调尚未引起器质性损伤，医学检查所得各项生理、生化指标均无明显异常，医生无法作出明确诊断。在此状态下如能及时调控，可恢复健康状态，否则会发生疾病。亚健康状态基本上是由于机体组织结构的退化(老化)及生理功能减退所致，因而目前将人体衰老的表现也列入亚健康状态的一种类型。

亚健康在临床上常被诊断为疲劳综合征、内分泌失调、神经衰弱、更年期综合征等。它在心理上的具体表现是精神不振、情绪低沉、反应迟钝、失眠多梦、白天困倦、注意力不集中、记忆力减退、烦躁、焦虑、易惊等。在生理上则表现为疲劳、乏力、活动时气短、出汗、腰酸腿疼等；此外，还可能出现心血管系统变化，如心悸、心律不齐等。

国内外研究表明，现代社会完全符合健康标准的人大约只有 15%，属于有疾病在身的大约有 15%，其余近 70%的人都处在不同程度的亚健康状态。处于亚健康状态的人精力衰竭、抵抗力减弱、工作效率低，主要原因是成年累月积累起来的工作和生活压力得不到有效的缓解。亚健康状态是国际医学界 20 世纪 80 年代后半期的医学新思维，标志着人们生活质量的提高，对健康的要求更加深入。

二、亚健康的常见征兆

亚健康的症状主要表现为躯体症状(如肌肉症状、胃肠道症状、心血管症状等) 、心理疾病(如精神症状、抑郁、焦虑等)和社会适应能力不足症状(自闭症、自卑症等)。常见征兆表现为以下多个方面，您不妨对照自测一下：①浑身乏力；②容易疲倦；③头脑不清爽；④思想涣散；⑤头痛头重；⑥面部疼痛；⑦眼睛疲劳；⑧鼻塞；⑨眩晕；⑩起立时眼发黑；⑪耳鸣；⑫声音有异常感；⑬郁闷不快；⑭肩颈僵硬；⑮便秘；⑯心悸；⑰手足麻木；⑱容易晕车。

三、造成亚健康的原因

(1)过度疲劳造成的精力、体力透支。生活、工作节律加快，竞争日趋激烈，使人们用脑过度，身心长时期处于超负荷紧张状态，造成机体身心疲劳，表现为疲劳、精力不足、注意力不集中、记忆力减退、睡眠质量不佳、肩背腰膝酸楚疼痛等。长期下去，必然造成内脏功能过度损耗、机能下降而出现亚健康状态。

(2)人的自然衰老。人体成熟以后，大约从 30 岁就开始衰老。到了一定程度，人的机体器官开始老化，出现体力不足、精力不支、社会适应能力降低等现象。譬如女性出现更年期综合征时，生理功能紊乱、精神和情绪躁乱；男子虽然更年期综合症状不明显，但是也会产生性机能减退、心情烦躁、精力下降等综合症状。这时人体是没有病变的，但是已经不完全健康，属于亚健康状态。

(3)现代身心疾病，如心脑血管病、肿瘤等疾病的前期。现在世界各国公布的死亡前三位病因，几乎都是心脑血管疾病和肿瘤。在这些病发病前的长时期内，机体也可能处于亚健康状态，人体内脏系统虽然没有显著病变，但已经有功能性障碍，如胸闷、气短、头晕目眩、失眠健忘、心悸、无名疼痛等。各种化验手段都不能发现阳性结果，没有对症的药，也没有合理的解释。

(4)人体生物周期中的低潮时间。即使是一个健康的人，在某一特定的时间也可能处于亚健康状态。人的体力、精力、情绪都有一定的生物节律，有高潮也有低潮，脑力和体力都有很大的反差。在低潮时期，就会表现出亚健康状态。

四、亚健康的特征及对生活质量的影响

亚健康作为一种偏离健康的生理状态，其表现主要以主观感受为主，伴随各种本能行为障碍或自主神经功能紊乱等症状，客观体征极少或没有，症状可单一出现，也可以交替或合并出现，其特征及对人的生活质量的影响大体上可以表现为以下几种类型：

(1)失眠或嗜睡：失眠或嗜睡等生物节律失调为亚健康最常见的临床症状。失眠多见于精神紧张，而嗜睡多为理化因素、营养因素、内分泌因素、行为因素、躯体因素、病原体感染等所引起的状态。

(2)健忘：表现为记忆力下降，特别是短期记忆力下降，长期记忆则不受影响。

(3)食欲不振：可见于任何因素所致的亚健康状态。

(4)性欲低下：多由个人遭遇各种压力引起，严重者可伴有阳痿、阴冷、早泄、射精困难、达不到性高潮等。

(5)烦躁不安：烦躁，易激怒，情绪不稳定，易于失控或易于极端化，或有精神快要崩溃感，也可因极度疲劳、低血糖、极度恐惧、过分紧张而引起。

(6)抑郁或消沉：对任何事物都不感兴趣，没有好奇感，感觉孤独无助，前途无望，缺乏人际交往的欲望，往往伴随失眠或嗜睡，食欲不振，性欲低下。以上表现应注意同抑郁症相区别：抑郁症患者除上述症状较重、持续时间较长(超过 2 个月)外，还有思维缓慢、反应迟钝，联想困难，思路闭塞，缺乏主动语言，在情绪低落的背景下产生自责、自罪观念，或产生种种疑虑病症。

(7)焦虑不安：往往忧心忡忡，坐卧不安，有大祸临头感，或担心某事某人而不能解脱。这些表现应注意同焦虑神经病区别。焦虑神经病的焦虑特征是：精神运动性不安，来回走动，甚至奔跑喊叫，也可以表现为不自主的震颤或发抖；伴有身体不适感和自主神经功能紊乱。

(8)疲乏无力：可因各种因素引起，常与其他症状相伴随。

(9)头晕心悸气短：头痛、头晕、胸闷、心悸、气短，是最常见的躯体症状，常成为就医的理由。

(10)大小便问题：可有尿频尿急，小便变黄，大便稀，轻微腹泻，有时可伴随轻微腹部不适或腹痛，肢体麻木、瘙痒、酸痛或抽搐。

(11)免疫功能下降：经常感冒或有感冒症状，皮肤轻微感染，咽喉不适，口腔黏膜溃疡等。

五、亚健康的防治方法

(一)健康教育指导

健康教育指导是调控亚健康的重要方法之一。不正确、不科学的生活行为因素是导致亚健康的重要原因，而不健康的生活方式的形成，主要是由于患者的卫生保健方面的知识缺乏所致。所以，健康教育指导是促使亚健康回到健康，建立良好科学的生活行为方式最有效的手段。

健康教育指导工作可以从以下几个方面进行：

(1)向患者说明亚健康的病因、特点和可能出现的危害，求得治疗上的配合。

(2)既要解除亚健康人群的思想顾虑和精神负担，又要避免不以为然、听之任之的放任自流行为，要充分发挥主观能动性。

(3)指出心理、社会因素的重要作用及正确的处理方法，包括对社会上一些问题、现象的看法和对待方式等。

(4)有针对性地提出改变不健康生活、行为方式的具体做法，这是亚健康患者最需要掌握的。

(5)注意如何看待疗效、效果评估和不良行为纠正的监控措施等问题。

(二)生物医学治疗

亚健康是疾病前的一种特殊状态，传统的治疗手段不作为常规使用。针对自述的严重程度可采取对症治疗。但要密切观察治疗结果，用药应掌握短期、小剂量配合的原则，避免产生药物依赖。

(三)心理行为干预

(1)明确心理治疗、干预治疗的重要意义，结合健康教育进行。

(2)针对患者焦虑不安、紧张情绪的特点，帮助其解除顾虑，稳定情绪，树立信心，配合治疗。

(3)倾听患者倾诉，引导患者陈述，宣泄心理、精神、情绪压力。

(4)坚持治疗，定期跟踪随访，调整治疗方案，巩固成绩，提高疗效，预防复发。

(四)重视预防保健

做好预防保健，消除危险因素，保持身心健康尤其重要。

(1)提高自我保健意识，改变性格缺陷，宣泄心理压力，改变不良生活习惯，建立良好的生活规律，劳逸结合，张弛适度，休息充分。

(2)适当进行体力劳动，劳逸结合。加强体育锻炼，保持适当体重，饮食有节，起居有常，不暴饮暴食，注意环境卫生，避免毒邪侵袭，做好特殊时期的卫生保健，如妇女月经期。

(3)提高科学素养，科学地认识健康和疾病，提高社会适应能力和环境适应能力。

第四节　大学生现代生活方式与健康

生活方式是指人们长期受一定文化、民族、经济、社会、风俗，特别是家庭影响而形成的一系列生活习惯、生活制度和生活意识。人类在漫长的发展过程中，虽然很早就认识到生活方式与健康有关，但由于人们一直认为危害人类生命的各种传染病是人类死亡的主要原因，从而忽视了生活方式对健康的影响。健康生活方式使高血压发病率减少55%，而早期控制高血压，又能使心肌梗死、中风等心脑血管疾病的发病率再减少50%。如果人从青年时期就实行健康的生活方式，那么，高血压发病率仅为预期的一半，心肌梗死、中风仅为预期的1/4。20世纪80年代我国研究证明，生活方式因素导致的死亡人数在全部死亡人数中占44.7%；在我国死亡人口致死因素的前三位死因(脑血管病、心脏病、肿瘤病)中，致病因素都与生活方式有密切的关系。可见，养成良好的生活习惯对于健康至关重要。

一、都市化生活方式对健康的不利影响

(1)城市人口的高度密集，现代化建筑的高空发展趋势，使人与自然越来越远。

(2)城市中的环境污染和周边地区的生态平衡破坏，使工业雾、酸雨、毒雪、沙尘暴、

洪灾、旱灾频繁发生。

(3)家务劳动的社会化，设备的电器化，城市交通和通信联系工具的现代化，饮食结构的改善，脂肪和肉类食品的增多，体力劳动强度的降低，对人的神经系统、肌肉系统、内分泌系统及心血管系统产生许多不良影响，出现了"运动缺乏、营养过剩"现象，使高血压、冠心病、神经官能症、肥胖病等现代文明病大大增加。

(4)现代社会竞争加剧，生活节奏大大加快，人们经常处于高度紧张状态，使人体心理和生理机能出现问题，给生活、家庭和社会带来不良影响。

(5)"多食少动"导致越来越严重的城市儿童肥胖现象，同时食品过于精致又导致为数不少的少年儿童营养不良。

(6)偏食、吸烟、酗酒、滥用药物和麻醉品等不良生活习惯和行为使人类产生了许多新的疾病和痛苦。

二、培养大学生良好的健康行为

健康行为是指一切有利于提高身体健康水平，降低损害健康的危险因素的活动和习惯。这些健康行为包括：经常自觉参加体育锻炼、摄取营养平衡的膳食、保持充足适宜的睡眠、能对精神紧张和压力予以放松和处理、安全的出行习惯、不吸烟、节制饮酒、不吸毒、无不正当的性行为等。

(一)养成健康习惯

除了勤洗手、勤剪指甲、勤理发和洗澡等，还要自觉养成不吸烟、少饮酒、多喝茶等良好的健康习惯。吸烟是引起多种疾病的元凶，是不健康的行为。少量饮酒可促进血液循环，扩张血管，解除疲劳，但过量饮酒对健康有危害。茶是健康饮料，茶多酚具有抗氧化作用，有降脂、防癌、提高免疫功能和抗衰老的作用，但饭后半小时内应少饮茶，否则会影响铁和钙等营养素的吸收。

(二)讲究心理卫生

多愁必多病，多病必短寿，如要想长寿，切莫多忧愁。做好自我心理调整，是健康行为的重要一环。培养一些有益于健康的爱好，如绘画、书法、集邮等，对保持心理健康大有好处，另外还应与社会保持密切联系，坚持参加社会活动、公益劳动，做好人好事，广交朋友，从中得到奋发向上的精神，往往会使精神和肉体都健康。

(三)持之以恒地进行体育锻炼

生命在于运动，保持脑力和体力协调的活动，是预防和消除疲劳、保证健康的重要因素。好静不好动，是导致肥胖和脑血管疾病的危险因素。体育锻炼贵在坚持，重在适度。

(四)营养全面平衡

人类的疾病往往与营养不均衡有关。从饮食入手，通过科学合理的膳食，能"吃"出健康来。

(五)生活起居有规律

(1)生活有规律，这是消除疲劳的重要方法。

(2)多睡觉，找出适合自己需要睡眠的固定时间，切忌熬夜，少过夜生活。

(3)培养兴趣爱好，过好双休日，劳逸结合，消除体力和脑力疲劳。

第二章 大学生营养与健康

第一节 饮食与营养

有关饮食对健康的影响，历来多有争议，到今天更为激烈。各种报刊对健康饮食的建议不计其数，但又往往互相矛盾，令人莫衷一是。大学生正处于青春发育期的后期，生长发育尚未完成，加之脑力劳动紧张，体力活动较多，能量消耗较大，这些都需要食物营养来补充，若此阶段营养摄取不均衡，机体就会出现疲劳，导致精力不足、学习效率低，甚至出现神经衰弱、记忆力减退和免疫力下降等现象，所以大学生应当重视饮食科学。

健康饮食的原则实际上十分简单，主要就是要均衡地摄取各种食物。在本章中，大学生可以了解到如何明智地选择食物，这些食物可以提供人体成长、保养以及血液、组织和各种生命器官代谢所需的基本营养。

良好的营养，对大学生健康十分重要。正确地选择食物，有助于心脏疾病和某些癌症的预防。然而，有许多人却饮食不当。今天，主要的饮食问题是人们摄取过多的饱和脂肪和精制的碳水化合物。摄取的热量过高，纤维素却不足，因而许多人为肥胖所苦，或因脂肪和胆固醇阻塞血管而面临患心脏病的危险。

节食并非解决的办法，严格地限制饮食也很难一直坚持下去。最好是把饮食习惯做一些有效的改变，并终身坚持，这样才能使饮食营养均衡，改善健康状况，并解决你可能遇到的体重问题。

一、食物中的营养成分

食物的形状及品种各种各样，但都具有同样基本的化学功能：提供人体细胞所需的热能，同时也作为人体主要器官和组织生长、修补以及保养的原料。食物中能够执行这些功能的物质，就是营养素。在饮食中，碳水化合物和脂肪是热能的主要来源。因此，任何提供热能和促进生长的食物，它的价值便取决于这两种营养素的含量。

人体会有饥饿和饱胀的感觉，主要是为了让人摄取适量的食物，以便符合个人热能的需求。

人体储存的糖原和脂肪，也能提供部分热能。由碳水化合物吸收而来的葡萄糖，如果不立即转换为热能，便以糖原的形式储存起来，其余无法以糖原形式储存的热能，便转变为身上的脂肪。食物可以提供延续生命所需的热能。

(一)食物中的六大营养成分

(1)维生素。维生素参与无数的细胞活动，可以帮助葡萄糖释放热能，有助于生长及修补身体机能。

(2)矿物质。16 种不同的矿物质，可以促进生长、修补机能、从营养素中释放热能以及帮助形成新组织。

(3)纤维素。纤维素以影响其他提供热能营养素的消化和吸收的方式，调节细胞的代谢作用。

(4)碳水化合物。糖类及淀粉被分解后可以提供热能，由于能被迅速吸收，是运动前的理想食物。

(5)脂肪。脂肪可以提供浓缩的热能，也能促进荷尔蒙和前列腺素等的形成。

(6)蛋白质。由蛋白质消化而释放出的氨基酸，是新细胞组成的基本单位(见图 2-1)。

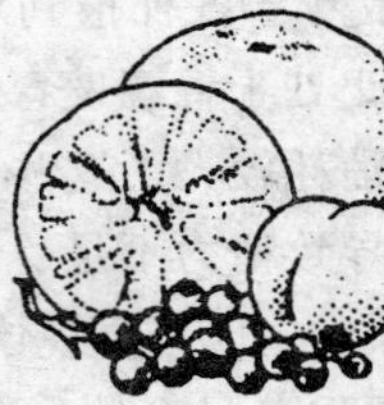

维生素

参与无数的细胞活动，可以帮助葡萄糖释放热能，有助于生长及修补身体机能

矿物质

可以促进生长、修补机能、从营养素中释放热能以及帮助形成新组织

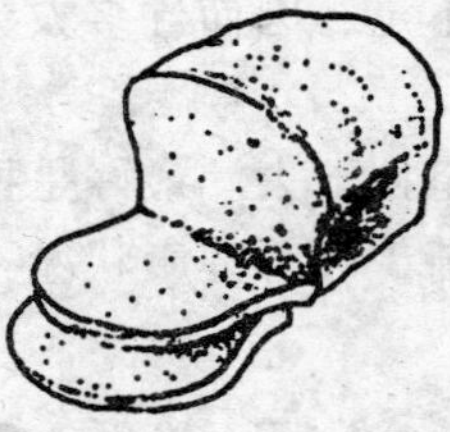

纤维素

调节细胞的代谢作用

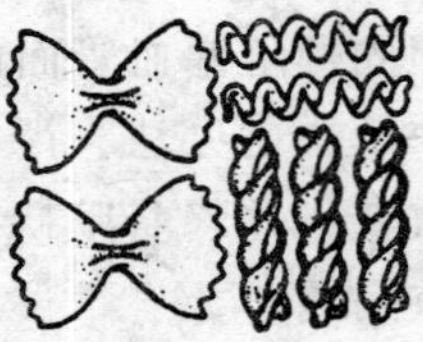

碳水化合物

提供热能，由于能被迅速吸收，是运动前的理想食物

脂肪

提供浓缩的热能，也能促进荷尔蒙和前列腺素等的形成

蛋白质

蛋白质消化释放出的氨基酸，是新细胞组成的基本单位

图 2-1　食物中的六大营养成分

(二)食物产生出热能

每一项活动都需要热能，你的身体必须有能力将食物转换为热能，储存起来，以便随时供人体取用。这一连串复杂的过程，开始于食物在胃肠的消化过程中被分解成各种营养成分，如葡萄糖、脂肪酸以及氨基酸等。

(1)食物中的营养成分直接被吸收进入血液，分送到全身的细胞。

(2)细胞随之利用葡萄糖和脂肪酸，作为一系列导致热能释放的复杂化学反应的燃料。热能则以三磷酸腺苷的形态储存着。

(3)当细胞进行一项特殊活动如肌肉收缩时，三磷酸腺苷即分解为二磷酸腺苷，将储存的热能释放出来。

(三)生命所需的热能

热能的需求，取决于每个人在一天的组织事务活动中的能量需求。人体每天平均消耗 70%的热能用于组织及器官内细胞的不断更新。维持心脏及其他器官的运转和修复损伤的细胞也会加速这种新陈代谢。耗费热能活动规律的运动，即便是中间休息，都会增加热能的需求，有助于减少体内的脂肪。食物即燃料细胞的生长、修补和维护，持续而少量地耗用人体所储存的热能。

(四)何谓卡路里

食物热能传统上以卡路里计量。1 卡路里亦即 1 克水要上升 1 摄氏度所需的热能。由于卡路里的单位相当小，因而在计算食物热能时，通常以大卡(Kilocalorie)表示，英文中常以大写开头的 Calorie 表示大卡，与小写开头的小卡 calorie 相区分。每人每天所需的热能，因各人活动及自身基本热能的消耗量而不同。在休息状态下，成年妇女平均需要约 1 300 大卡，男子则需要大约 1 600 大卡。任何运动都需要额外的热能，因而你所需的总热能也随之增加。

(五)完美的食物

多数食物含有多种营养成分，但没有一种食物足以提供人体活动及成长所需的所有营养素。例如，牛奶是蛋白质的最佳来源，同时含有大量的碳水化合物。全脂牛奶富含饱和脂肪；脱脂及半脱脂牛奶的脂肪含量极少。各种牛奶，只要一杯即可提供丰富的钙、维生素 B_{12} 和核黄素，占这些营养成分每日建议摄入量相当高的比例。此外，牛奶中还含有维生素 A 和维生素 D。但是，像牛奶这种营养的食物，仍缺乏铁和维生素 C。

二、饮食与碳水化合物

(一)碳水化合物的组成

碳水化合物是由单分子糖类所组成的一群化学物质，它们联合构成碳水化合物的两种主要形式——糖和淀粉。

糖是由单一或两个糖分子，称为单糖或双糖所组成的简单碳水化合物。最常见的糖有蔗糖和乳糖。

淀粉是由至少十种糖分子构成的复合碳水化合物，这些糖分子在被人体吸收之前，必须先分解。许多植物中都含有淀粉，水果、蔬菜，如马铃薯；麦类食物，如面包、面点和麦片食品等，都是良好的来源。

(二)碳水化合物的代谢

人体所能利用的只有菜汁和水果中所含的葡萄糖，其余的碳水化合物都需要分解为单一的单位，并在肝脏中立即转换为葡萄糖，方可利用。

(三)复合碳水化合物(淀粉)

淀粉是由一长串糖分子构成的，在点心、土豆和多数水果中都有。

1. 热能的持续

苹果是许多未经精制的复合碳水化合物的典型，含有淀粉和糖，同时也提供纤维素。一个苹果可以在腹中慢慢消化，使得血液中的葡萄糖值稳定增加。热能稳定地流动，对细胞有效的代谢作用十分理想。

2. 碳水化合物与产生热能

糖类被人体吸收及提供热能的速度，全由所摄入的碳水化合物的类型而定。只有单糖能经由肠壁吸收到血液之中。消化酵素将淀粉分解为单糖，需要相当长的时间；糖的吸收则迅速得多。复合碳水化合物含高量纤维素，因此吸收与制造热能较为缓慢。

3. 热能的暴增

吃下如甜圈饼或含糖量高的食物后，人体血液内的葡萄糖值便会急速上升，随后又急速下降。血液中葡萄糖值异常偏低的低血糖症，会引发饥饿等症状，可能导致虚弱和晕眩。

(四)简单碳水化合物(糖)

糖为简单碳水化合物，因此只含一个或两个糖分子。冰淇淋、糖果和饼干都含有很多的糖。当你摄入碳水化合物时，人体便从胰脏释放出胰岛素，血液中的葡萄糖也随之增加。那些不需要转换为热能的多数葡萄糖，就转变为身上的脂肪。

精制和非精制，哪一种较健康?

非精制的碳水化合物，如全麦面包及面点，比精制的碳水化合物营养价值高。

制造精制的碳水化合物，如白糖或精米，制造商在加工过程中，会除去食物中大部分的纤维，并造成维生素和矿物质等营养成分的流失。

因此，应该选择非精制的碳水化合物，少吃精制食品，尤其是添加糖的食品。

(五)健康的重要忠告

专家认为，健康的饮食中，碳水化合物应占55%左右。淀粉是热能来源的最佳选择，应优先于糖类摄食。即使是减肥，淀粉也应该是饮食中的主角。

三、饮食与脂肪

脂肪是高度浓缩的热能之源，用以驱动人体的化学反应。

脂肪有两种：饱和脂肪与不饱和脂肪。这两种脂肪的化学构成不一样，对人体的影响也不同。饱和脂肪存在于动物制品及乳制品中，会增加血液中的胆固醇值，从而增加患心血管疾病的可能。多数植物性脂肪则能提供较多的不饱和脂肪，对人体的健康较有好处。

健康的饮食中，对总热量的摄取，从脂肪得到的部分应低于30%。然而，多数西方人对两种脂肪的摄入量都过多。为减低患心脏病的几率，应尽可能以不饱和脂肪代替饱和脂肪。

(一)重要的营养素

虽然过多的脂肪摄入对身体有害，但适量的脂肪却是人体健康运转所不可缺少的。已消化的脂肪所产生的少量脂肪酸，是细胞的构成要素，因而对细胞的生长与修补十分重要。有些脂肪还是维生素 A、D、E 和维生素 K 的重要来源。

人所吃下的脂肪，经由胃进入小肠。在小肠中，脂肪被肝所分泌的胆汁盐所溶解。胰腺所分泌的酶，则将脂肪分解成脂肪酸与甘油，从而进入肠壁。而后，它们将脂肪酸分子与甘油分子以 3∶1 的比例，重新合成为甘油三脂，提供人体热能。

甘油三脂经由人体的淋巴系统吸收而进入血液之中，与蛋白质和胆固醇相结合后，随着血液到达人体全身的细胞。

(二)饱和脂肪

奶油、猪油、猪肉、牛肉、羊肉、蛋和全脂牛奶，都含有高量饱和脂肪；植物油中的椰子油、棕榈油和棕榈核也是如此。摄入高量的饱和脂肪，会使你的血胆固醇值升高，从而增加患心血管疾病的可能性。

(三)热能的来源

细胞以脂肪酸和甘油为热能的来源，多余的脂肪则储存在皮下，使人体重增加，甚至造成肥胖。部分甘油三脂会进入肝脏，在那里制造胆固醇。

脂肪富含卡路里。1 克脂肪所含的热能约为 9 大卡；等量的碳水化合物只含 4 大卡。因此，你可以吃下两倍于脂肪质量的碳水化合物，摄入的卡路里却比脂肪少。

(四)隐含的脂肪

脂肪可以使食物更美味可口，也比较容易使人有吃饱的感觉。因此，肉馅饼、香肠、牛肉、蛋糕和饼干等许多加工食品，都会添加油脂。如果仔细阅读这些食品上的标签，你可以得知其中饱和脂肪的含量，以及脂肪的总含量。

(五)不饱和脂肪

含高量不饱和脂肪的食物有很多，这些脂肪在常温下为液态。鱼肉及禽肉所含的脂肪多为不饱和脂肪，植物性奶油中的不饱和脂肪含量也相当高。但不饱和脂肪的主要来源还是植物油。这些油脂又可分为两类：①单元不饱和脂肪，存在于橄榄油、花生油和鳄梨之中；②多元不饱和脂肪，存在于玉米油、葵花子油、红花子油及黄豆油中。二者都有益于心脏健康。

四、饮食与胆固醇

胆固醇与心脏病之间的关联早已为人所知，但是你知道多数的血胆固醇是在肝脏中由饱和脂肪形成的吗?

(一)产生胆固醇的食物

富含胆固醇的天然食物包括蛋、肝脏、腰肾及某些贝类。然而，胆固醇的主要来源，其实是含高量饱和脂肪的食物，如奶油、牛油以及猪肉、羊肉和牛肉等多脂肉类。人体将饱和脂肪在肝脏中变成胆固醇。

人体全身的细胞，都利用胆固醇制造成长和再生所需的重要荷尔蒙。身体各处新细胞的形成，胆固醇都是组成细胞壁的重要成分。此外，胆固醇也是肝脏制造胆汁时十分重要的成分。胆汁进入肠内，能帮助消化脂肪。

(二)胆固醇过剩

事实上，几乎所有进入血液的胆固醇，都是肝脏以各种食物，尤其是饱和脂肪制造的。尽管人体每天细胞活动所需的胆固醇比肝脏所制造的多，但人体并不需要进食胆固醇。实际上，只有极少量的胆固醇，是直接从蛋和贝类等胆固醇丰富的食物中摄取的。

(三)关键是含量

胆固醇依靠血液输送到全身各处，因此体内的细胞都可以直接从这个来源得到所需的胆固醇。多余的胆固醇会继续在血液中循环，而且可能很快就累积到相当高的数量。

有充分的证据表明，血胆固醇值高的人，患心脏病、心绞痛、中风和循环系统疾病的可能性较高。过多的胆固醇会积留在血管壁，进而阻碍流向心脏、脑部等组织的血液。多数人只要改变饮食，便很容易降低血胆固醇含量。这并不是说少吃富含胆固醇的食物就可以了，因为这些食物对血胆固醇的影响非常有限。

要降低血胆固醇值，最重要的是要少吃多脂食物——尤其是肝脏用以制造胆固醇的饱和脂肪。

(四)胆固醇从何而来

血胆固醇含量会随着你所摄食的饱和脂肪的量而增加。不管你直接摄入多少胆固醇，人体照样不断地制造胆固醇。

1. 食物进入胃部

含脂肪与胆固醇的食物，在胃部开始消化，并在肠内继续消化。

2. 从肠到肝脏

从含脂肪食物中产生的脂肪酸与甘油，以及从饮食中获得的胆固醇，直接由肠壁吸收到淋巴腺，再进入血液之中，最后被送到肝脏。

有许多不含胆固醇，但饱和脂肪丰富的食物，同样会使你的血胆固醇含量增加。肝脏以消化后的脂肪制造人体几乎全部的胆固醇，要避免血中胆固醇积存，应注意减少摄入含胆固醇及饱和脂肪的食物。

3. 肝脏制造胆固醇

脂肪酸与甘油在肝脏中代谢，成为制造胆固醇的基本构成要素。

4. 血中的胆固醇

肝脏制造出来的胆固醇，随即汇入血液中的胆固醇里。血液中的胆固醇，一部分直接来自含胆固醇的食物。其他影响胆固醇含量的因素还包括：基因遗传特性与不同的体格。

5. 问题出自脂肪

血液中的胆固醇，只有3%是直接由食物所含的胆固醇获得的，绝大多数是肝脏以饱和脂肪丰富的食物制造的。

五、饮食与蛋白质

蛋白质是组成人体细胞及组织的基本物质。蛋白质是由成百上千个名为氨基酸的化学单位所组成的，这些氨基酸彼此联结成相叠的长链。每一种类型的蛋白质各有其特殊的氨基酸序列。

(一)人体如何利用蛋白质

从饮食中规律地摄取蛋白质，可以提供足够的氨基酸给人体细胞。细胞以这些化学单位为基本要素，组成新的蛋白质。蛋白质能帮助骨骼、肌肉、结缔组织及中空器官的外壁等的生长、修补及更新。

每一个细胞制造的蛋白质，各以其不同的密码，决定细胞核内遗传物质的氨基酸序列。其中，有些蛋白质是酶，可以引发化学反应，产生肌肉收缩和其他细胞活动所需的热能。

(二)饥饿的影响

营养不良的人，食物中的蛋白质所释放及肌肉中所储存的氨基酸，并不用来产生热能。对他们来说，碳水化合物和脂肪是比较有效的燃料。

在饥饿的情况下，脂肪与甘油被耗尽，氨基酸只好牺牲组织的维护、生长及修补功能，转为热能的来源。

(三)蛋白质的动物来源

动物性食物中的蛋白质，含有人体自身无法制造的所有必要的氨基酸，因而称为半完全蛋白质。牛羊肉、禽肉、鱼、蛋和乳制品，都可以提供充裕的半完全蛋白质。

(四)肉类是否为摄取蛋白质的最佳选择

肉类几乎可提供人体所需的所有必要的氨基酸，并能供应多种维生素和矿物质。但是，肉类含有饱和脂肪，会提高患心脏病的可能性。健康的饮食，每天肉类的摄入量不宜超过 100～150 克，应尽量选择瘦肉。最好每周至少有一天完全不吃肉。

(五)蛋白质丰富的食物

动物性食物和植物性食物都含有蛋白质，摄取的建议量主要依年龄与体重而定。在西方国家，由于新鲜便宜的食物，尤其是肉类，购买相当容易，因此多数人蛋白质的摄取量至少高出建议量一倍。

(六)摄食过量

由于清除蛋白质代谢产生的废物是肝脏和肾脏的功能之一，经常摄食过量的蛋白质，会对肝脏功能失常的人造成不良影响。动物性食物，尤其是同时含有丰富蛋白质和饱和脂肪的牛羊肉和乳制品，能提供过量的热能及提高血胆固醇含量，因而会增加患心脏病的可能性。

(七)植物性蛋白质的组合

坚果和豆类等植物性食物，都含有蛋白质，但没有一种含有肉类所含的完全蛋白质。完全蛋白质包含几乎人体所需的所有必要氨基酸，植物性食物中的蛋白质常常缺乏一种或多种必要氨基酸，因此称为半完全蛋白质。不过某种植物性食物所缺乏的蛋白质，往往可以在另一种植物性食物中找到。为了从这类食物中获取完全蛋白质，应该利用各种植物性食物搭配互补。

(八)蛋白质的植物来源

植物性食物，如豆类、坚果、谷类早餐和面包中的谷物，因为缺乏一种或多种必要的氨基酸，称为半完全蛋白质。即使不吃肉类、鱼和乳制品的素食者，也可以通过摄食各种不同的植物性食物来补充蛋白质，避免造成缺乏某种氨基酸。

六、食物中的维生素

饮食中如果缺乏维生素，人体功能便无法正常运转。维生素是人体维持生命不可缺少的。一个人每天摄取的各种维生素如果达不到每日的需要量，健康便会受到影响。多数的维生素必须从饮食中获得。

只要饮食均衡，自然可以获得身体所需的所有维生素。因此，只有健康不良、患有疾病或饮食不佳的人，才需要服用补充剂。总而言之，维生素通过控制组织的成长和修补，刺激热能的产生，确保人体细胞的正常运转。

(一)维生素 A

多种动物性食物，包括肝脏、鱼肝油、蛋黄等，都含有维生素 A，强化牛奶还特别添加这种维生素。绿色叶菜与橘黄色瓜果所含的β—胡萝卜素，在人体内可形成一种活泼的维生素 A。

维生素 A 的功能如下：

(1)构成骨骼与牙齿。

(2)维持皮肤与头发健康。

(3)保护呼吸道、消化道和尿道内壁，避免感染。

(4)维持夜间视力。

(5)帮助刺激释放食物中的营养成分。

(6)促进肾上腺激素的分泌。

(7)维持口腔、舌头和皮肤的健康。

(二)维生素 B_2(核黄素)

维生素 B_2 存在于许多动物性和植物性食物中，包括牛奶、肝脏、乳酪、蛋、绿色蔬菜、啤酒酵母、全谷类食品、麦片食品及小麦胚芽等。

(三)维生素 B_1(硫胺)

维生素 B_1 存在于动物性和植物性食物中。全麦面包、面点、全麦片食品、麦麸、肝脏、腰肾、猪肉、鱼、豆类、坚果及禽蛋等，都是良好的来源。

维生素 B_1 的功能如下：

(1)控制可促使葡萄糖释放热能的酶。

(2)促进神经、肌肉和心脏功能所需热能的产生。

(四)维生素 B_3(烟碱酸)

烟碱酸偶尔也称做维生素 B_3，有两种形态：烟酰胺(nicotinamide)和烟酸(nicotinic-acid)。饮食中烟碱酸的主要来源有肝脏、瘦肉、禽肉、鱼、坚果和干豆。人体也可以用蛋白质消化过程中释出的胰化氨基酸，制造少量的烟碱酸。

维生素 B_3 的功能如下：

(1)帮助脂肪和碳水化合物制造热能。

(2)协助神经及消化系统的运转。

(3)促进性荷尔蒙的产生。

(4)维持皮肤健康。

(五)维生素 B_6(吡哆醇)

维生素 B_6 存在于肝脏、禽肉、鱼、香蕉、马铃薯、干豆、全麦类食品以及多种水果和蔬菜之中。

维生素 B_6 的功能如下：

(1)协助从营养素制造热能。

(2)帮助形成红血球及抗体。

(3)协助消化及神经系统。

(4)保持肌肤健康。

(六)维生素 C

水果和蔬菜，尤其是酸性的柑橘、草莓、青椒、绿色叶菜和马铃薯等含有丰富的维生素 C。这些食物经加工及烹煮，维生素 C 便会大量流失，因此，以生吃为好。

维生素 C 的功能如下：

(1)维护牙龈、牙齿、骨骼及血管。

(2)增进铁质的吸收。

(3)增强免疫系统。

(4)加速伤口愈合。

(七)维生素 B_{12}

维生素 B_{12} 只存在于动物性食物，如肝脏、猪肉、蛋及乳制品之中。不吃任何动物性食物的素食者，必须服用补充剂。

维生素 B_{12} 的功能如下：

(1)帮助制造细胞内的遗传物质，尤其是与红血球、白血球、毛发囊和肠细胞等新细胞形成有关的物质。

(2)帮助保持神经系统的健康。

(3)帮助吸收食物中的钙质。

(4)强健牙齿及骨骼。

(5)通过控制血钙含量，保持健康的血液凝结、肌肉和神经。

(八)维生素 D

含维生素 D 的食物包括油脂多的鱼，如鲑鱼，以及牛奶、肝脏、蛋、鱼肝油和某些谷类。植物性奶油中往往也有添加。然而，维生素 D 的最佳来源是阳光，阳光照射对皮下某种化学物质产生作用便可获得。

维生素 D 的功能如下：

(1)帮助制造细胞内的遗传物质，特别是细胞生长、修补以及骨髓中新红血球的形成所需的物质。

(2)保持神经系统健康。

(九)维生素 B(叶酸)

叶酸是维生素 B 族之一，主要来源有绿色叶菜、蘑菇、肝脏、坚果、干豆、豌豆及全麦面包。

维生素 B 的功能如下：

(1)帮助制造细胞的遗传物质，特别是细胞生长、修补以及骨髓中新红血球的形成所需的物质。

(2)保持神经系统健康。

(十)维生素E

植物性奶油、全谷类食品、干豆、绿色叶菜、坚果、鱼和肉等都是维生素E的来源。实际上，缺乏维生素E的原因仍然不详。

维生素E的功能如下：

(1)有助于新红血球的形成，保护红血球在血液中不被破坏。

(2)保护肺部及其他组织的细胞内层。

(3)可以减缓细胞衰老。

七、食物中的矿物质

矿物质对人体健康的重要性，与维生素一样。至少有20多种矿物质，在控制人体新陈代谢或维持身体特定组织的功能上，起着重要的作用。有些矿物质，如镁、钾、钙及钠，人体需要量相当大，有些矿物质如铁、锌、铜、硒、氟和碘，需要量则十分微小，不过它们在人体的许多化学过程中仍不可缺少。只要饮食均衡，通常可以满足所有必需的矿物质，但是铁、钙及碘缺乏的情况仍时有发生。因此，面包及面粉等主食中，常常添加这些矿物质。

(一)食物中的钠

几乎所有的食物中都含有钠。除了从调味的食盐中摄取之外，钠的主要来源有加工食品、烟熏及盐渍的鱼和肉、点心、腌黄瓜、面包、麦类食品、乳酪、以软水剂处理的饮用水。

钠的主要功能如下：

(1)控制体内水分的平衡。

(2)维持心律正常。

(3)协助神经脉冲和肌肉收缩的产生。

(二)食物中的钙

钙的来源包括牛奶(全脂及脱脂)、乳制品、绿色叶菜、干豌豆、豆类、坚果、酸的水果、鱼骨、可食的鱼类(如沙丁鱼、罐头鲑鱼)和硬水。

钙的主要功能如下：

(1)形成并维护牙齿和骨骼。

(2)控制神经脉冲的传输。

(3)帮助肌肉有效收缩。

(4)帮助血液凝结。

(三)食物中的钾

饮食中钾的主要来源为面包、全谷类食品、绿色叶菜、豆类、肉类、牛奶、水果(特别是香蕉和柑橘)。

钾的主要功能如下：

(1)控制体内水分的平衡。

(2)维持心律正常。

(3)协助神经脉冲和肌肉收缩的产生。

(四)食物中的镁

富含镁的食物包括坚果、黄豆、牛奶、鱼、绿色蔬菜、全麦类食品、面包和硬水。

镁的主要功能如下：

(1)形成并维护牙齿和骨骼。

(2)控制神经脉冲和肌肉收缩的传输。

(3)促进细胞内产生热能的化学反应。

(五)食物中的铁

铁质存在于肉类、鱼、肝脏、蛋黄、面包、某些绿色叶菜、谷类食品、坚果及豆类之中。饮食不佳的儿童和部分妇女，可能会发生铁质不足的现象。

铁的主要功能如下：

(1)协助形成在红血球中运送氧气的氧化血色素以及在肌肉细胞内运送氧气的血球素。

(2)帮助制造可以促进新陈代谢的酵素。

(六)食物中的氟化物

鱼类含有丰富的氟化物，茶、咖啡和黄豆中也含这种矿物质。此外，饮用水中有的已含有大量的天然氟化物，有些则是人工添加的。

氟化物的功能如下：

(1)增加可以帮助预防龋齿的珐琅质。

(2)有助于强健骨骼。

(七)食物中的锌

许多食物中都含有微量的锌，饮食中的主要来源有：瘦肉、鱼以及牡蛎等海产品。此外，锌也存在于豆类、全谷类食品、蛋、坚果及全麦面包中。

锌的主要功能如下：

(1)帮助伤口愈合。

(2)保护肌肤与毛发。

(3)促进正常生长及性发育。

(4)协助控制多种不同酶的活动。

(八)食物中的硒

这种矿物质的主要来源有肉类、鱼、全谷类食品及乳制品。至于蔬菜中硒的含量则由所生长的土壤中硒的含量决定。

硒的主要功能如下：

(1)保护细胞免受血中氧化物的破坏。

(2)降低患某些癌症的可能。

(3)帮助保持人体组织的弹性。

(九)食物中的铜

人体所需微量的铜，可从肝脏、贝类、豌豆、坚果、干豆、蘑菇、葡萄、全谷类食品及面包中获得。

铜的主要功能如下：

(1)控制可以刺激形成结缔组织和保护皮肤色素的酶活动。

(2)有助于从铁质中产生氧化血色素。

(十)食物中的碘

碘的最佳来源为海鱼及贝类，其他食物中的碘含量则全由土中及动物饲料中的碘含量决定。在土壤缺碘的地区，往往在盐及面包中添加碘。

碘的主要功能如下：

协助产生可以控制生长发育的甲状腺激素，以及协助制造人体细胞内的热能。

八、食物中的纤维素

纤维素是由植物性食物中无法消化的部分所组成，可以帮助预防心脏病及肠癌。

我们所摄食的纤维素，又称粗糙食物，来自谷物的外壳、水果的皮和肉、蔬菜中坚韧的纤维物质。纤维素无法被消化酶所分解，因而在经过胃肠时，无法被人体吸收。

虽然纤维素没有营养和热能价值，但却是饮食中不可缺少的一部分。高纤维食物容易产生饱胀感，而且热量低，因此有助于减轻体重。

纤维素对于维持身体健康，有着举足轻重的作用。它通过增加粪便的排泄，促进体内废物有效地通过肠道。纤维素也可以从邻近的血管中吸收水分，以软化粪便。

纤维素还可以调整从肠道到血液的营养的吸收，通过减少已消化的脂肪的吸收，纤维素也可以慢慢降低血胆固醇含量，从而降低患冠状动脉心脏病的机会。

成年人每天应摄入的纤维素大约是 25 克。但是，典型的西方人往往摄食过多的动物性脂肪及精制的碳水化合物，纤维素摄入量却不足。表 2-1 中所列都是含纤维素丰富的食物，从表中可以看出每 100 克食物的纤维素含量。

表 2-1　每 100 克食物中纤维素含量

食物	每 100 克食物中的纤维素含量(克)
未加工麦麸	44
去核干杏果	24
梅干	14
杏仁	14
葡萄干	7
谷类面包	7
罐装烤豆	7
水煮菠菜	7
豌豆	7
花生酱	7
甜玉米	6
芹菜	5
韭葱或花椰菜	3.5
水煮小扁豆	3.5
苹果、香蕉和草莓	2

(一)纤维素的结构

纤维素如同其他纤维一样，也是由平行、连接的糖分子链所组成。这一分子链会抗拒消化酵素的侵袭，因而无法被人体分解并吸收至血液中。

从纤维素的电子显微照片中可以看出平行的糖分子链(见图 2-2)。

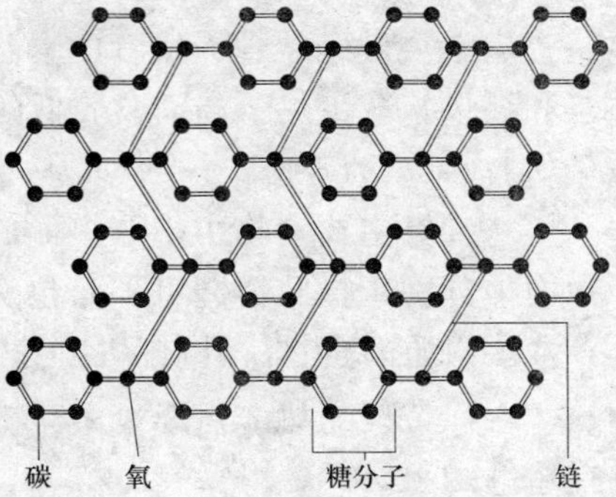

图 2-2　平行糖分子链

(二)如何保证纤维素的摄入量

为了确保每日摄食的纤维素达到建议量 25 克，你可采取以下几种简单的方式改善饮食：

(1)多吃新鲜水果和蔬菜。

(2)以水果取代果汁。

(3)蔬菜不要烹煮过度，有些应该生吃。

(4)水果和蔬菜的皮，如苹果和烤马铃薯，不妨一齐吃下，但是应先洗干净。

(5)以全谷类食品、全麦面包和糙米代替高度精制的同类食物。

(6)切记，莴笋的叶子，以及芹菜茎中的丝，所含的纤维素比其他部分要多。

(三)忠告

在饮食中增加纤维素应循序渐进，否则消化系统难以适应，会引起腹部痉挛和胀气。未加工的麦麸或纤维补充剂等高纤维食物，必须在医生的指导下使用。

(四)一天的纤维素摄入量

下面建议的食物组合，可以供应成人每日 25 克的纤维素。

(1)一份烤豆子，4 克纤维素。

(2)一份甜玉米，5 克纤维素。

(3)一碗全谷类食品，6 克纤维素。

(4)两片全麦面包片，4 克纤维素。

(5)一个苹果，3 克纤维素。

(6)一根香蕉，2 克纤维素。

(7)半个橙子，1 克纤维素。

第二节　饮食与健康

一、饮食与健康

吃多样而且均衡的食物，可以获得适量的碳水化合物、脂肪和蛋白质，以及合乎需要的各种维生素和矿物质，这是健康饮食的关键。符合理想的饮食，有充分的热能满足人体需要，但却不会过量而使人体重增加。这样的饮食也会提供足量的纤维素(或称粗糙食物)以及水，以利于消化系统有效运转。所有的证据显示，饮食确实对大学生的健康有非常大的影响，甚至可以预防心脏病及一些癌症。因此，摄食脂肪、糖分低而纤维素高的食物，才是明智之举。

(一)健康饮食

应学会健康饮食，摄食的食物种类应尽量多地包括一些新鲜水果和蔬菜、全谷类面包和核果，减少热量高而营养低的食物，如饼干、蛋糕、饮料和酒。

1. 健康的平衡

从各类主要食物中摄取多样的食物，即可满足人体营养需要。你每天从以下五大类食物中分别选择几样即可：面包、谷类早餐和其他谷类；水果；蔬菜；肉类、鱼、蛋类等含蛋白质的食物；乳制品。

在你每天的热能需要量中，碳水化合物应占 50%~55%，蛋白质占 15%，脂肪则不宜超过 30%。

2. 减少脂肪

减少脂肪的摄入，可以降低患心脏病的几率。在可能的情况下，尽量以不饱和脂肪代替饱和脂肪。饱和脂肪存在于牛羊肉、牛奶、椰子油、棕榈油和牛油之中，加工食物中也经常添加。饱和脂肪会使你的血胆固醇含量增高，进而增加脂肪在动脉中沉积的可能。不饱和脂肪则存在于油脂多的鱼类、鸡肉和多种蔬菜油中，它不会使血胆固醇增高，甚至可以对心脏和循环系统产生保护作用。

3. 增加纤维

健康的饮食并不表示一定要吃得更少。馒头、大米、新鲜水果和蔬菜，会使你有饱胀感，但却不会增加热量；它们也是多种维生素与矿物质的良好来源。摄入高量的纤维素可以避免便秘，也有助于调整消化系统中甘油和脂肪酸的吸收。

应尽可能摄入低热量、高纤维的碳水化合物。饼干和糖果只有热量，没有其他营养，又会增加肥胖和龋齿的几率，不宜多吃。

4. 一周所摄取的食物

不同的人，营养需求也因性别、年龄、体形、活动量以及是否有特殊需求而各有不同。一个不常活动的女大学生，一周需要消耗的热量约为 12 000 大卡。相比之下，从事体育锻炼的男生，则需要 25 000 大卡。

5. 一天的全面营养

健康饮食的另一关键是每日进食三餐，不要吃一大堆零食或在某一餐中大吃特吃，由于人体的新陈代谢在有规律的食物供应下运转更为有效，因此不要省略早餐。三餐没有规律的人，反而较容易发胖。

6. 计划好健康的饮食

小心地购买食物，可以确保吃得更健康。由于所有的牛羊肉、大肉都含有高量的蛋白质和饱和脂肪，只要减少牛羊肉的摄入，便可以减少一些脂肪的摄取。每天尽量只吃一次肉，或每周有一天完全不吃肉。每周吃的蛋也不宜超过四个，以降低胆固醇。

7. 低热能食物

牛油和鱼的脂肪含量低，热量因而也较少，因此吃得可以比牛、羊肉等食物多很多。

8. 常保苗条和健康

多吃蔬菜，饭后最好以水果代替高热量的甜点。

各种食物中维生素及矿物质的参考摄取量见表 2-2。

表 2-2 各种食物中维生素及矿物质的参考摄取量

维生素参考摄取量		
维生素	每日摄取量(19～50 岁)	含此类维生素的食物
维生素 A	700 微克(男性) 600 微克(女性)	肝脏、鱼肝油、蛋黄、黄橘水果和蔬菜
维生素 B_1	1.0 毫克(男性) 0.8 毫克(女性)	全谷类(面包及面食)、糙米、肝脏、豆类及蛋
维生素 B_2(核黄素)	1.3 毫克(男性) 1.1 毫克(女性)	牛奶、肝脏、乳酪、蛋、绿色蔬菜、干酵母、小麦胚芽
烟碱酸	17 毫克(男性) 13 毫克(女性)	肝脏、瘦肉、禽肉、鱼肉、坚果、干果
维生素 B_6(吡哆醇)	1.4 毫克(男性) 1.2 毫克(女性)	肝脏、禽肉、鱼、香蕉、马铃薯、干豆、多数的蔬菜及水果
维生素 B_{12}	1.5 微克	肝脏、猪肉、鱼、酵母、蛋及乳制品
叶酸	200 微克	绿色叶菜、坚果及肝脏
维生素 C	40 毫克	酸水果、草莓及马铃薯
维生素 D	无建议量	油脂多的鱼(如鲑鱼)、肝脏、蛋、鳕鱼肝油及某些谷类
维生素 E	无建议量	人造奶油、谷类食品及坚果

矿物质参考摄取量		
矿物质	每日摄取量(19～50 岁)	含此类矿物质的食物
钙	700 毫克	乳制品、绿色叶菜及豆类
碘	140 毫克	海水鱼及贝类
铁	8.7 毫克(男性) 14.8 毫克(女性)	肉类、鱼、蛋黄、面包、某些绿色叶菜、谷类食物、干豆
锰	300 毫克(男性) 270 毫克(女性)	黄豆、牛奶、鱼肉、绿色叶菜、谷类食品及硬水
钾	3 500 微克	面包及各类食品，豆类及香蕉
硒	75 微克(男性) 60 微克(女性)	肉类、鱼肉、贝类、谷类食品及乳制品
锌	9.5 毫克(男性) 7.0 毫克(女性)	瘦肉、鱼肉、贝类、豆类、蛋、谷类食品及面包
钠	1 600 毫克	加工食品、熏肉及食用盐
氟	无建议量	鱼肉、黄豆、饮用水
铜	1.2 毫克	肝脏、贝类、豌豆、干豆

(二)何谓健康的饮食

健康的饮食可以增进身体健康，也能减低患者与饮食有关的疾病的几率。应尽可能选择各种天然食物，并且提供均衡的碳水化合物、脂肪、蛋白质、维生素和矿物质。此外，热量的摄取也不宜超过所消耗的热能，才能使体重维持不变。

(三)饮食如何预防疾病

在发达国家中，败血症、软骨病和脚气病等缺乏症极其少见。西方国家的饮食问题往往并不是基本营养成分缺乏，而是由于饮食过量。物极必反，许多常见的病便是摄食过量，或摄入过多不当的食物所致。

然而，西方偶尔仍然可以见到缺乏特定营养成分而引起的症状。如果年轻妇女，特别是在怀孕哺乳期间，能多摄入钙质丰富的食物，如沙丁鱼或其他骨头可食的鱼类及乳制品，日后患骨质疏松症的可能性一定会降低。

(四)建立均衡的饮食

偶尔一顿不健康的餐饮，不致对你造成伤害。决定一个人身体状况的是日常的饮食。长期持续摄入过量的脂肪，尤其是饱和脂肪和精制的碳水化合物，或摄入超过每日热能消耗所需，或饮食中缺乏像纤维这样重要的要素，都可能引发一些严重的健康问题。

二、均衡的饮食

(一)健康的早餐

早餐可以提供你白天所需的热能。谷类食品、面包及馒头，是营养丰富的最佳选择，谷物和水果组合而成的早餐，含多种维生素和纤维素。面包等谷物食品的蛋白质、纤维素和碳水化合物含量都相当丰富。如果只喝脱脂牛奶，早餐便不会有高量的精糖、脂肪或热量。

适量地食用恰当的食物，可以确保健康。健康的饮食不但要摄食低脂、高纤的食物，各类食物也要搭配均衡，才能提供人体所需的各种营养成分及热能。因此，饮食维持营养均衡，是迈向健康生活方式十分重要的一部分，也是大学生常保持健美的重要步骤。

要实现饮食均衡，食物必须尽量多样化，应包括五大类食物：谷物；水果；蔬菜；肉类；蛋以及果、豆类等植物性蛋白质和乳制品。此外，应尽量减少糖与盐的摄入。

(二)健康的烹调方法

(1)烤、蒸、煮或烘烤食物，以使脂肪量减至最低。

(2)煎炒食物时，使用多元不饱和菜油。

(3)炖汤宜用慢火，并将汤中脂肪适时捞除。

(4)在炖煮肉汤前，将肥肉尽量切除。

(5)自制不加盐的汤料，加工的汤料通常含盐。

(6)烹调时尽量少用盐。

(7)烹调水果和蔬菜时，略煮外皮即可，尽量不要煮过度，以保持维生素。

(8)烹调时以原味酸奶取代奶油。

(三)健康的午餐

午餐应尽量吃饱，仅吃点心是不够的。下面是一份营养午餐的范例：首先是低脂肪、高蛋白的蔬菜汤，然后是未经精制的碳水化合物，蛋白质和维生素含量都相当丰富。瘦肉也是蛋白质的来源，而蔬菜则可以提供维生素、矿物质和纤维素。

(四)健康的晚餐

米饭及谷物类饭是碳水化合物和纤维素的丰富来源，各种蔬菜营养素得以保存。新鲜水果不但维生素丰富，美味可口，而且热量不高。

三、甜点与饮料

要保持身材苗条与健康，应避免高热量的点心和饮料，改吃有营养价值的食物。

(一)错误的选择

许多大量制造的食物含有大量的糖和饱和脂肪，因此热量相当高。少吃加工食物，有助于降低肥胖和患心脏病的可能。减少饮食中的糖，也有助于预防龋齿。购买加工食品时，应细看标签，了解糖和脂肪的含量。

(二)添加的糖

吃起来有甜味的食物含有糖，但是许多美味食品如开胃小菜、面包、蛋糕往往也添加糖。

(三)添加的脂肪

香肠、马铃薯营养价值不高，而且含有大量脂肪、糖和盐。

大学生在选购食物时，往往以是否便利为最重要的考虑因素。遗憾的是，多数便利的食物含有许多饱和脂肪、添加的糖和盐，热量高纤维素少，缺乏主要营养。如果经常食用，会增加肥胖、心脏病和某些维生素和矿物质缺乏症的患病可能。

食用时，务必先阅读食物上的说明。若你很注意自己的体重，最好也记得看看饮料的成分说明。许多饮料添加糖，是健康饮食的大忌。

(四)正确的选择

美味可口，易于准备，还相当健康和有营养，最便捷也最简单的食物，可能就是水果。

(1)生菜。胡萝卜、芹菜条、小番茄、青椒、黄瓜可以当做正餐之间的低热量点心。

(2)果汁。新鲜不加糖的果汁，解渴又有营养，也是较好的选择。

(3)新鲜水果。苹果、香蕉、草莓、梨子和橙子都是方便且营养丰富的点心。

四、如何选择正确的饮食

眼下在外面吃饭相当风行，学生和同事经常在外面餐厅吃饭，但别人所做的菜肴对我们的健康如何呢?

餐馆的菜肴可能色、香、味俱全，但大多含高热量和饱和脂肪，纤维素含量偏低。对偶尔在外面吃饭的人来说，放开大吃一餐，事后不难补救；但当大学生参加工作以后由于工作需要或社交活动，经常要在外应酬，饮食不加注意，健康就容易受损害。

很多餐馆注意到人们对饮食和营养日益重视，因而调整烹饪的方式，提供更多低脂的饭菜；有的则为关心健康的人推出特别菜式。如果你每周上好几次餐馆，应该谨慎点菜，选择最有营养的菜肴。

(一)健康的食物选择

从菜单中进行健康的选择，并不会失去下馆子的乐趣，你没有必要放弃你最喜爱的菜或只是吃单调的食品。

对健康饮食的真正伤害是高脂肪食物，而非淀粉。牛油、奶油和多脂的肉类，都富含饱和脂肪，为心脏和健康着想，应尽量避免。全谷类面包、面食、马铃薯和豆类，可以提供营养成分和纤维素，宜作为主食。

主食的脂肪和热量不宜过高，此外，尽量不要吃不必要的脂肪；吃禽肉时记得去皮，牛羊肉不要选肥的部位。假使你选择了高脂肪的菜肴，第二天便应减少脂肪的摄食，以保持平衡。

(二)仔细考虑

点菜前先看一下食堂的菜单，认真考虑每道菜的成分，尽量选择均衡的菜肴，热量、脂肪和糖分不要过高。

五、食物补充剂

大多数人不需要补充剂，多样而均衡的饮食，包含许多新鲜食物，足以提供人体所需的全部营养。

许多大学生担心自己的饮食不够，而在市场上随意选购补充剂。这些补充剂含有一种或多种营养成分(维生素、矿物质和碳水化合物)，常在食物之外另行服用。除非你有某种营养素缺乏症，否则，补充剂实际上无法增进你的健康。

(一)什么人需要补充剂

虽然医生并不鼓励人时常服用维生素和矿物质补充剂，但在某些特殊状况下，医生会建议服用。慢性疾病也可能造成营养缺乏。有些缺乏症要验血后才能得知，因此补充剂应在医生指导下服用。

贫穷是营养不良的主要原因，但酗酒、滥用药物或精神疾病等其他因素，也会导致营养不良。

(二)疾病与补充剂

有些胃、肠、胰、肝的疾病可能会引起消化不良，或导致某种营养的吸收发生障碍。长期腹泻可能会导致钾和镁的缺乏；肾脏疾病也会使某种营养缺乏。患有上述症状，即使无法治疗，也可以用补充剂补充所需的各种营养成分。某些药物会干扰某种营养成分的吸收或代谢。如果你长期服用药物，不妨请教医生是否需要补充营养剂。

(三)精制及加工食品

食用太多精制及加工的食品，容易造成一些营养成分，如维生素 B_6 和 E、铬、锌、铜和硒的轻微缺乏。这些只有通过验血才能测知，极少会引起特别症状。

现代人的生活压力大，节奏快，过分注重速食，使得许多人依赖很多营养成分已失去的精制及加工食品。这些失去的营养成分，即使日后以富含维生素和矿物质的食物补充，也难以完全补足。因此，要注意饮食健康，不要服用补充剂。

(四)高热能饮料

含糖分的高热能饮料，可以使你的肌肉在长时间的运动中(如马拉松)获得葡萄糖的供给。然而，短时间运动时，流汗造成身体水分的流失，最好以饮水补充。

(五)均衡饮食的好处

维生素药片和其他的食物补充剂，无法取代包含各种新鲜、末精制食物的饮食。即使补充剂能够提供基本的营养成分，它们仍缺乏可以保护你免患心脏病和某些癌症的纤维素。如果你缺乏营养，与其服用补充剂，不如改善饮食。

(六)补充剂服用的条件

一些健康的人在特定的时候需要服用补充剂。月经过多的女大学生可能会缺乏铁质；老年人的消化系统因衰老而改变，可能会影响某些营养成分的吸收。

进行严格的节食减肥，可能会造成营养不足，甚至长期摄食低热量的均衡食物的人，也可能需要补充剂。只吃极少量食物或只吃某类食物的流行风气，也会使人体的基本营养失去平衡。

(七)蛋白质补充剂

一些运动员和练健美的人相信，蛋白质中所含的氨基酸，可以使他们的肌肉更强健，因而食用更多的蛋白质或服用蛋白质补充剂。但是人体能利用的蛋白质非常有限，因此这些努力可能白费心机。大多数含有某种氨基酸的补充剂，并未证明可以促进肌肉的成长和发育。只有精氨酸和鸟氨酸两种氨基酸，确实能刺激生长激素，进而促进肌肉成长，但必须大剂量服用，相当危险。

(八)锻炼肌肉

多数的人，甚至运动员和练健美的人，所摄入的蛋白质都超过人体所能利用的量。过多的蛋白质会在肝脏中被分解，并随尿液排出体外，有些则变成脂肪储存在体内。

六、食品添加剂

食品添加剂是指放入食物之中，以改进食物的颜色、质地和味道，或帮助食物保鲜更久的物质，但是它们食用安全吗?

虽然一些人对食品添加剂相当谨慎小心，但如果缺少它们，许多我们喜爱的食物便无法吃到。在现代社会中，并不是每个人的所有的食物都能从菜园、果园中新鲜取得，不使用添加剂，许多食物只要保存一两天，便因细菌、酵母或微生物的感染而变质。因此，有些添加剂可以保护我们免受食物中毒的危害。

许多添加剂实际上是天然存在的物质，盐、藏红花、姜黄、维生素 C 和卵磷脂便是常见的例子。其他则是仿天然物质的合成物，制成纯粹、浓缩的形态，如核黄素和抗败血酸。

然而，现在多数添加剂都是在实验室中以人工方式制造的，如糖精和阿斯巴甜(aspartame)等人工甜味剂。这些物质都各有其编码，必须清楚地印在食品标签的成分栏上。

(一)加工食品的秘密成分

1. 添加剂的种类

市面上卖的蛋糕是个很好的例子，可以说明加工食品中食品添加剂是如何使用的。各种不同形式的添加剂至少有一种在此列举出来。

(1)调味剂。蛋糕同时包含天然和人工两种调味剂。生产者多半偏好用人工调味剂，因为这种调味剂水分少，在高温下较为稳定。

(2)抗氧化剂。为避免有些蛋糕中的脂肪腐坏变臭，蛋糕中就添加了常用的合成抗化剂——丁基羟基茴香醚。

(3)防腐剂。如果不加防腐剂，许多食物储存一两天便开始变质。有些蛋糕加有柠檬酸，以帮助保鲜。加工食品中最常添加的防腐剂，是亚硝酸盐和亚硫酸盐。

(4)色素。由于添加了人工黄色素，有些蛋糕看起来更可口诱人。色素还用来恢复食物在加工过程中失去的颜色。许多食品色素都是天然的，如甜菜根、藏红花、姜黄和胭脂红等。

(5)乳化剂。蛋糕使用由黄豆和卵磷脂制成的乳化剂，其目的和其他乳化剂一样，是阻止食物中的脂肪和水分离，以免蛋糕变质。

(6)增稠剂。增稠剂可以用来改善食物的质地。蛋糕便使用了磷酸钠作为增稠剂。最受欢迎的增稠剂是从植物中提取的，例如果胶、甲基纤维素和豆胶。

2. 添加剂是否有害

所有的添加剂都经过严格的测试，会产生有害副作用的添加剂是严禁使用的。每一种添加剂都定有安全标准，食品制造商不得任意超出，这个安全标准远低于此类添加剂在食物中所含的对人体安全的剂量。

3. 添加剂与癌症

有关饮食与某些疾病的关系研究显示，多达 35%的癌症实际上与饮食有关。然而被认为有害的食物，是所谓的“天然”食品，如熏肉和酒。食品添加剂并非致癌的主要成因。

霉菌与胃癌和食道癌的成因已被认定有所关联，而可以抑制霉菌形成的防腐剂，实际上能帮助预防癌症。此外，抗氧化剂也有助于其他癌症的预防。

(二)添加剂与儿童多动症

有些普通的食品添加剂，如黄色素，有时被认为是儿童多动行为的根源。少数儿童对某些添加剂确实有过敏反应，有时会严重改变他们的行为。然而，对多数多动儿童而言，到目前还没有科学证据证明，饮食中的添加剂与他们的行为有关。

(三)食物的辐射处理

辐射处理是能够延长食品摆卖时间的一种加工技术。以一定剂量的伽马射线照射食物，可杀死细菌、霉菌、昆虫和其他寄生虫。辐射处理还可以减缓蔬菜的生长和发芽。有些国家只对某些种类的食物，如禽肉和虾，建议以辐射处理，以减低食物中毒的危险；有些国家则禁止用辐射处理食物，也禁止辐射处理过的食物进口。

(四)辐射线如何产生作用

伽马射线使食物中的微生物体内的去氧核糖核酸分裂，并立即杀死它们。除非完全无菌或细菌和霉菌均无法生长，否则无法证明食物确实经过辐射处理。

(五)辐射处理是否安全

经辐射处理的食物并无放射性，辐射也不会改变多数食品的风味和形状，但在处理过程中，可能会破坏某些食物的维生素。食品添加剂经辐射处理，还未完全知道会有何影响(见图 2-3)。

七、心脏健康与饮食

因心脏病而死的人，大约占成人死亡数的 1/3，但是，饮食的改变有助于事先预防。

英国人患心脏病的比例高于世界上其他国家，主要原因之一便是不健康的饮食。多数因心脏病死亡的人，都是因脂肪沉积于血液流回心脏的血管壁上，以致发展为冠状动脉心脏病。

有关饮食习惯不同的国家心脏病患病率差异的研究显示，摄食高脂、低纤维食物的人，患冠状动脉心脏病的比率也高得多。

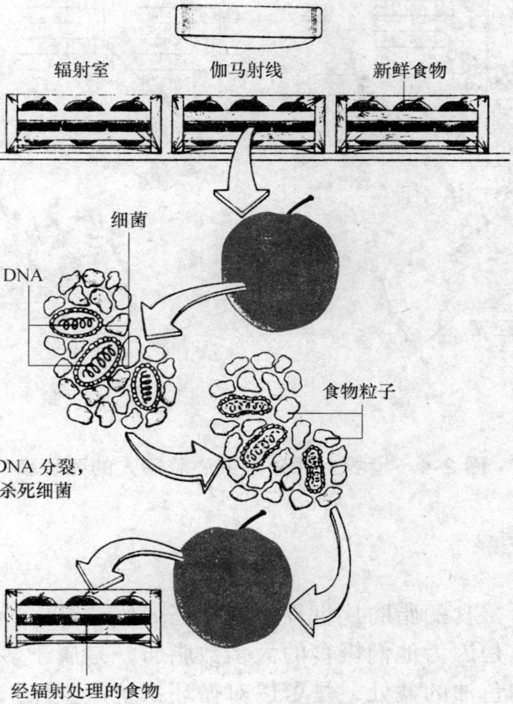

图 2-3　食物辐射处理的过程

公共教育可以改变不健康的饮食习惯。许多美国人在面对心脏病的威胁时，已改变了饮食习惯，减少饱和脂肪的摄入，增加纤维的摄食，结果，冠状动脉心脏病的发生率明显下降，因此大学生在饮食过程中应注意饮食方法，为将来的健康生活作准备。

(一)营养不良的危险

在发展中国家，与饮食有关的心脏病多数源于极度的营养不良。例如，维生素 B_1 的缺乏会导致脚气病——一种有时会引起心脏膨大、泵压作用失调的症状。

因营养不良而导致心脏病的案例，在国际上极为罕见。然而，神经性厌食会使心脏肌肉因饥饿而受损，最终导致心跳停止而死亡。

1. *心脏病死亡率*

图 2-4 为世界上部分国家对心脏病死亡率的统计，每个国家标示的三个死亡率分别代表 1960～1964 年、1970～1974 年、1980～1984 年三个时期，涵盖不同年龄层，为每 10 万人的发生率。

2. *全世界各地的心脏病*

虽然在过去 20 年里，心脏病的患病率已有下降，但仍然是全世界的头号杀手。与日本、哥斯达黎加、意大利和乌拉圭相比，英国、芬兰和澳大利亚的死亡率较高，这或许是饮食中饱和脂肪过多的缘故。美国的死亡率，近年来已因饮食的改变而直线下降。

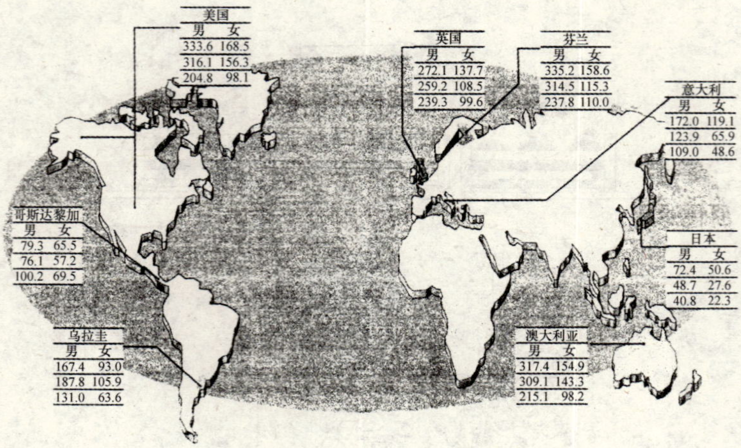

图 2-4 世界上部分国家心脏病人的死亡率

(二)摄食脂肪与油脂

1. 爱斯基摩人

虽然爱斯基摩人所摄食的脂肪比世界上其他任何民族都多，但他们患冠状动脉心脏病的比率却相当低。这是因为他们摄食的大多数脂肪，是属于多元不饱和脂肪的鱼和海豹的油脂。多元不饱和鱼油的益处，是可以对循环系统产生保护作用。它们能降低血液中有害胆固醇的含量，进而减少血液形成血块的可能。这样可以帮助动脉血管壁，包括输送血液到心脏肌肉的动脉保持清洁。

2. 英国人

北欧地区的人，包括英国人，摄食许多脂肪，然而，与爱斯基摩人相比，北欧人摄食的脂肪多为饱和脂肪。英国人饮食中的脂肪主要来自牛羊肉、乳制品及加工食物。饱和脂肪会增加全身动脉血管壁上脂肪的沉积，使血胆固醇含量升高。为你的心脏着想，你应该减少脂肪的总摄取量，并尽量用不饱和脂肪代替饱和脂肪。

(三)保护心脏的饮食

(1)多吃纤维。纤维含于全谷类食品、新鲜水果和蔬菜。当你消化含脂食物时，纤维可以减少你吸收的脂肪量与胆固醇量。

(2)少吃饱和脂肪。减少含脂食物的摄食，选择瘦肉及多元不饱和蔬菜油，如橄榄油。多吃鱼肉和禽肉，多食用脱脂牛奶和低脂乳制品。

(3)减少脂肪与糖分。避免含脂肪以及高度精制的甜食，如冰淇淋、饼干、蛋糕及许多加工产品。

(4)减轻体重。众所周知，肥胖会增加患冠状动脉心脏病的可能性。

(5)每周只吃四个蛋。蛋的胆固醇含量相当高。

(6)减少盐的摄入。盐会使血压升高，进而增加患冠状动脉心脏病的可能。

八、消化系统健康与饮食

多数消化系统的疾病，是由于不健康的饮食习惯造成的。常见的病因包括纤维素摄食不足、吃得太快以及饮食过量。

有史以来，人类多数的时间是以狩猎采集为生，食物的内容包括谷类核果、野莓、根茎，偶尔有些鱼和肉。我们胃肠的构造是用来消化这类食物的。

我们的食物愈接近原始初民，愈不容易患消化上的疾病。由于乳品制造业的发展，我们的饮食过分依赖牛奶、牛油，身体的功能便无法良好运转。

现代饮食与我们祖先的饮食，最大的差别在纤维素的含量，今天我们所摄入的纤维素量不如从前。

(一)纤维素的益处

饮食中缺乏纤维素是便秘的最主要原因。纤维包括植物中可以直接通过肠道而不被消化吸收的部分，能增加排泄物的分量，促进肠子的有效运转。多吃富含纤维的新鲜水果、绿色叶菜、全谷类面包和谷类食品等，可以预防及治疗便秘。

进食纤维食物不够，被认为是许多其他消化功能失调的原因。例如肠道内压力异常积累造成肠壁损伤；结肠壁上形成许多小囊，可能就是憩室病的成因。纤维可以在消化过程中结合水分，软化排泄物，使排泄物较容易通过肠道，有助于预防结肠内压力的过度增高。

(二)肠敏感症的处理

肠敏感症是最常见的消化道失常之一，但大家对它却所知甚少。妇女较常有这种毛病，而且多发生在成年生活的早期。正常的情形下，肠内的东西靠着肠壁有规律地起伏——也就是所谓的蠕动——慢慢推进。患有肠敏感症时，不规律不协调的蠕动会造成不适，扰乱排泄物通过直肠。

1. 症状

(1)异常痉挛与腹胀。

(2)肠的习性改变：不是腹泻就是便秘。

(3)恶心及胀气时常发作。

(4)一天需解好几次大便。

2. 自行处理的方法

(1)避免吃使症状恶化的食物及饮料。

(2)学习一些可以减轻压力的放松运动，增加纤维的摄入。

(3)如果你抽烟，请戒除。

纤维也能预防盲肠炎和痔疮。排泄物中的小硬物，有时会堵住通往盲肠的小口，造成盲肠炎。而当排泄物较硬时，肠子便得增加蠕动以利排出，这样往往会导致痔疮。

突然增加纤维的摄食，会造成肠胃异常痉挛与胀气。应该在数周内慢慢增加摄食量，以确保肠道有时间调适。

(三)饮食中维持水分平衡十分重要

水是人饮食中重要的一部分。人体60%是由水分组成的，许多身体功能也需借助水才能正常运行。当身体的废物沿着肠子通向直肠时，附近血管内的水分便向这里集中，使排泄物软化并易于通过。

人体排出的尿和汗，会使水分持续流失，人所呼出的气中含有水汽，排泄物中也有少量的水分。

这些水分的流失都得靠饮食补充，水果和蔬菜等许多食物都含有水分。人体在代谢碳水化合物、脂肪和蛋白质时，也会在体内形成水分。

(四)何时需要就医

如果你肠子的活动出现不正常的变化持续两周以上，便应赴医就诊。如果要排除更严重的肠道失调的可能，则需要做一些检验。假如你正受便秘困扰，医生可能会开给你一些通便剂，帮助调整肠的蠕动。倘若你因痉挛而疼痛不已，医生可能会给你缓和肠壁痉挛的药物。

(五)多喝水

每天至少应喝 8 杯水。饮水不足会造成便秘；囫囵吞食使得正常流向胃肠的血液转向肌肉，造成消化障碍；匆忙进食，边动边吃或吃完就运动，会使你容易患消化失调症，如回归性胃灼热、慢性消化不良或消化性溃疡。

(六)预防消化不良

(1)慢慢进食，细嚼慢咽。

(2)用餐时心情放松，不要边做事边进食，饭后至少休息半个小时。

(3)宵夜避免大吃大喝。

(4)不要喝太多碳酸饮料，包括汽水，因为它们会使消化道充满气体。

(5)开始高纤维饮食时，应按步骤增加纤维的摄入，以免造成不适或胀气。

九、骨骼健康与饮食

每一段骨骼都是活的组织，它的强健与弹性需要各种营养成分来维持。

(一)骨骼活的组织

骨骼是由胶原构成的框架所组成的活组织，上面附着一层主要是钙的矿物质基质。每一段骨头都有好几层：最外面的表层是薄膜，血管和神经在其间构成一个网状的组织；接着是一层坚硬紧密的壳，称为皮质骨；中空的部分则为骨髓，有些骨头的中间含有海绵质。皮质骨紧密的硬壳是由柱状的骨细胞所构成，有些细胞负责分解旧骨，有些则缔造新骨。骨组织不断地推陈出新，称为再塑，它对于骨的成长、修补及维护十分重要：形成骨骼的细胞需要钙、磷、维生素 D 及少量的其他营养成分，才能有效地运转。

人的骨骼可以支撑牵动全身各处的数以百计的肌肉，是一个紧密的结构。骨骼也可以保护体内器官，如心脏和肺脏等。新骨骼的生长、旧骨骼的更换，所需要的营养成分包括维生素 A、C 和 D 以及钙、磷、镁、氟及铜等矿物质。

骨质疏松会使骨内部的组织变弱，易遭骨折。骨质疏松的人跌倒后，骨折的发生率也会增高，这就是为什么老年人经常闪到腰或扭到髋部(臀部骨骼)的缘故。要保护骨骼免于骨质疏松，年轻时就得强化骨骼。规律的运动是强化骨骼的良方。

(二)富含钙质的食物

牛奶和多数乳制品、可食的鱼类、绿色叶菜、酸性水果、核果和豆制品都含有钙质。

脱脂和半脱脂牛奶的饱和脂肪较少，但含钙量和全脂奶一样多。

任何可以使关节承受全身重量的体能活动都有益于骨骼。除了规律的运动外，能提供足量钙质的饮食也十分重要。人体许多不同的细胞活动，都在不断耗用钙质，健康骨骼组织的生长与维护也是如此。因此，日常的饮食必须提供足量的钙质。

一个人如果能终身持续从事规律运动，又摄入足量的钙，随着年龄增长而患骨质疏松症的可能性便减少许多。

(三)骨质随年龄而流失

每个人随着年龄增长，骨质密度及强度也会随之降低。女性在停经后，因雌性激素的保护作用中止，骨骼强度减弱得更快。黑人女性因天生骨质较密，较少患骨质疏松症。

(四)骨质疏松症引发不健康的骨骼

受骨质疏松症影响的骨头，密度会降低，骨头因而更脆弱，易于骨折。骨细胞柱之间的通道加大，构成骨架的胶原纤维之间出现空隙，受影响的骨头因而变轻变弱。骨质疏松症患病率会随着年龄而增加，几乎35岁以上的人，骨质或多或少都会流失。妇女停经后，卵巢停止分泌可以帮助保持骨骼强健的雌性激素，更容易罹患此症。

(五)骨质疏松症

骨头内出现许多空隙，在其中再吸收的蛋白质与钙质比新骨头所能储存的量要多。

(六)如何预防骨质疏松症

(1)多吃富含钙质的食物。

(2)有规律地运动。

(3)有些妇女停经后使用雌性激素，可能有所帮助。

(4)若抽烟，请戒除。抽烟会使停经提早，因而降低骨质密度。另外，会使骨骼变弱的酒精及咖啡因也应减量。

十、饮食与食物中毒

易造成食物中毒的食物包括禽肉、蛋、海产品及煮不熟的肉类。食物中毒是由于饮食或饮水遭到细菌、病毒、微生物、化学物质或有毒物质污染所致。症状包括恶心、呕吐、腹泻或腹部痉挛。多数病例症状发作得快也消失得快。

食物受到污染，可能是在你购买之前(尤其是海产品及禽肉)，也可能是在烹调及储存时(最易受污染的是食用前数小时已备好的食物)。生蛋或未煮全熟的蛋可能是沙门氏杆菌的来源。

(一)找出中毒的原因

要找出致毒物，医生可能需要做些检验。病发后应通知学校公共健康部门，以便纠正食物准备或储存不当的餐厅、店铺或家庭。食物中毒往往是厨房内忽视食物卫生所致。

诊疗时要做的检验，包括将排泄物或呕吐物的样本送到实验室，以便找出元凶病毒或细菌。任何残留的食物也应以这种方式检验，找出污染源。

(二)症状的治疗

在腹泻及呕吐完全停止之前，不要吃固体的食物或牛奶。大量饮用清淡的流质，以免脱水。一种可以买到的糖和盐混合成的补充剂，能补充人体流失的盐分，并提供热能。如果腹泻或呕吐较严重或不停止，可以到医院接受静脉注射。

(三)各种细菌存在场所

各种细菌存在场所见表 2-3。

表 2-3　各种细菌存在场所

图片	
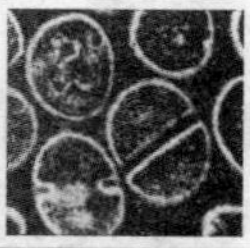	葡萄球菌(Staphylococci)：在准备食物时如有未发现的伤口碰触到，便可能会进入食物
	腊状杆菌(Bacillus cereus)：存在于生米之中，煮沸并不会摧毁它们的芽孢，剩饭冷藏才不会产生毒素
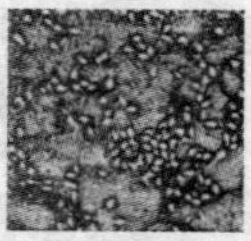	肉毒杆菌(Clostridium botulinum)：当食物装成罐头时消毒不当所产生的，它会伤害神经系统甚至致死
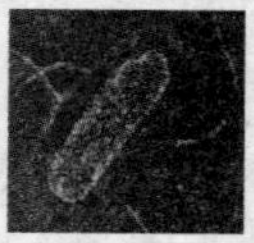	沙门氏杆菌(Salmonella)：相当常见，存在于禽肉和蛋类之中
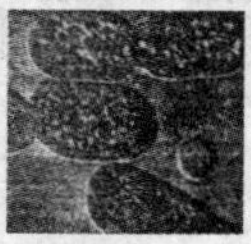	志贺氏杆菌：是由排泄物所污染，可能源自苍蝇或上厕所后未洗手
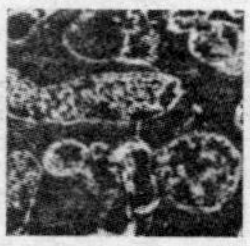	弯曲弧菌：存在于污染的牛肉、鸡肉、水和牛奶中
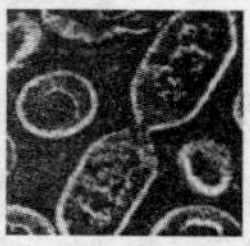	单细胞李斯特菌：存在于土壤和水中，如果吃下大量含这种病菌的食物，如蓝纹乳酪及切妥包装却未清洗的蔬菜，就有可能发病
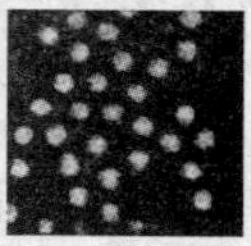	诺瓦克病毒：存在于以污染水质养殖的贝类之中

(四)食物中毒的各种症状

各种食物中毒症状详见表 2-4。

表 2-4　食物中毒的症状

起因	症状	发病时间
化学中毒	腹泻及呕吐	
葡萄球菌	呕吐	1～6 小时
腊状杆菌	腹泻及呕吐	2～14 小时
产气芽孢梭菌	腹部痉挛	6～12 小时
肉毒杆菌	言语困难、视线模糊及麻痹	12～36 小时
沙门氏杆菌微生物	腹泻及呕吐	8～48 小时
病毒	腹泻及呕吐	12～48 小时
志贺氏杆菌微生物	腹泻及腹部痉挛	2～6 天
弯曲弧菌	腹泻	2～6 天
单细胞李斯特菌	类似感冒症状	7～30 天

第三节　大学生饮食状况与自我评价

许多大学生对个人的营养状况不甚了解，甚至漠不关心。有些同学认为只要吃得饱、吃得好就能保证身体健康，就符合健康膳食的要求。不少同学有挑食、偏食的习惯，但自己却不以为然。一些同学因营养不足或过剩引发身体不适和疾病，却不知是什么原因。更有一部分同学盲目减肥，严重影响了身体健康。因此，大学生有必要经常对照健康饮食的原则、各国专家对健康饮食的建议，对自己的饮食习惯与营养状况进行自我评价。

一、健康饮食的原则

(一)平衡性原则

营养的平衡是指人们通过膳食摄取的各种营养成分应与身体的生理需求之间形成相对平衡，使膳食的质和量都能适应人体的生理、生活、劳动和一切活动的需要。营养失衡一方面是营养摄入量过少，不能满足机体的需要，造成营养不良；另一方面是营养摄入量过多，造成人体体重增加，引起肥胖等疾病。人体营养的需求与补充应保持相对的平衡，营养的摄入量既不欠缺，又不过量。

(二)适当性原则

营养适当是指人所摄取的各种营养成分之间的配比要合理，即在全面和均衡的基础上进行适当的饮食搭配。人体对各种营养需求量是不尽相同的，是有一定比例的。只有合理搭配各种饮食，确保各种营养素按比例供给，才有利于人体更好地吸收利用，保证机体的各种需要，确保身体健康。

(三)全面性原则

营养全面是要求人所摄入的各种营养成分要全面。做到这一点，就必须克服挑食和偏食的不良习惯，任何一种营养丰富的食品都不能提供人体所需的全部营养，只有通过摄入多种食物，并从中摄取各种营养，才能确保人体健康。

(四)针对性原则

营养的针对性是指营养的摄入应符合个体的具体情况及在不同时期对营养需求

的不同特点。每个人的遗传因素、身体状况、工作性质、年龄阶段各不相同，因此，在营养摄入和补充方面也应区别对待。另外，随季节的变化，营养的摄入也应适当变化。

二、专家对健康饮食的建议

健康机构和营养专家对健康饮食提出了如下指导性建议：

(1)保持理想的体重。

(2)增加多糖的摄入，其摄入量应大于摄入总能量的 58%。

(3)减少脂肪的摄入，其摄入量应小于摄入总能量的 30%。

(4)减少胆固醇的摄入，其摄入量每天少于 300 毫克。

(5)减少膳食中单糖的摄入。

(6)减少钠的摄入，其摄入量每天少于 300 毫克。

三、中国居民膳食指南

随着经济的发展，我国居民的膳食结构及生活方式也发生了重大变化，与之相关的慢性非传染性疾病，如肥胖、高血压、糖尿病、血脂异常等患病率增加，已成为威胁国民健康的突出问题。2008 年 1 月 15 日，卫生部在 1997 年版《中国居民膳食指南》的基础上又发布了 2007 年版《中国居民膳食指南》，更加完善地指导人们合理膳食、均衡营养、促进健康。二者对比见表 2-5。

表 2-5　2007 年版、1997 年版《中国居民膳食指南》对比

2007 年版《中国居民膳食指南》	1997 年版《中国居民膳食指南》
(1)食物多样，谷类为主，粗细搭配	(1)食物多样，谷类为主
(2)多吃蔬菜、水果和薯类	(2)多吃蔬菜、水果和薯类
(3)每天吃奶类、大豆或其制品	(3)常吃奶类、豆类或其制品
(4)常吃适量的鱼、禽、蛋和瘦肉	(4)经常吃适量鱼、禽、蛋、瘦肉，少吃肥肉和荤油
(5)减少烹调油用量，吃清淡少盐膳食	(5)吃清淡少盐的膳食
(6)食不过量，天天运动，保持健康体重	(6)食量、体力活动要平衡，保持适宜体重
(7)三餐分配要合理，零食要适当	(7)如饮酒应限量
(8)每天足量饮水，合理选择饮料	(8)吃清洁卫生、不变质的食物
(9)如饮酒应限量	
(10)吃新鲜卫生的食物	

从表 2-5 中我们可以看出：

(1)“食物多样”是《中国居民膳食指南》的核心，也是其他内容的基础，10 年不变，说明了它的首要性。各种食物所含的营养成分不同，每日膳食必须由多种食物适当搭配，才能满足人体对各种营养的需要。在2007年版《中国居民膳食指南》发布的膳食中，谷类食物位居底层，每人每天应摄入250~400克，这和1997年版谷类摄入量300~500克相比，减少了约五分之一，这也说明了我们的生活中有更多的优质食物来源，能够补充人体能量所需。这次《中国居民膳食指南》更具体地量化了指标，如在“粗细搭配”中建议人们每天最好能吃50克以上的粗粮。我们可以把粗细搭配落实到每一天，这样营养更全面些。例如，日常蒸米时，可以把米、豆类和粗粮放在一起蒸，既保证了食物多样，也保证了粗细搭配，但是豆类要提前泡一晚上。

日常饮食中粗细粮的搭配比例如下。

蒸米时，粗细粮搭配比例如下：

绿豆、海带、大米比例为4：1：10；

玉米渣、大米比例为1：2；

绿豆、玉米渣、大米比例为2：2：1；

黄豆、玉米渣、大米比例为2：2：1；

荞麦、大米比例为4：1。

做面食(杂面条、杂面馒头、杂面饺子皮)时，粗细粮搭配如下：

绿豆面、海带粉、白面的比例为4：1：10；

玉米面、白面的比例为1：2；

绿豆面、玉米面、白面的比例为2：2：1；

黄豆面、玉米面、白面的比例为2：2：1；

燕麦面、白面的比例为4：1；

玉米面、黄豆面的比例为3：2；

高粱面、白面的比例为3：2；

黄豆面、白面、麦麸的比例为10：14：1。

(2)多吃蔬菜、水果和薯类的膳食对保护心血管健康、增强抗病能力、减少儿童干眼病及预防某些癌症等有重要作用。日常生活中，应该把蔬菜安排在每餐中，水果安排在两餐间，薯类一周安排2~3次。

在现实生活中，不少人用水果代替蔬菜来补充维生素，这是一个误区。虽然水果维生素含量丰富，但是并不等于蔬菜。水果、蔬菜的摄入，既要坚持多样化，也要注意适量，每天应分别摄入300~500克和200~400克。最好吃应季的水果和蔬菜，不必迷信高价水果。

(3)奶类含钙量高，是天然钙最好的来源，也是优质蛋白质的重要来源。豆类含丰富的优质蛋白质、不饱和脂肪酸、钙及B族维生素。每天应吃相当于鲜奶300克的奶类及奶制品和相当于干豆30~50克的大豆及其制品。

我国居民膳食中普遍缺钙，平均只达到推荐供给量的一半左右，这与膳食中奶及奶制品少有关。每天吃适量奶类可提高儿童、青少年的骨密度，减缓老年人钙质流失的速度。

(4)鱼、禽、蛋和瘦肉是优质蛋白质、脂溶性维生素和某些矿物质的重要来源。但部分大城市居民吃肉食大多，对健康不利，应当少吃猪肉，不吃肥肉、荤油，减少膳食脂肪的摄入量。新版《中国居民膳食指南》规定，每天应摄入此类食物125～225克(鱼虾类50～100克，畜、禽肉50～75克，蛋类25～50克)，相比1997年规定鱼虾类摄入量提高了一倍，畜、禽肉摄入量适度减少。

(5)虽然人们已经普遍食用植物油，好多人已经不吃肥肉或不用荤油炒菜，但是这并不意味着健康。

我们在日常营养咨询中发现，很多人不吃肉，血脂还是很高。除了运动少外，另一个重要原因是植物油放得过多。植物油摄入过多也会导致热量增加，体内的脂肪增加，血脂紊乱。

2007年版《中国居民膳食指南》的规定是，每天油的摄入量不多于25克。

(6)人如果缺乏运动，体内脂肪会比较多，肌肉比较少，出现四肢比较瘦，中间肥胖的体形。在“食不过量，天天运动，保持健康体重”的条目下和膳食宝塔中明确提出“建议成年人每天进行累计相当于步行6 000步以上的身体活动”，为指导居民天天运动提供了参照标准。

(7)从食物的总量来说，早、中、晚的食物量要适当，呈1∶1∶1，1∶2∶2或1∶2∶1。工作节奏快的人，晚上加班的人，早餐和午餐合并的话，夜间要适当加餐。

合理选择零食的种类，并在两餐中间添加，零食也能吃出健康。

(8)水是膳食的重要组成部分，是一切生命必需的物质，其需要量主要受年龄、环境温度、身体活动等因素影响。在温和气候条件下生活的轻体力活动成人每日至少饮水1 200毫升(约6杯)；在高温或强体力劳动条件下应适当增加。饮水应少量多次，要主动，不应感到口渴时再喝水。

果汁饮料、乳汁饮料、含糖饮料，不能代替水。在运动后可用运动型饮料。

(9)在2007年版《中国居民膳食指南》中，“如饮酒应限量”的内容中明确“建议成年男性一天饮用酒的酒精量不超过25克,成年女性一天饮用酒的酒精量不超过15克”。

(10)冰箱普及和冰库的应用，方便了食物储存，储存后食物清洁卫生、不变质，口感变化不大，但是存放的过程中，一些营养物质还是损失不少。我们提倡吃新鲜的水果、蔬菜，这样可以摄取更多人体需要的营养物质。

四、大学生饮食习惯和营养状况的自我评价

(一)饮食习惯的自我评价

饮食是营养的主要来源，但并不是只要把食物吃进胃里，其营养就能被机体吸收利用。饮食的方法与习惯对营养的吸收利用及身体健康有很大影响。因此，大学生应该养成良好的饮食习惯。表2-6列举的是一些不良饮食习惯，这些不良习惯应该纠正。

(二)营养缺乏症的自我监测

营养缺乏可引起多种疾病，通过对照表2-7，大学生可初步了解自己一些疾病的起因，并可以针对性地加强营养。

(三)营养过剩症的自我监测

营养并非越多越好，营养过剩同样会引起某些疾病。表2-8是营养过剩的各种表现。

表 2-6 不良饮食习惯

表现	对身体的影响
经常不吃早饭	引起消化液供不应求，消化不良
暴食、暴饮	加重胃的负担，引起消化不良，体重增加
进食速度过快	消化不良，不利于营养素的吸收利用
挑食、偏食，经常食用某一类食物	营养不均衡，缺乏某些营养
运动后立即大量饮水	加重心脏负担，冲淡胃液
经常吃零食	影响正常进食，使消化功能失调
常食用高脂、高糖类食物	引起高血脂、脂肪肝、心脏病、肥胖等
食用过多的食盐	引起高血压

表 2-7 营养缺乏症

病症表现	可能缺乏的营养
发育矮小，消瘦，食欲不振等	蛋白质，钙，磷，铁，维生素 A、B、C 等
头发缺乏光泽、稀疏而少、易脱落	维生素 A、E，蛋白质等
脱斑，眼结膜干燥，角膜软化，畏光，角膜周围充血，暗光适应能力下降	维生素 A、B_2，铁，蛋白质等
面色苍白，鼻、唇缺乏油脂等	维生素 B_2、蛋白质等
口角炎、口角糜烂、唇炎等	维生素 B_2
牙龈肿胀、海绵状出血	维生素 B_2
皮肤干燥，毛囊角化，粗糙性皮炎	维生素
凹性甲、匙状甲、舟状甲等	铁
肌肉萎缩、肌无力等	蛋白质、糖
粗脖子症	碘

表 2-8 营养过剩的各种表现

种　类	症状表现
蛋白质过剩	食欲不振，大便干燥
脂肪过剩	消化不良，腹泻，食欲不振，肥胖，高血脂，动脉硬化，冠心病等
碳水化合物过剩	龋齿，肌肉松软，易生脓疖等
铁过剩	食欲不振，呕吐，腹泻，大便异常
氟过剩	氟斑牙，骨质异常
维生素过剩	头昏，头疼，呕吐
维生素 C 过剩	食欲减退，乏力，精神困倦，消化不良等
维生素 D 过剩	食欲不振，组织钙化，血钙过高等

第三章　大学生饮食与体重

第一节　体重比例与测量

在多数发达国家，主要的饮食失调并非基本营养成分缺乏，而是体内脂肪过多。这是饮食过量加上运动量不足难以完全消耗过多的热量所致。在美国及一些发达国家，1/4的人过重，将近 300 万人严重超重。肥胖会引发许多健康的问题——过重的人更容易患心脏病、糖尿病及某些癌症。

如果我们稍不注意就会饮食过量和运动不足，长年如此，体重也就逐渐增加。一个人的体重，只有在摄入的热能与身体所需的热能相当时，才能保持稳定。假使你摄入的热量超过需求，或减少运动量，体重便会随之增加。要保持健康的体重，大学生饮食与运动需要进行明智的搭配。

一、人的标准体重与测定

人有胖瘦之分，体重过轻则为瘦，过重则为胖。那么以什么样的标准来衡量胖还是瘦呢？这当然必须有个参照值，这个参照值，我们就把它称之为标准体重。目前在我国尚没有统一的标准体重数据。较普遍采用的计算方法有两种：

第一种是：

成年：(身高(厘米)–100) × 0.9=标准体重(千克)

第二种是：

男性：身高(厘米)–105=标准体重(千克)

女性：身高(厘米)–100=标准体重(千克)

以上两种计算方法，基本已被广泛采用。

另外，军事科学院还推出一种计算中国人理想体重的方法：

北方人理想体重(千克)=(身高(厘米)–150) × 0.6+50

南方人理想体重(千克)=(身高(厘米)–150) × 0.6+48

这一计算方法，似乎比较适合南、北地区中国人。但是，由于人的体重与许多因素有关，不同人体之间有差异，在同一天不同的时间也会有一定的变化，加之所处地理位置(如地心引力的原因)、季节、气候、自身情况的不同，对体重也有一定影响，因而很难完全符合标准体重。也就是说，难以用一个恒定值来表示，而应当是一个数值范围，我们把这个数值范围称之为正常值，一般在标准体重 ± 10%以内的范围。超过这一范围，就可称之为异常体重。

二、脂肪与体重的比例

我国大学生肥胖率在 11%左右，而在英国大学生中的肥胖率高于我国。

从脂肪上来看，女性脂肪比较丰富，其重量大约占体重的 28%，而男性脂肪只占体重的 18%。在青春期生长突增过程中，男孩的脂肪量不仅不增加，反而逐渐减少。而女孩在生长突增过程中，脂肪量一直在继续缓慢地增长，突增高峰过后，在雌激素的作用下，女孩脂肪增加的速度大大加快，使外形显得更加丰满。有些女孩则可形成肥胖，过多的体内脂肪，不但不需要而且不健康。

(一)理想的体重

每一个人都应注意自己的体重是否与身高、年龄及身体状况相称。体重若能保持在适当的水准上下，身体便会更健康，工作更有效率，看起来也更加容光焕发。

图 3-1 可以让你自我估量目前的体重是否与身高及性别相称。由于影响体重的因素有些并非人力所能左右，如年龄及体格的差异等，因此图中正常体重的范围相当大。

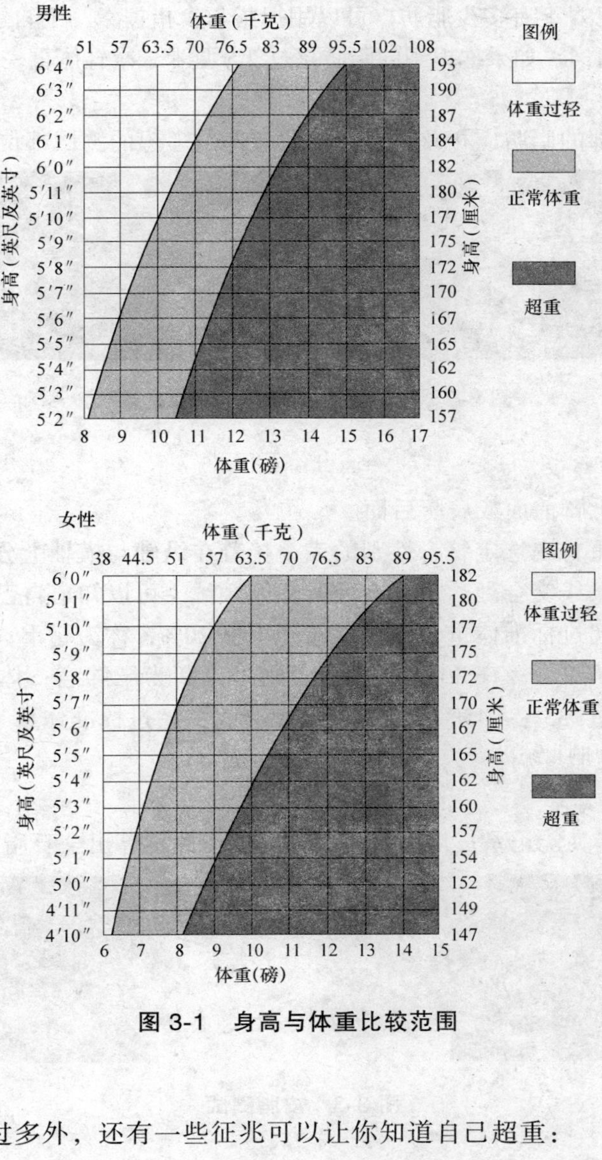

图 3-1　身高与体重比较范围

(二)体重问题

除了体内脂肪过多外，还有一些征兆可以让你知道自己超重：

(1)经常喘不过气来。

(2)有疲倦无力之感。

(3)容易汗流浃背。

(4)下背、髋部及膝盖关节疼痛。

(三)脂肪的测定

许多西方人脂肪过多且超重。英国国内就有5%的人口不只是超重，而是肥胖。

是否肥胖，可用人体体积指数(BodyMasslndex)准确地测知。指数的算法是以体重(千克)除以身高(米)的平方，无论是男性或女性，指数若在 20~25 之间即代表健康，若超过30，便会严重危及健康。此外，还有以下几种测定方法。

1. 皮脂捏拿测量法

要大约知道自己身上有多少脂肪，可以用拇指与食指捏拿一下自己的皮肉，测量时注意不要包括皮脂下肌肉。如果你捏到的脂肪超过2.5厘米，减轻体重一定会让你受益良多。

2. 捏拿测量

男性与女性腰部的脂肪应相差不多，因此腰部是理想的测试部位(见图3-2)。

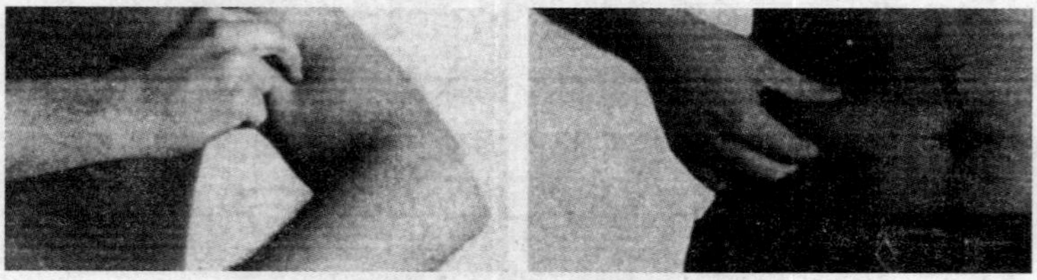

图 3-2 男、女性皮脂捏拿测量的部位

3. 可以测试的部位

你也可以试试上臂前面或肩膀后面。

检查自己的体重首先选定符合性别的表，接着在纵轴与横轴上分别找出自己的身高与体重，标示出两条线交会处。从交会处所在的区域，可以知道自己体重是过轻、正常或过重。如果体重超过标准体重，但超过部分小于20%者称为超重；体重超过标准体重20%以上，并有脂肪百分率(F%)超过 30%者则可诊断为肥胖病；体重超过标准体重的30%~50%，F%超过 35%~45%者称为中度肥胖病；超过标准体重 50%以上，F%超过45%以上者称为重度肥胖病。

4. 全身的脂肪

图3-3中的皮脂夹能记录皮层的厚度，你可以依此推算出全身脂肪所占的比重。

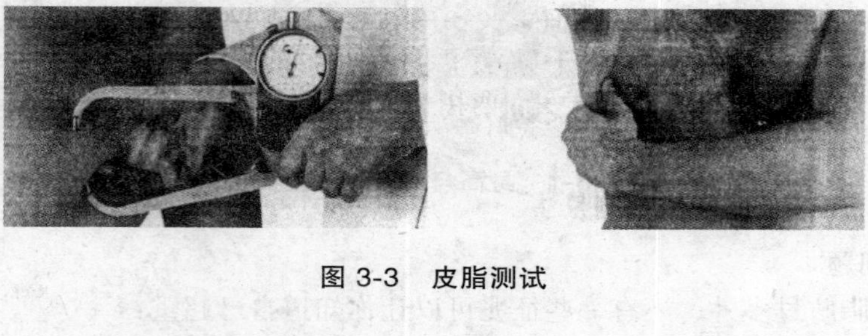

图 3-3 皮脂测试

5. 较少的脂肪

如果你已开始节食或增加运动量，可以每周测试一下，以了解脂肪减少的情形。

三、男、女脂肪积存的部位

(一)男性脂肪存在的部位

男性和女性全身的皮下都储存有脂肪。图中阴影部分是男性较易积存脂肪的部位，尤其腹部容易变成啤酒肚，这点与女性不同(见图 3-4)。

(二)女性脂肪积存的部位

同男性一样，女性全身皮下也积存有脂肪，尤其是臂膀、腹部及臀部。不过，妇女还会在乳房皮下及髋部和股部一带积存脂肪(见图 3-5)。

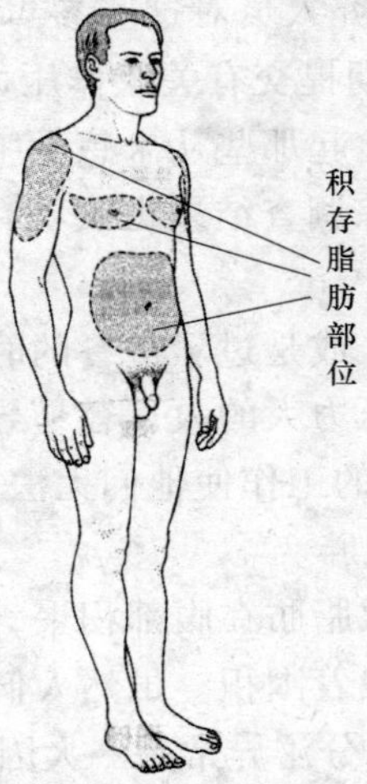

图 3-4　男性积存脂肪图

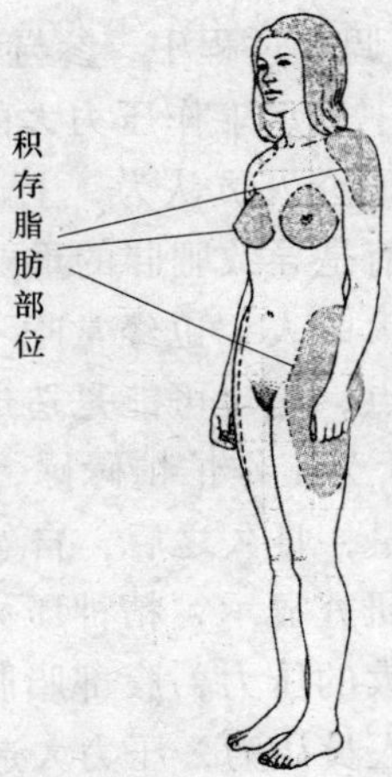

图 3-5　女性积存脂肪图

到目前为止，要减少腹部脂肪，并没有太有效的方法。唯一的选择只有：控制饮食和勤于锻炼。对苹果体形的人来说，要减小腰围是非常困难的事，最实际的目标是养成健康的生活习惯，慢慢地减少整体的体重，而不是只仅仅减少身体某一个部位的体重。

第二节　体重增长与饮食

体重增加最常见的原因，就是摄食超过身体需要。

如果你超重，回答下列问题，也许能找出问题的根源。身体失调很少是超重的成因，多数超重的学生都只因为所摄取的热量超过消耗的热量。

这些学生吃的东西超过身体的需要，然而，引起体重问题的并非只是吃下的量，更是因为食物的种类。

一、控制体重的方式

你若是超重，少量多餐是控制体重的最佳方式。你所吃的东西必须营养高，而又不致使热量太高。少量多餐的小吃方式因为餐与餐的间隔短，不易产生饥饿感，蛋糕、饼干这类高热量的点心，也就不会那么令人嘴馋了。

研究表明，一天之内摄食的热量，以有节制的三餐或更多餐分开摄食，比集中于一两餐大吃，更能将热量以体热方式散发掉。假使你一天内多数的时间不进食，身体便会接到警告讯号，必须适应食物的暂时缺乏，尽量节约热能。

二、压力过大与肥胖

长期压力过大加上高热量饮食让人肥胖。英国的一项研究发现，工作压力过大，容易使人发胖，而这种因为工作导致的长期压力，与心脏病和新陈代谢综合征都有关系。这个刊登在美国流行病学杂志上的报告，是英国伦敦大学医学院的一项最新研究。这项研究共有 6 895 名男性和 3 413 名女性参与，研究人员对这些参与者进行了长达 19 年的追踪调查。在 19 年的调查过程中，参与者会定期提交有关工作压力的调查问卷，结果发现，那些在 3 次问卷中表示工作压力大的人，比起那些从未感觉工作有压力者，肥胖可能性多了 73%。英国研究人员认为，上述的追踪调查结果提供了有力的证据，证明工作过程中高度的心理负荷是导致肥胖的重要因素。

另外，工作压力大的人，也经常吃不定时，或是过了进餐的时间才吃东西，由于肚子太饿，难免吃多了点，这也可能是造成工作压力大的人，容易导致肥胖的原因。还有工作压力大的人，天天为工作忙忙碌碌，长时间的工作使他们无法从事其他活动或运动，由于长期没有消耗热量，日久之后，自然变得肥胖。

过去，美国也有研究显示，精神压力会导致脂肪在腹部积聚，即便是身材并不肥胖的女性，若是承受过大的压力，腹部脂肪也会跟着囤积。虽然人们至今还无法确切地对此作出解释，但研究人员认为，压力大造成激素分泌异常是一大因素。

实验结果显示，若是心理压力过大，副肾上腺皮质激素也开始分泌“压力荷尔蒙”皮质醇，皮质醇分泌增加会导致腹部脂肪囤积。

三、体重与年龄

年纪较大的人基本代谢率较低，而且往往较少运动，热能的需要自然比年轻时少。年纪渐长，必须减少热量的摄取或多运动或者二者并行，才能避免体重增加。每周至少三次剧烈的运动，可以提高你的基本代谢率。

四、基本代谢率与肥胖

热能的需求一方面取决于人的基本代谢率，一方面则取决于体能活动的水准。基本代谢率是维持一个人生命功能，如呼吸、体温和休息状态的心跳等所必需的热能。

虽然每个人的基本代谢率相差不大，但有些人天生的代谢率就是异常的慢。这些人有时被称为“燃烧不足者”，他们每日所需的热能并不那么多。如果和同性别、同年龄、同体重且生活形态相同的人吃同样的食物，他们较容易增加体重。

另一个极端是代谢率高于正常人的“燃烧过量者”，他们可以摄食比一般人多的热量，却不会使体重过度增加。

五、遗传因素与肥胖

在日常生活中，我们常看到一些家族上一代肥胖而下一代确实也胖，这种现象不容忽视。有人统计过一组肥胖人，在其家庭中有肥胖病史者占 1/3，这些现象说明，遗传因素在肥胖的发病中有显著作用。然而尽管一般都认为遗传因素是肥胖的部分成因，但也有可能是因为家人共吃同样不健康的食物，或运动习惯相似，甚至是三项因素相结合造成的。任何有家族体重问题的人，都应特别注意摄食的东西并保持规律运动的习惯。

遗传因素对于肥胖的形成是具有一定作用的，但不是唯一决定性的。因为肥胖因素是多方面的，传统的饮食习惯，运动量的多少，工作方式等外界因素的作用也是非常重要的，在生活中我们也发现父母不胖而子女较胖的现象在当前社会有增长的趋势。

第三节　肥胖发生的原因及危害

一、肥胖发生的原因

(一)遗传因素的影响

肥胖与遗传因素有密切关系。父母双方肥胖者其子女发胖的可能性为 80%；父母一方肥胖者，其子女肥胖的可能性约为 40%；而父母双方体重都正常者，其子女肥胖的可能只有 23%。这是因为控制脂肪细胞产生和生长的基因密码发生突变所致，另外肥胖还与内分泌有关。

(二)生活习惯的影响

有关研究证明，34%的人肥胖是由于自幼抚养不当，营养过剩；11%的人肥胖与年龄增大、活动不足有关；55%的肥胖归咎于饮食不当，摄入过多的脂肪和高热量食物。可见，多数肥胖者是后天造成的，“多吃少动”是肥胖的原因。研究还发现肥胖与饮食、运动、社会、文化等环境因素有关，其中，导致肥胖的主要原因是缺乏锻炼。有些肥胖者吃得并不多，但由于他们活动太少，所以造成肥胖。

(三)其他影响因素

肥胖还与内分泌、年龄、精神状况等因素有关。内分泌失调可引起肥胖，随年龄增长，肥胖发生率上升。人的精神和情绪对饮食和消化吸收机能都有一定影响。

二、肥胖如何损害健康

肥胖长时间持续，对健康相当危险。严重超重的人往往活力不够，也较易患各种各样的毛病。

(1)高血压。比起同年龄而体重在正常范围的人，超重的男性和女性较易因高血压引起的各种并发症而丧命。只要体重适度地减轻，异常升高的血压便会明显下降。

(2)高胆固醇。严重超重的人，血胆固醇值偏高的可能性也较大，这是因为所摄食的过多饱和脂肪在肝脏中转化为胆固醇。

(3)胆结石。由于肥胖的人肝脏中制造的胆固醇量增加，因而有较多的胆固醇流入胆汁。这些胆固醇容易在胆囊和胆腺中形成结石。

(4)患癌危险。最近的人口研究显示，愈胖的男性，患结肠癌、直肠癌和前列腺癌的几率也较高；同样，肥胖的妇女患乳腺癌、子宫癌和子宫颈癌的几率也会增加。研究专家仍在分析，有待最后的确认。

(5)中风。中风是因输往脑部的血液供应受到损伤造成的。肥胖的人由于血压和血胆固醇含量往往偏高，中风的可能性为一般人的两倍。

(6)喘气。肥胖的人常常一出力便气喘吁吁，严重的甚至连休息不动也喘息困难。部分的原因是，过重的体重使横膈膜的自由移动受到阻碍；另一部分原因，则是肥胖加重了心脏的负荷。

(7)背痛。严重超重的人常遭受长期性或周期性背痛的困扰，因为身体上半部太重时，承受的腹部肌肉会渐渐失去常态，使脊椎的下半部压力增加。

(8)关节炎。因关节炎而衍生的关节僵硬、疼痛和肿胀，会因肥胖而更加恶化。多余的体重使脊椎下半部的腿部关节的压力加重。减肥有助于减缓病情恶化，甚至可以减轻症状。

(9)皮肤问题。肥胖的人常因皱褶处的摩擦，如腹股沟，造成皮肤擦痛或细菌感染。

(10)静脉曲张。肥胖会增加患静脉曲张的可能，缺乏运动也会使静脉曲张恶化。

(11)严重超重的男性与女性，患心脏病、糖尿病和某些癌症的几率也较高。

(12)肥胖人士死亡率的增加，主要是因为血液循环疾病，如冠状动脉心脏病、高血压、中风以及因糖尿病而起的并发症。

三、人体肥胖与潜在的危害

(一)肥胖对寿命的影响

体重超过合乎年龄、身高的理想体重40%以上的人，死于冠状动脉心脏病的概率为常人的2倍；超过理想体重20%～30%的人，死于糖尿病并发症的概率为常人的3倍。

(二)肥胖对心脏病影响

过重的人较容易患冠状动脉心脏病，进而受心绞痛和心脏病发作之苦，原因相当多。超重愈多，得高血压、糖尿病和血胆固醇值升高的可能就愈大，从事任何费力的运动的可能性较小。这种种因素都会增加患冠状动脉心脏病的可能性。

心脏病危险有时视多余脂肪储存的部位而定。脂肪聚积于腹部患心脏病的几率，较脂肪积存于髋部及股部要高，原因至今仍不清楚。

(三)肥胖与糖尿病

肥胖的人较常人更易患非胰岛素依赖型糖尿病。

胰岛素可以控制血液进入人体细胞的葡萄糖。体重的增加，会使正常的胰岛素供应配合不上组织细胞增加后的需求，葡萄糖的处理能力受到影响，血糖也就随之升高。

减轻体重，身体细胞的数量就减少，体内血糖即可恢复平衡，无需再用药物治疗。

(四)监控自己的健康

如果你发胖，却无法以节食与运动除去过多的赘肉，患许多疾病的几率势必增加。严重超重的人确实应定期进行下列几项健康检查：

(1)血压。至少每2年量一次。

(2)尿糖或血糖。至少每3年做一次检验。

(3)血胆固醇。至少每5年检查一次。

第四节　大学生怎样科学减肥

一、改变饮食与生活方式

对多数大学生而言，饮食和生活方式的改善会使体重减轻。对付饮食过量的问题，有如击败毒品或酒精上瘾一样困难。愈是肥胖的人吃的欲望愈强，要减轻体重也比超重不太严重的人困难。

要彻底达到安全且具有长效的减肥，必须改变生活方式，包括规律的运动及减少饮食中的热量。你所选择的饮食最好是可以终身坚持的，而不是一达到目标体重就放弃的。长期的体重控制远比减肥的初步成效来得重要。不幸的是，许多节食的学生达到目标体重，便恢复原先的饮食及运动习惯。这些学生往往比节食前更少称体重。

有些专家认为，体重减轻后随之又增加，不断地持续这样的循环，可能比始终维持超重对身体的伤害更大。许多人将目标体重定得过低。应选择适合自己的体重，无需为一个达不到的目标挣扎奋斗。

二、正确认识减肥

近年来，随着生活水平的提高、工作条件的改善和膳食结构的改变，我国人群肥胖发生率有所提高，减肥成为日常生活中出现频率很高的词语。从儿童少年到中老年不同年龄段越来越多的人加入减肥的队伍。大学生，特别是女大学生也积极加入减肥的行列。减肥似乎成为一种社会时尚。但是很多人不懂得科学控制体重的基本知识，盲目用药、节食，对健康产生了不良影响。减肥应首先查清肥胖的原因，采用稳妥的方法，以保证身体健康为前提，在专业人员的指导下进行。

人的体重达到多重才算胖？正常人的体重应该是多重？不少人在减肥时，并不了解这些基本的知识。有人本来已经比较瘦了却还在减肥，好像非要瘦到骨瘦如柴的程度才好。其实，人体应当保持正常的体重，过于瘦弱会对健康产生不利影响。肥胖是指体内脂肪储存过多所引起的体重增加。

减肥本是针对体重超过正常标准的一种矫正治疗措施，但目前减肥的概念和对象已经发生了变化。大多数减肥者更多的是出于爱美的需要，以致一些人为了减肥不惜牺牲健康，为了美可以不吃饭，为了美要穿妨碍身体发育的服装，这是错误的做法。人体的美是以健康为基础的，只有健康才有美。牺牲健康换取美得不偿失，不足以取。

三、选择正确的减肥方法

目前减肥的方法有许多种，如体育锻炼减肥法、节食减肥法、药物减肥法、利用电子仪器减肥法等。无论采用什么方法，要想使体重在短时间内急剧下降，必然影响身体健康，是不可取的。减肥不能操之过急，每周体重下降应控制在0.5～1千克之间。

减轻体重的要决如下：

(1)制订实际的目标——每周以2～3磅为宜。

(2)选择多样且均衡的饮食，摄食纤维含量丰富、脂肪及高度精制的碳水化合物少的食物，点心应挑热量低的东西。

(3)每天适量地进食三餐，不要略过任何一餐。

(4)晚上不要太晚进食。

(5)细嚼慢咽，使用较小的盘子，不要边看电视边进食。

(6)少喝热量高的酒精饮料或甜饮料，选择低热量饮料或干脆喝水。

(7)如果你认为加入减肥团体可以激励你，不妨一试。

警告：如果你严重超重或患有糖尿病、心脏病等病症，开始进行节食或运动前，应请教医生。

(一)运动减肥法

体育运动配合科学均衡的膳食是最好的减肥方法。但有人对运动能收到立竿见影的减肥效果并对身体某一局部有明显减肥作用的企盼是不现实的，不要指望一夜之间会发生奇迹。减肥要有打持久战的思想准备，想要通过体育运动在很短的时间内把体重降下来是不现实的。要减轻体重，至少每周进行激烈运动三次。体能活动可以消耗热能，增加你的基本代谢率。

放松、伸展及增强运动可除去脂肪，并使肌肉强健。

(1)侧弯。站直，双脚略微分开，手臂在身体侧面往下伸，左右侧各一次，重复10次。

(2)手臂绕圈。两脚微张站立，手臂放置两侧。举起手臂绕圈，往前往后各绕10次。

(3)腿部侧举。侧躺，以手撑住头部，将腿举高离地约30厘米后放下，重复10次，之后，转身练习另一腿。

(二)节食减肥法

长期节食甚至禁食会对身体健康造成不良影响，是不科学的，也是危险的。长期禁食或控制饮食不仅会减去体内的脂肪，而且会同时引起体内水分、电解质、无机盐、糖及蛋白质的丢失，对健康产生不良影响，即使是长期较为温和的控制饮食也易造成营养不良。以下列举几种常见的节食方式及安全饮食组合(见表3-1)。

(三)药物减肥法

药物减肥在商家的大力宣传下被许多人所接受，不少人试图通过药物来减轻或控制体重。减肥药物虽然能在一定程度上达到减轻体重的目的，但是不能乱用，许多药物都有副作用，会对人体产生不良影响。在使用之前要认真听取医生和营养师的意见。在多种减肥药物中，通过降低食欲减肥具有依赖性，停药后体重易反弹；另外，还会引起神经质、眩晕症、虚弱症、疲劳症以及失眠症。一般的减肥药都很难达到人们预期的效果。一些商家称新近研制开发的减肥药就像体育锻炼一样，不仅可以帮助肥胖者增加体内脂肪的消耗，而且还可以增加肌肉组织和降低食欲。但这些宣传尚缺乏有力的证据支持，至今为止尚没有一种药物能够达到人们减肥的预期效果，真正做到安全、有效、不反弹。

(四)电子仪器减肥法

近年来市场上出现了电子减肥仪器，商家称这种仪器可达到局部减肥的效果，给爱美的人们带来了美好的希望，消除臀部、腹部、大腿部位多余的脂肪似乎指日可待，但有关这类仪器效果的报道尚不多见，效果究竟如何有待实践证明。

表 3-1　减肥与节食的安全饮食组合

种　类	组　合	优缺点	有效性及安全
单元饮食	只吃一种或一类食物，如每餐只吃水果或酸奶	毫无优点；饥饿、厌倦及肠胃病经常发生	不建议采用。会引起肌肉蛋白质和身体水分流失。无法避免某些营养成分的缺乏
高纤维饮食	食用各种纤维丰富的食物，如新鲜水果和蔬菜、全谷物及坚果	有助于满足食欲，热量却不致太高；纤维过多会引起胀气及消化不良	只要摄食的高纤维食物种类多样化，不失为减重的安全方法
低热量，尤其是流质的配方饮食(每日低于 500 大卡)	由蛋白质丰富的黄豆和低脂奶做成的流质	并非切实的饮食习惯，常引发副作用；会加剧代谢失调，须在医生监督下进行	会引起肌肉消减，但对其他方式均无效的大胖子而言可能有用
低糖、高蛋白饮食	极少或全无碳水化合物，加上少量高蛋白食物，未限制热量	单调、口味不佳、营养不均衡且脂肪高；身体脂肪消除极其有限	由于体液和组织蛋白流失，对身体有潜在的害处
控制热量的均衡饮食	在热量控制的范围内，摄食多样富于营养的低脂食物	如果能每日只摄食 1 200 ～1 500 大卡的热量，加上规律运动，多数人都能较长时间坚持	最佳建议。可以养成健康的饮食习惯，减肥阶段因而减重。

四、避免体重增加方法

如果你摄取的热量超过维持身体所需，体重便会增加。

发达国家中，经常坐着的人所面临的主要饮食问题，是日常摄取的食物往往超过身体所需的热能。这些剩余的食物会转化为脂肪，进而使体重增加。

你的身体需要食物以维持温度、建造和修补组织，以及提供热能以维持生命的生理及化学功能。每个人热能的需求差异甚大。有些人代谢较慢，要使身体不断运转所需的热能较少。如果你天生的代谢机能如此，便需严格控制热量的摄取，以免体重增加。

要控制体重，切勿略过任一正餐，因为每天有三次健康的正餐，身体功能最能有效运作。

要使摄取的热量与耗用的热能达到平衡，避免体重增加，你必须了解哪些食物对身体有益，哪些食物的摄取应适量。多摄食新鲜水果和蔬菜，是改善饮食的一个简便方法，蔬果营养丰富，热量低且吃后有饱足感。必须避免的是热量及脂肪高的食物，如方便食品及蛋糕。

此外，你应定期量体重。这可以协助你监督自己，看摄取的热量是否与所需的热能很好地保持均衡。如果体重增加，你只要减少热量的摄取并开始多运动即可。

体能活动可以消耗热量，有助于避免体重增加。体能活动也能提高你的新陈代谢率，从而使你休息时身体消耗的热量增加。

要减少饮食中的热量，其实并不困难。你并不需要时时减少食物的量，均衡才是成功的关键——只要从各种自然食物中广泛地摄食即可。

(1)摄食纤维丰富的复合碳水化合物。如全谷类产品、新鲜水果和蔬菜、干豆、豌豆及糙米，热量低而且富含维生素及矿物质。纤维容易使人有饱足感，也会使你减少胆固醇和葡萄糖的吸收。

(2)避免精制的碳水化合物。这些食物多半热量相当高，维生素和矿物质往往较低。白面粉、精白米及添加糖的产品都是经过高度精制的。

(3)减少饱和脂肪，选择低脂乳制品及瘦肉。烹调时，采用葵花子油及红花子油等蔬菜油，并尽量以烧烤代油炸。饼干、糕点及蛋糕等隐含丰富的脂肪，少吃为好。脂肪所含的热量为碳水化合物或蛋白质的2倍以上，为了体重着想，不可不慎。

第五节　控制体重与厌食症

大约每2 000名青少年及每100名少女之中因为控制体重，就有一名受厌食症影响。

虽然多数十几岁的少男少女都会经历过度节食的阶段，但会患严重饮食失常症，如神经性厌食症(一般称为瘦子病)或神经性贪食症的人为数极少。

神经性厌食症是因患者拒绝正常进食，老认为自己过胖而引起心理或行为的失调造成的。患者无论变得多瘦，甚至病恹恹的，仍继续进行严格的节制饮食。

一、神经性厌食症的起因

这个问题虽然已经有许多不同的解释，但因问题十分错综复杂，至今仍争议不断。有些医生认为，这种鬼迷心窍似的行为，是青少年不愿意自己转变为性征成熟的成人所致。厌食症患者可能将严格的饮食限制当做控制自己生命以及不确定且令人恐惧的未来的唯一方式。

其他一些专家则认为，厌食症可能有医学上的原因。或许是控制饥饿、口渴和性行为的下丘脑功能不全，或许是患者有严重的心理问题，如抑郁、精神分裂或是对发胖的心理恐慌。

对厌食症患者而言，食物是一切问题的根源。他们认为只要体重能减轻，问题便迎刃而解。

二、神经性厌食症的治疗

严重的神经性厌食症患者，最好住院治疗。除非进行严密的监督，否则患者会以隐藏或丢弃食物的方式拒绝进食。治疗的方式有很多种，但大多包括控制严格的灌食计划，再配合患者的心理治疗或家庭治疗，以利化解患者个人和家人的冲突。如果有任何潜在心理疾病的征兆，医生可能会用药物治疗。

一旦目标体重达到，患者通常便可以回家。院方会交代家人如何继续监督，以及如何辨识复发的征兆。

神经性厌食症所隐藏的问题，来源于患者对身材和体态的观念不正确。社会上普遍认为苗条比曲线玲珑更有吸引力，更助长了这种观念。由于深信自己过胖，患者靠饥饿节食法过活；甚至已憔悴得不成人形，患者仍会认为自己太胖。

三、神经性贪食症对身体的潜在危害

神经性贪食症多发生在过去曾患神经性厌食症的妙龄女郎身上。他们对食物产生经常性的渴求，却又怕变胖。患者放任自己暴饮暴食，而后再使自己呕吐或服用利尿剂及泻药。神经性贪食症的治疗方式，与神经性厌食症相同。饮食习惯必须加以监督，必要时，可以采用心理治疗及服用抗忧郁药物。虽然多数患者体重看似正常，或只是略轻，但经常暴饮暴食后再吃泻药，往往会引起一些并发症：

(1)脱水。

(2)反复呕出的胃酸会腐蚀牙齿，使牙齿变得粗涩。

(3)钾质枯竭致使肌肉痉挛及虚弱。

(4)强迫性的饮食形态会导致严重的精神痛苦。

四、饮食失常的征兆

要辨别正常的节食以及最初的饮食失常，可能不太容易。二者都会使体重逐步减轻，但厌食症患者有时会穿着宽松的衣服作为掩饰。然而，仍会有些征兆出现。生理上的问题包括过度疲劳、睡眠困难、便秘、皮肤干燥及指甲易断，以及两颊、颈部、上臂和腿部长出细绒毛，女性患者可能月经停止。心理的征兆包括心思被食物占据、着魔似的运动和过度活动、神秘兮兮及防御性行为等。

五、厌食症的治疗

患者恢复正常体重便认为病已痊愈，这是错误的观念。大约有半数患者仍需要接受好几年定期的咨询，即使最轻微的压力都可能使病情复发。

因患神经性厌食症而丧生的人，比例为 5 %~10 %，且多为自杀。也确实有些患者把自己活活饿死。会致死的并发症包括感染、脱水及血中化学成分改变而导致的心脏衰竭。

神经性厌食症无法以劝说或强迫的方式让患者理性地进食，因为患者往往会想出新点子，使得表面上看起来进食正常。一旦发现，应尽快交由专家治疗，因为情况会愈演愈烈。如果你的孩子节食过度而且表现出一些饮食失常的征兆，请尽快就医，切莫延迟。

第四章　大学生运动与健康

第一节　身体需要经常运动

虽然许多人都知道健康的重要，但可能对它的确切含义并不清楚。身体健康并不代表运动杰出。

身体健康就是除了能胜任日常的体力劳动外，还有余力应付任何突发状况。一般的成人应该可以搬运大量采购的东西、护理花园或赶公共汽车，而不至于喘不过气，精疲力竭。

遗憾的是，许多人自认为身体强健，事实却不然。极少有病痛并不就表示你的身体健康。要常保持健康的唯一方法，就是参加运动，而且每周至少 3 次。

如同大多数人一样，你可能知道运动有益健康，却认为自己并不需要。不运动的理由是：太忙、太累、身体不适等，但运动的益处实在远超过你所付出的努力。

运动可以促进你的心肺功能，强健你的肌肉，改善你的身材与体态，还可以使你更幸福、更美满。你会觉得更轻松，睡得更香甜，也更能有效地应付日常的生活压力。终身保持活力旺盛，将可以更长寿并永葆健康。规律性的运动将使你一生永葆强健。

跳绳是老少皆宜的运动，和其他各种有氧运动一样，可以使心肺更加强健。如何开始，健身的第一步，便是选择一项有兴趣而且适合自己体能状况的运动。

脉搏跳跃次数是衡量身体是否健康的一个标准，你可以通过测量脉搏跳跃次数而约略得知健康状况。若你休息时的脉搏跳跃次数超过 100 次/分钟，可能就有问题，应请教医生。

第二节　运动对身体的好处

每周运动 2～3 次，每次只要持续 20 分钟，就可以使你终身常葆健康。

将规律的运动列入日常的作息，可能使你在未来的岁月中身体更强健的最实际做法。你的心脏、肺部、循环系统、肌肉、骨骼、关节甚至心情，都能从经常的体能活动中获益。运动可以带来短期和长期的益处，不但能改善身体的整体效能，也有助于抵抗疾病，如果你的工作不需要体力劳动，你便应在闲暇时做做运动，以确保自己活力充沛。

一、适度的运动可以延年益寿

健康水平中等的人，寿命明显比体能不佳的人高出许多。

最近的一项研究，以 13 344 个志愿者为对象，分别用脚踏车测量他们的健康情况。而后将这些人根据健康状况分成 5 组，其中第一组为低水平，是那些从未参加体育运动的人；第二组、三组为中水平，是偶尔参加些运动的人；第四组、五组为高水平，是那些经常参加体育运动的人。研究者持续追踪这5组人士的死亡率，长达好几年。

结果显示，低水平组的死亡率竟然为中水平组的2倍以上。由中水平组到高水平组，死亡率也随之递降，只不过降低的幅度不像前者那么令人瞩目。

二、运动保护你免受疾病侵害

(1)缓和背痛。可以强健脊椎及腹肌的运动，会改善你的姿势，预防背痛。

(2)抑制肥胖。经常性的运动配合均衡的饮食，有助于体重的控制。肥胖会增加你患糖尿病、心脏病及胆结石等诸多疾病的几率。

(3)减低患癌率。研究证实，体能不佳会增加患某些癌症的几率。

(4)对抗焦虑及消沉。经常运动可以增强你的自尊，使你更开朗、更轻松。

三、运动的长期效益

不规律的密集体能活动，对长期的健康助益不大。维持经常性的运动，对你的健康更加重要。如果无法做到，你的体能便会日益退化，运动的效益也随之消失。

长期的运动可以增强你体内许多器官的效能(见图4-1)。

(1)皮肤。流往皮肤的血液增加，会使你看起来容光焕发，更有吸引力。

(2)肺部。肺功能强化，可以增加氧的摄纳量。

(3)心脏。心脏能更有效地促进全身的血液循环。

(4)关节。保持关节的活动性，可以减少上年纪后关节疼痛与僵硬的可能性。

(5)肌肉。更强健的肌力与更有效地利用氧气，可以使肌肉维持更长的用力时间。

(6)强化骨骼。适度的规律性运动可以增加骨骼的矿物质含量，使你的骨骼更强健，进而减低日后患骨质疏松症的几率。骨质疏松症会使骨头愈来愈疏松，变得更脆弱，易于骨折。

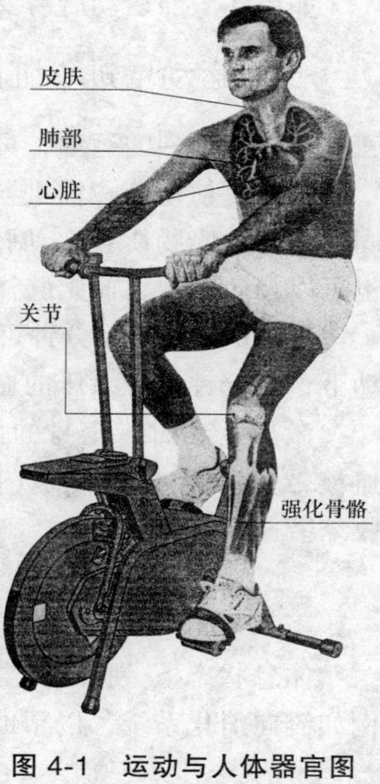

图4-1　运动与人体器官图

(7)减低患心脏病的机率。运动有助于预防肥胖、高胆固醇及高血压。

(8)减缓月经失调。有些妇女发现，运动可减轻经前综合征及痛经。

(9)帮助睡眠。运动后至少1小时再上床，便可以使你酣睡一觉。

四、运动对肌肉改变

规律的运动可以提高运送氧气至肌肉的微血管的效率，促进肌肉的效能。运动也会增加肌肉细胞内线粒体(制造热能的动力单位)的大小与数量，线粒体会利用额外的氧气制造更多热能。

第三节　运动与健康的心脏

一、规律性运动促进心脏的效能

规律性的运动会使心室内壁的肌肉纤维变厚、变强。由于身体强健的人心脏较强，无论是运动或休息，每一次心跳可以泵压的血液量也较多。

身体健康可以使心脏更有力量、更有效能，因此在休息时，只需要相对较低的心律便可以泵压全身所需的血量。许多全世界一流的运动员，休息状态时每分钟的脉搏才 40 次。相形之下，身体状况极差的人，每分钟的脉搏可能高达 90~100 次。

心脏强健的另一个征兆是：激烈运动之后，脉搏很快恢复正常。从事规律性运动的人，脉搏一般可以在一分钟之内恢复到休息时的水平。而不习惯从事体力活动的人，要恢复正常脉搏可能得 4 ~ 5 分钟。

如果你激烈运动后需要 1 分钟以上才能恢复，或是心悸延长，便应赴医就诊。

二、运动增进心脏健康

规律而激烈的运动，可以减少心绞痛或心脏病突发的几率。

运动可使血液“涌进”动脉，供应心肌所需，从而保护你避免患心脏病。否则，胆固醇中的油脂物质会在动脉中沉积，如果动脉完全被阻塞，便会引起心脏病发作。运动也可以预防肥胖，而肥胖往往会导致高血压及糖尿病。

健康的心脏，1 分钟可泵压全身 5 升的血，每分钟心跳则为 60~70 次。在密集的运动下，每分钟全身泵压的血量可达 30 升，每分钟的心跳可高达 200 次。

激烈运动时，全身的血液会泵压得更快，以便更有效率地供应肌肉所需。大量的血液带着所需的额外氧气及营养成分供应肌肉，以提供热能，维持持续且激烈的肌肉收缩。

三、运动及心脏的改变

休息状态下，肌肉所需的热能非常少。血液循环泵压的血，因而多数转向其他组织，例如流向消化系统，以帮助食物营养的吸收(见图 4-2、图 4-3)。

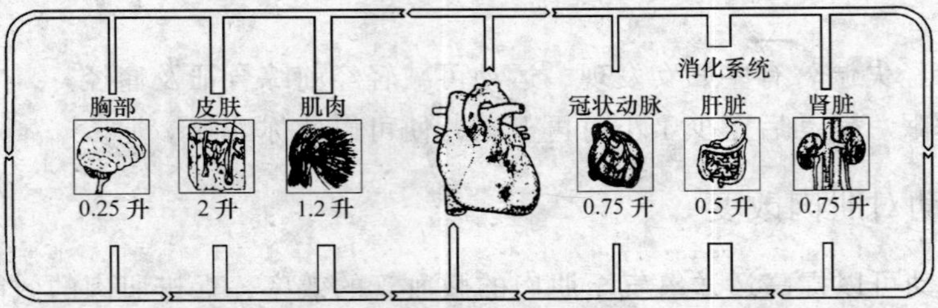

图 4-2　人体运动时(每分钟)血流量图

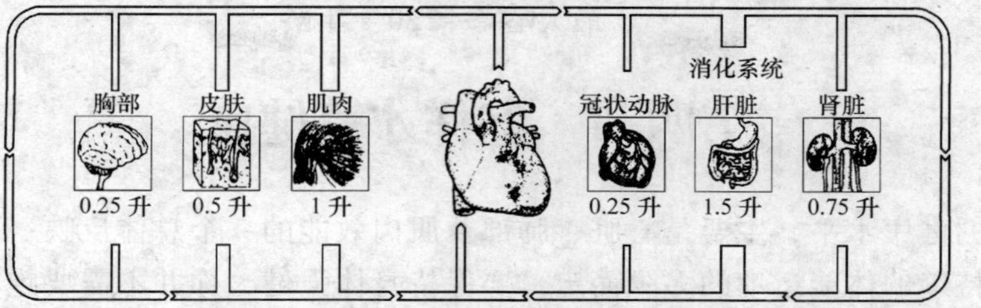

图 4-3　休息时(每分钟)血流量图

规律性的运动，可以同时增进心脏休息及运动时的效能。心脏功能的增强是其肌肉内壁改变所造成的(见图 4-4)。

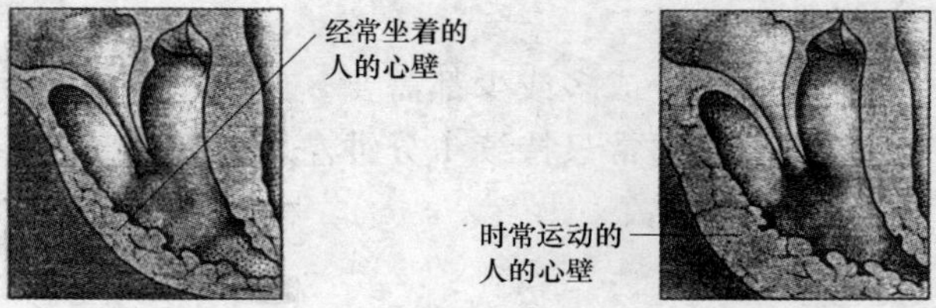

图 4-4　人体运动与坐着的心壁肌内图

(1)肌肉纤维变得更强更厚，使得肌肉收缩更为有力。

(2)肌肉内的血管会增长，输往肌肉细胞的氧气及营养素也因而增加。

四、心率与运动强度

心率可以帮助了解和控制体育锻炼过程中的运动强度，它可以准确地告诉你运动强度是需要增加还是需要减少。触压桡动脉和颈动脉就可以测量心率。触压脉搏时不要用力太大，以便保证血液的正常流动。

为了准确地测量运动时的心率，必须在运动结束后的 5 秒钟内开始进行测量，测量 10 秒钟的心率再乘以 6，作为运动时 1 分钟的心率。

心率监控的作用如下：

(1)估计体温升高。当人体患病时伴有体温升高，体温升高 1℃，少年儿童脉搏增加 15~20 次/分钟；成人增加 10~15 次/分钟。因此，在人感到不适时，可通过测量安静脉搏是否增加来判断身体是否发热。

(2)评定心脏功能。人体做同样的活动，如上楼梯、做广播体操等，心脏功能好的人心率低，恢复到安静心率的速度快；反之，心率高，恢复到安静心率的速度慢。

(3)判断运动疲劳。运动后第二天的晨脉没有恢复到前一天的晨脉，则表示出现了运动疲劳，应减少运动量。

(4)确定运动强度。在一定范围内，心率与运动强度成正比。

(5)结合运动负荷评定心脏功能。如台阶实验。

最高心率：人体做极限运动时的心搏频率。无论人们年龄的大小还是性别有所差异，都可以采用下列的公式来估计出自己的最大心率：

最大心率=220 – 年龄

第四节　怎样才算健康

你整体的健康水平，主要是心脏、肺部及肌肉效能的一个总体反映；而效能如何，则看你从事持续的体能运动的多少而定。要保持身体强健，你并不需要跑马拉松，只要每星期至少适度地运动 3~4 次即可。

一、构成健康的要素

身体健康是由肌力、柔软度及耐力三个要素所构成。每一种运动或体能活动，都可以用这 3 项要素的需要量来衡量。

这 3 项要素在每一种运动中，或多或少都需要。然而，以体操为例，柔软度好要比耐力重要，因为每一个体操动作通常只持续 1 分钟左右。但在长跑中，耐力就变成最重要的因素。

(一)肌力

人的体重至少 1/4，甚至高达一半，是由肌肉组织所构成。肌肉组织是力量的来源，肌力也就是能运用足够的肌肉力量，以维持推、拉、抬及提重物的能力。

人体有大约 400 块肌肉，通过肌腱附着于骨骼之上。身体的所有动作，都是靠某些肌肉的收缩或放松加以控制的。

(二)柔软度

柔软度是指在动作中弯曲、伸展或扭转的能力。良好的柔软度有赖关节、肌肉及肌腱灵活的移动。柔软度对每一种运动和体能活动都相当重要，不过对需要灵活敏捷的运动，如滑雪、体操和柔道等特别重要。一般来说，15~20 岁的少女是柔软度最好的人群。

柔软度好可以减少扭伤，因为柔软有弹性的组织较能吸收突然或快速的震动。背部及腿部肌肉较紧的人，使用这些部位的肌肉时，容易疼痛或僵硬。

(三)耐力

耐力是指在一长段时间内，以稳定的速度不间断地持续运动的能力。一个人的耐力，由其心脏、肺部及肌肉的效率及性能决定。耐力差会导致肌肉疲乏及协调不佳。要增进耐力，你必须每周做 3 次剧烈运动，每次 20 分钟。

没有完美无缺的运动，但任何体能活动都可增进你的健康。要成功地追求健康，你必须找到一项喜爱的运动，否则无法达到足够的运动量。就理想而言，这项运动应能同时增进你的肌力、柔软度及耐力。

二、健康的概念

一般人们认为无病无残即健康；医务人员也曾认为“结实的体格和完善的功能，并能发挥其作用者”就是健康。随着医学科学的发展，人们认识到健康是一种复杂的综合状态，于是世界卫生组织提出健康不仅是没有疾病或身体强壮，而且要有健全的身心状态和社会适应能力。其内涵主要包括：

(1)人处于一种健全的安宁状态，心情舒畅，能正常生活。

(2)自我感觉良好，感觉良好是健康的基本要素；虚弱、不适、疾病就失去了感觉良好。

(3)处事乐观，态度积极，具有适应环境变化的能力，能调节自身状态，积极参加劳动和社会事业。

(4)高效率地、愉快地从事各项工作和劳动，对家庭和社会负责，并做出应有贡献。

(5)道德修养好，不损害他人和社会公众利益。

第五节　有氧运动

一、什么是有氧运动

生命在于运动，这已经成为常识，大学生们有一个好身体是享受生活的基本条件。相信没有人会对此提出异议，那么“什么运动才好”？“运动多少才够”？面对这最常见的疑问，美国空军运动研究室医学博士库珀(Dr Kenneth H.Cooper)经多年的研究，创造了闻名世界的“有氧运动法”，其一经问世，立即风靡全球。它是得到全世界最多人认同、实行的运动健身方法。

库珀认为，健康的标准并不是通常认为的肌肉发达、外表强壮，只有心肺功能健康才是真正的健康。因为要维持身体内多得惊人的细胞的营养供应及功能正常，就要求为它们提供足够的氧气和营养物质。而这就必须有健康的心、肺功能才能使得全身各组织、器官保持在良好的功能状态，并需要有一定的功能储备(耐力)。

有氧运动是指运动时间较长，运动强度在中小程度的任何韵律性的运动。它必须具备三个条件：运动所需的能量主要通过氧化体内的脂肪或糖等物质来提供；运动时全身大多数的肌肉(2/3)都参与；运动强度在低、中等之间，持续时间为15~40分钟或更长。

二、有氧运动的种类

有氧运动是全面增进健康的最佳活动，尤其是可以促进心脏、肺部与肌肉的功能与效率。因此，它是任何均衡体能运动计划中不可缺少的。

(一)慢跑

开始时，跑100米接着就步行100米。有进步后，再逐渐增加跑步的时间，直到可以跑完全程。

(二)快步走

起初，步行一小段距离可能就会使你喘不过气，疲惫不堪。然而，随着体能的增强，你便可以愈走愈远，愈走愈久。你每周应该至少3次快步走半小时，除非你用其他的运动代替。

(三)越野滑雪

在一些长年积雪的国家，越野滑雪是相当普及的有氧运动。这种活动可以使肩部、背部、脑部及腹部的肌肉得到充分的运动。

(四)游泳

游泳是绝好的增氧运动。你可以逐渐减少换气的次数，每次以稳定的速度，持续地游上 20 分钟。游泳的几天之间应有休息，以便让肌肉有时间恢复。

(五)划船

划船可以增进你的肌力及耐力。划船器可以让你在家中练习这项很好的有氧运动。

(六)溜冰

如果你能持续在冰上使劲地溜几分钟而不跌倒的话，可以用这种运动增强体能。

(七)跳绳

熟能生巧后，跳绳算是相当方便的一种运动。你可以在 20 分钟内，交错地以双脚、单脚跳。为避免震伤关节，双脚离地大约 10 厘米即可。

(八)骑自行车

骑自行车是很愉快的有氧运动。将这项运动纳入日常生活最好的方法就是骑车去购物或上班。切记要穿反光的衣物，并戴上合适的安全帽。

(九)有氧舞蹈

进行有氧舞蹈，身体每一个部位都可以随着音乐运动。为避免关节受到剧烈震动，最好在铺有气垫的木板上进行；如果是在家中，可以在运动席垫上进行。

(十)爬楼梯

许多健身俱乐部，现在都备有爬梯、划船及自行车的运动器。身体不够强健的人，爬楼梯应该非常缓慢，否则这项运动会变成无氧运动，持续不了多久。

有氧运动需要大量呼吸空气，对心、肺是很好的锻炼，可以增强肺活量和心脏功能。长期坚持有氧运动能增加体内血红蛋白的数量，提高机体抵抗力，抗衰老，增强大脑皮层的工作效率和心肺功能，增加脂肪消耗，防止动脉硬化，降低心脑血管疾病的发病率。减肥者如果在合理安排食物的同时，结合有氧运动，不仅减肥能成功，而且减肥后的体重也会得到巩固，有氧运动对于脑力劳动者也是非常有益的。

三、怎样掌握有氧运动的要领和尺度

(1)运动前需要有个热身过程即准备活动，活动关节韧带，伸拉四肢、腰背肌肉。然后从低强度运动开始，逐渐进入适当强度的运动状态。热身活动目的达到后的一个重要标志就是身体微微开始出汗。热身的时间 5~10 分钟就可以了，天冷时，热身时间要长，并多穿些衣服。

有很多人为节省时间，不热身就直接进入高强度的有氧训练。如果这样的话，由于心血管系统和肺部还都没进入状态，体温也比较低，肌肉的柔韧性不好，就很容易造成损伤。另外，热身之后再运动，感觉也会好一些，运动时间也可以更长。换句话说，不热身就运动，你更容易疲劳。

(2)接近而不超过“靶心率”。一般来说，靶心率为 170–年龄的数值，如果你 60 岁，靶心率就是 170–60=110(次/分)。你在运动时，可随时测一下脉搏，心率控制在 110 次/分以下，运动强度就是合适的，当然这是指健康的运动者，体弱多病者不在此列。如果运动时的心率只有 70~80 次/分，离靶心率相差甚远，就说明还没有达到有氧运动的锻炼标准。

(3)自我感觉是掌握运动量和运动强度的重要指标，包括轻度呼吸急促，感到有点心跳，周身微热，面色微红，津津小汗，这表明运动适量；如果你的运动始终保持在“面不改色心不跳”的程度，心率距“靶心率”相差太远，那说明你的锻炼就没有达到增强体质和耐力的目的，还需要加点量。

(4)后发症状即运动过后的不适感觉，也是衡量运动量是否适宜的尺度。一般人在运动之后，可有周身轻度不适、疲倦、肌肉酸痛等感觉，休息后很快会消失，这是正常现象；如果症状明显，感觉疲惫不堪、肌肉疼痛，而且一两天不能消失，这说明中间代谢产物在细胞和血循环中堆积过多，这是无氧运动的后果，你下次运动可就要减量了。

(5)放松与热身有同样的作用。在运动中，血液循环加快，血液的量也增加了，特别是四肢部分，如果马上停止运动，血液会囤积在下肢而给心脏造成多余的负担。严重时会影响到大脑供血，甚至出现眩晕和头昏。所以，运动目的达到后应该有 5~10 分钟的放松，逐步减少运动强度，慢慢地恢复到安静状态。

四、有氧运动为理想的减肥工具

一般人慢跑一分钟消耗 15 千卡左右热量(体重越大消耗越多)，而 1 千克的脂肪是 3 500 千卡。如果每天慢跑 30 分钟，在饮食没有变化的情况下，一星期可减 1 千克，当然这只是理论上的推算，实际上运动后多少都会多吃一点儿，专家建议的减肥速度是一星期半公斤，这样减下来的体重不易反弹。所以大学生如果体重严重超标，要想通过运动达到减肥的目的，那么就应该首先考虑选择参加一些有氧运动。

第六节　无氧运动

一、什么是无氧运动

无氧运动是指肌肉在“缺氧”的状态下高速剧烈的运动。无氧运动大部分是负荷强度高，瞬间性强的运动，所以很难持续长时间，而且疲劳消除的时间也慢。无氧运动的最大特征是：运动时氧气的摄取量非常低，由于速度过快及爆发力过猛，人体内的糖分来不及经过氧气分解，而不得不依靠“无氧供能”。这种运动会在体内产生过多的乳酸，导致肌肉疲劳不能持久，运动后感到肌肉酸痛，呼吸急促。大学生要想让自己身体更强壮一些，可以到健身房去参加无氧运动。不过，在锻炼的时候，最好听从教练的指导，选择一个适合自己的训练计划。常见的无氧运动项目有：短跑、举重、投掷、跳高、拔河、俯卧撑、倒立等。

二、无氧运动没有减肥效果

很多大学生认为只要运动就可以减肥，其实不然，只有有氧运动才有减肥的效果，无氧运动是没有减肥效果的。无氧运动是指瞬间屏息发力的运动。在停止呼吸的瞬间，氧气无法运输，就无法像有氧运动那样消耗脂肪。这类运动还易使肌肉受伤，容易生成疲劳物质乳酸，引起肌肉痛，而且，猛然用力做动作易使血压上升。选择适合的运动方式非常重要，否则达不到运动的目的，身体还容易受伤。如果大学生以减肥或健身为目的，不适合做无氧运动。

第七节 肌肉运动

一、不是每个人都适合肌肉运动

任何可以增强肌肉的运动，都将使你日常的工作更得心应手。

肌肉张力运动会使血压升高，因此进行前应先测量血压。曾经患中风或心脏病的人，最好避免这类运动，改以伸展运动替代。

人体内有数以百计的肌肉，每一块肌肉都可以加强。锻炼肌肉的运动可大略分为两类：动力运动及张力运动。前者能确实改变肌肉的长度，后者肌肉只是收缩，并不会变短。

二、锻炼肌力的益处

如果你的肌肉软弱无力，许多日常的活动，如逛街购物、操持家务和从事各种体育锻炼等便会成为负担。脊椎和腹肌不够强健的人，较易因受伤而背痛。规律的运动可以解决所有的这些问题。增强肌肉的力量，可以使你在提抬或推拉重物时更加得心应手，也能让你在任何需要力量的运动上更为熟练。

三、动力性肌肉运动

这种肌肉运动又可以再细分为两种：等张收缩与等速收缩。进行等张收缩运动时，肌肉的压力大致维持恒定，肌肉的长度便会改变；进行等速收缩运动时，必须使用特殊的装备。由于对动作的机械阻力有所变化，以致肌肉的压力也随着不同的姿势而改变。

(一)举重

要增强肌肉的力量及健康，并不一定得举重。只有当你刻意地要凸显肌肉时，才以举重锻炼肌肉。这种运动为无氧运动，很容易造成乳酸堆积，因此一次只能举几下。为避免肌肉或肌腱受伤，应由专家指导安全的举法(见图 4-5)。

(二)举哑铃

重复地练举哑铃，可以增强肌肉的力量及健康，却不会明显的使肌肉变大。从较轻的重量练起，可以一次连练 8 下，逐渐在 60 秒内增加到 12 下，之后，再试举重一点的。

(1)将重物自动作的中心握举到最远处，呼气，停 2 秒钟。不要进行得太快。

(2)先练一组肌肉，让它休息 5 分钟，再改练其他组肌肉。重复 3 次(见图 4-6)。

最有效且安全的动力肌肉运动，是阻抗某种力量的重复动作。所使用的器具不一定是重物，现代化的体育设施可让你使用弹簧、液压阀和橡皮管等进行锻炼。动力运动必须在教练指导下进行，他可以告诉你什么运动能锻炼哪些肌肉，也可以确保你动作的正确性，以减少运动伤害。

图 4-5　举重

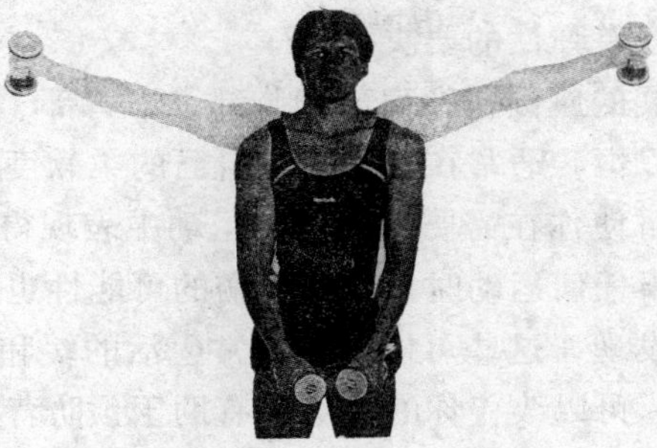

图 4-6　举哑铃

四、张力性肌肉运动

任何可以使肌肉收缩而不会改变其长度，也因而看见身体该部位的动作的运动，称为张力性肌肉运动。通过利用身体的某一部分抗衡另一部分的动作，或将手脚拉离身体以抗拒地心引力等运动能改进肌肉的张力。

(一)踏台阶

这项运动可以增强小腿肚的肌肉和大腿前部的四头肌。轮流以左右脚置放踏台，膝盖要伸直(见图 4-7)。

(二)仰卧起坐

仰卧起坐可以增强腹肌。做时注意膝盖弯曲，两手抱头，肘关节要触及膝关节。

(三)张力性肌肉运动的好处

通过紧缩肌肉抗衡地心引力的张力运动，无需重物或许多体育设施，照样可增强肌力。高血压的人不适合练习，因为这种运动会使血压升高。

踏台升降：这项运动可以增强小腿肚的肌肉和大腿前部的四头肌。轮流以左右脚置放踏台，膝盖要伸直。

图 4-7　踏台阶

五、肌肉运动的安全要诀

(1)做任何用力的运动前，都应先伸展肌肉，这可使肌肉预热，减少扭伤或拉伤。

(2)肌力运动会使操作中的肌肉强烈不适，因此如果感觉到任何尖锐的刺痛，应立即停止。

(3)14 岁以下不适合练举重，因为人一直到 20 岁骨骼都还在成长，比较容易受伤。

第八节　柔软运动

一、柔软运动的益处

伸展运动简单易做，任何年龄的人都可以随时开始。

伸展肢体是愉快、轻松而且安全的一种运动，可以帮助保持及改善全身各部位的柔软度。要达到最佳效果，应有规律地做各种肌肉的伸展运动。经常而非密集的练习，才是使身体强健富有弹性的要决。

最需要伸展的肌肉包括肩部、胸部、下背部、前髋部、大腿前后部及小腿肚。做这些运动需持之以恒。通常在明显感觉自己的柔软度有所改进之前，需要数周的练习。

伸展运动可使你在需要柔软度的运动中表现得更好，如游泳或体操。此外，你的柔软度愈佳，从事任何运动时扭伤或拉伤的可能性也愈小。

许多人都发现，这些可以纳入日常生活的缓和的运动，能够预防一些小病痛。规律性地伸展躯体，可以改善你的姿势，有助于预防背痛。

二、柔软运动是理想的热身运动

在进行任何激烈运动之前或之后，你都可以做一系列的柔软运动，帮助热身或降温。当你要进行紧缩肌肉的日常训练时，这样的热身运动尤其重要。忽略热身运动，会增加受伤的可能。

(一)扩胸运动

双脚分开站立，双臂高举，肘部伸直，双手合并；慢慢往后仰，使下背呈弧形。这项运动可以伸展从胸部至腹部的肌肉。如果下背部因伸展而疼痛，应立刻停止(见图 4-8)。

(二)腹部伸展

双膝跪地，上身挺直，慢慢往后仰，使脊椎呈弧形，膝部伸直。这项运动可以伸展腹部与大腿的肌肉。只要弯到自己感觉还舒适的程度即可。等到你柔软度变佳，便可逐步往后弯(见图 4-8)。

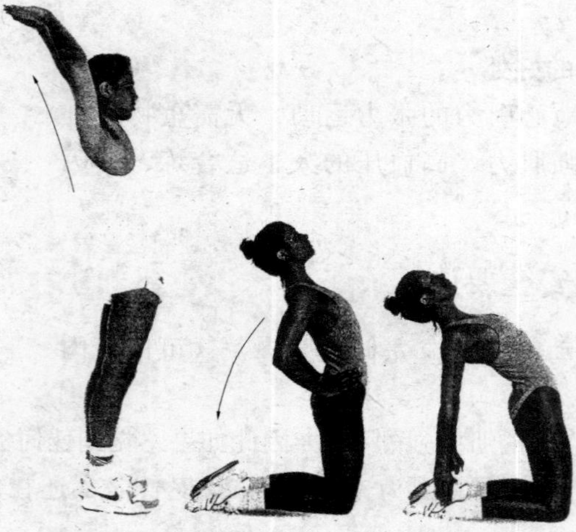

图 4-8 扩胸运动和腹部伸展

三、如何做伸展

(一)伸展大腿肌

双腿伸直坐好，双脚并拢，上半身慢慢地前屈，试着让手碰到脚趾。这项运动可以拉伸大腿后面的肌肉。柔软度逐渐加强后，可以碰得更远(见图 4-9)。

(二)背部伸展

曲膝仰卧，双脚分开平放地面。将你的双膝尽量地往左侧弯，之后再往右弯。然后，恢复仰卧姿势，将下背部往地板推，使臂部及背部缓缓离开地面，使背部呈弧形。这两种运动可以增加下脊椎与骨盆的柔软度。若引起下背部疼痛，应立刻停止(见图 4-9)。

(三)肩部运动

双脚分开站立，一只手臂举过头部，另一只在身侧下垂，缓慢地向侧面弯曲。这项运动可以伸展肩部及躯体两侧的肌肉。侧弯后暂停默数至 10，换另一只手臂继续练习(见图 4-9)。

图 4-9　伸展

四、伸展时注意事项

穿着舒适、较宽松的衣服。伸展肢体前先以松弛运动热身。伸展到自己感觉到有拉力的程度，停下来默数 10 下。伸展肢体时不可弹跳或猛拉，以免扭伤肌肉。伸展肌肉时，避免采用节奏强烈的音乐，因为这样可能会使你想蹦跳。应均衡地伸展身体两旁的肌肉。

第九节　步行增进体能

一、步行种类

无论你的年龄是大是小，无论你的体能是差是好，步行都是简便且有效的一种运动。

(一)负重步行

有些步行的人在手臂、双腿甚至腰际系上重物。这可以增强某些部位肌肉的力量，也能强化心肺的功能(见图 4-10)。

图 4-10　负重步行

20 世纪以来，生活在西方社会的每一个人都愈来愈依赖汽车。每隔几年，人们每天就少走一些路。运动对人体健康的长期好处，人们直到近年来才充分了解。如今，步行的平淡乐趣又再度受到欢迎。

步行的主要吸引力，就在于它几乎是每一个人都可轻易纳入生活的一种有氧运动。它不但可以增进情谊、老少皆宜，而且造成伤害的可能性极微小。也就因为有这许多优点，因此愈来愈多的人受到鼓舞。你应该尝试以规律性的快走全面地增进自己的健康。

这种轻松而又不太费力的运动，长期坚持的益处相当大。规律性的步行可以逐渐增进你的心跳、耐力及全面的体能，也能帮助你避免患骨质疏松症、癌症及心脏病等。步行还能改善你的身材，并有助于减轻体重。

(二)全家出游

全家人一起运动，到公园或附近的风景区踏青是一个不错的主意，如果你的孩子学会将运动与趣味结合，一生都可能会保持这个健康的习惯。

(三)远足俱乐部

加入当地的远足俱乐部，可以增加对规律性步行的兴趣，一些远足活动的消息，很容易从报纸或相关的社团中得知。这种组织的名称与地址也不难获知。这些团体的活动并非只适合狂热的登山者，有些活动常常是特地为年长者或年轻人举办的。这类有向导领队的远足，可以很快加强你的机能，并增进你的交际。

很多人喜爱在附近的购物中心步行，因为不但可以逛街，更能进行社交。许多现代化的购物中心有铺好的步行道，可以让全家人舒适安全地运动。

(四)竞走

热衷于步行的人，经过一段长时间的体能锻炼并学会正确有效的技巧后，可以和其他朋友竞走比赛。

二、步行前的准备工作

(1)先以缓慢的速度开始，谨慎地逐渐增加速度和距离。

(2)步行的速度最好能使自己略微喘气或疲劳；但千万别走到喘不过气或精疲力竭。

(3)如果你要寄信或到附近买东西，最好走路去，车子就留在家里。

(4)上下班最好至少有一段是步行的。

(5)周末或夏日黄昏，不妨全家人一起散散步。

(6)一次的步行目标应约 3 千米，每周至少 3 次。成年人走完这个里程大约需要 30 分钟。

(7)步行体能有所增进后，可以开始爬山运动。

第十节　健身房内的运动

一、组合练习器比较安全

复杂的健身器材能使每组肌肉得到锻炼，安全地完成全套动作。

虽然健康俱乐部和健身房有许多不同类型的健身器械可供健身训练使用，但是多数的人还是选用多功能器械进行锻炼。

这些举重器械可让你推拉各种重量的杠杆以达到轮流增强每组肌肉力量的目的：因为无练习举重时重物落地产生的危险，所以更安全。

在机械举重健身器上，设置了一套可以移动固定杠杆的滑车。使用该器械的人无需握举重杠，从而避免了被重物压倒的危险：这些器械能减少肌肉的压力；在肌肉松弛时，则会增加肌肉的压力。

今天，精密健身器械取代了以往的重杠，大大地减少了困扰人们的肌肉和肌腱的拉伤事故。

二、健身运动器械的选择

除了普通的多功能健身设施，大多数的健身房和健康俱乐部都提供各种健身运动器材。最受欢迎的是脚踏车、跑步机、爬梯机和划船器。

尽管跑步机的效果不及快步走，但比在夜间行走安全。因为在室内健身，天气不好也照样能运动。平坦的跑步机表面比走凹凸不平的人行道更安全。爬梯机对找不到楼梯锻炼的人很方便，这些融娱乐和健身为一体的器械很受人们的欢迎。

所有这些形式的锻炼都可以作为增强肌肉运动的准备活动。只要使用任何一种器械练习 12 分钟，就能增强你的心肺机能(见图 4-11)。

 a 引体向上器 可以增强手臂、肩膀以及背部上部肌肉力量	 b 压肩器 可以增强上臂肌肉及肩膀的力量
 c 高拉力器 增强肩膀及背部上部肌肉的力量	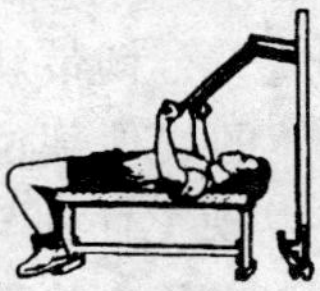 d 压胸器 增强胸部、上臂及背部肌肉的力量
 e 健臀器 同时锻炼腹肌和臀部肌肉的力量	 f 健腹器 增强腹肌力量
 g 压腿器 锻炼大腿和臀部肌肉	 h 低拉力器 锻炼上臂肌肉

图 4-11　锻炼形式

三、充分利用多功能健身器械

(1)要想肌肉健与美，反复进行轻重量负荷运动比大重量负荷运动更安全。

(2)逐渐增加运动的负荷，并记录你的进步。若操之过急，容易拉伤肌肉和肌腱。

(3)练习最好能隔天进行，让肌肉有恢复期。

(4)运动前的预备活动可以做放松和伸展运动。

(5)如果想靠增加负荷重量来锻炼肌肉，应小心谨慎，以免受伤。

(6)练习时有教练在场最理想。

第十一节　超负荷运动

如果每次运动后，不注意休息和恢复就会得不偿失。

不必每次运动都把自己弄得筋疲力尽。适量的体育锻炼可使大多数人健康常在。然而，也有人对运动热爱有加，经常训练。有少数人训练过量，伤了身体。

一、超负荷运动

运动负荷是人体在运动活动中所承受的生理刺激。超负荷运动指超过了所能承受的生理刺激的运动，通常把正常人取得最佳健身效果的心率区确定为 120~140 次/分之间。

如果你每次运动过后，不休息，也没有恢复时间，尽管全身僵硬、酸痛还继续锻炼，这就是运动过量。有些人运动成癖，过度劳累。这样的话，生病、伤痛、疲劳、表现失常等警告信号就亮起了红灯。

即使是专业运动员每天的训练量也不会达到极限，他们通常隔天休息或减少运动量。

二、运动量过大易引发疾病

超负荷运动不仅会使你肌肉疼痛、韧带软组织局部拉伤、关节挫伤、肌肉里出血等，而且还会带来其他的病症。你身体的其他部位，从消化系统到泌尿系统，都会受到影响。如果你正在进行一项训练计划，发现了任何异常，应立即去找医生。大多数症状因剧烈运动引起，一旦减少了运动量后，症状自然消失。

(一)跑步者血尿症

长跑之后，你会发现尿液混浊、带血，这种症状称为跑步者血尿症，在一两天内就能消失。如果不消失或出现其他症状，应到医院就诊(见图 4-12)。

(二)热衰竭

在暑热天训练过猛，可能会引起热衰竭(或者致命的中暑)。热衰竭是因体内温度调节系统失调而引起的：戴帽子、穿浅色的衣服都可以防热，如果大量饮水、躺在阴凉处后仍未好转，要立即找医生。过热的症状，包括恶心、眩晕、疲惫及肌肉痉挛。

(三)停经症

运动会减少脑下垂体分泌，可控制经期的荷尔蒙。月经可能因运动过量而停止，但一旦减少运动量，即可恢复正常。如果发现经期有所改变，去问医生。

超负荷运动有可能引起月经变化、异常出血等，但大多数情形是月经停止，这种症状称为停经症。

(四)跑步者腹泻

这是结肠炎的一种。它是因为血液在长时间的运动中，从消化系统转向肌肉而引起的。减少训练就可消除症状。

肠炎(结肠炎)会引起腹泻、便血及黏液。每次剧烈运动后，肌肉势必会僵硬、酸痛，特别是你刚刚开始一项新的运动计划。这些症状部分是因为有些肌肉组织轻微拉伤所致，部分则是肌肉细胞内因无氧代谢、乳酸堆积过多而引发的(见图 4-13)。

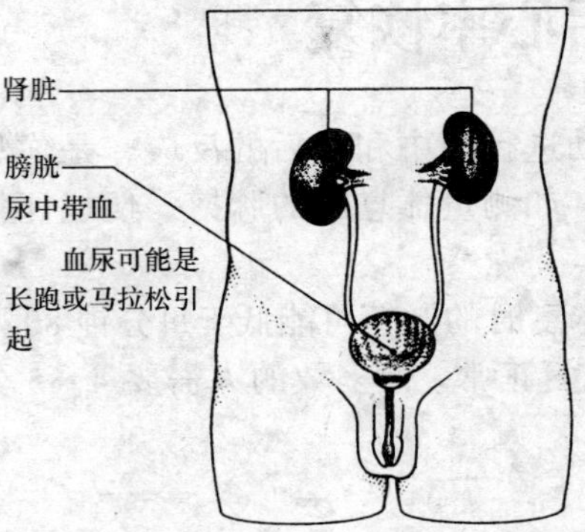

图 4-12　运动血尿形成图

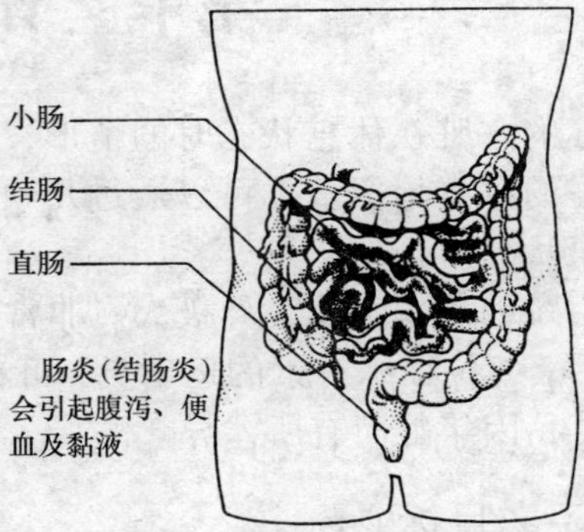

图 4-13　运动与腹泻图

一般来说，身体不适及僵硬在开始两天就可以缓解。肌肉组织恢复，乳酸被血液吸收，在肝部被分解。症状通常在第二天——也就是消失前，最为严重。

三、超量运动后恢复原则

保持连续性的进步需要选择理想的强度、训练容量和休息时间。训练的时候身体不同系统会越来越累，训练完了以后，通过休息和补充营养使在训练当中受到刺激的身体系统和部位得到恢复。要是训练是超负荷的，身体新适应的水平会比原先水平高。

影响恢复的因素：强度越大，恢复的时间越长；训练容量(组数×次数×重量)越大，恢复时间越长。女性比男性恢复慢；老年人比青年人恢复慢等。

(1)力量训练。一般情况下一个部位(胸、背、肩等)训练后需要超量恢复 48~72 小时，要是训练的强度较低，24 小时恢复足够；强度很大需要 4~7 天得到超量恢复。

(2)柔韧性训练。与力量训练同样。

(3)有氧训练。刚开始锻炼的时候参与 1 周 3 次有氧训练。以后每一天训练能引起更高的训练适应。

四、如何避免超负荷训练

只要牢记一条简单的道理就可以避免因超负荷训练而引起的各种各样的问题，肌肉因上次运动后仍然硬、酸痛时，千万不要再进行任何剧烈的运动。

如果出现下列症状，即说明你运动过度，应减少运动量。

(1)食欲减退。

(2)不易入睡。

(3)经常感到疲劳。

(4)睡觉醒来仍觉疲惫倦息。

(5)体重减轻。

(6)失去保持健康的欲望。

(7)反复感染或受伤。

第十二节　运动后心率恢复

你的心脏在休息状态时的情形，以及体能活动进行当中和之后的反应，是你总体体能水平的可靠指标。你可以通过几项简易的测验，如测量休息时的脉搏，便能评估心脏的健康状况。

心跳的速率个体差异极大。非常健康的人，休息时的脉搏可能低于每分钟 80 下。运动之后，一位训练有素的运动员，可在 1 分钟内恢复正常。但多数的人需要 4～5 分钟才能恢复，因年龄而有所差异。

一、目标心率

计算自己所谓的“目标心率”，可以测出自己应如何加强运动，以增进心脏的功能。每个人的目标心率都可以用简单的数学公式，依个人的年龄和休息时的脉搏计算出来(见表 4-1)。

表 4-1　目标心率

休息时每分钟的脉搏(下)				
年龄	20~29 岁	30~39 岁	40~49 岁	50 岁以上
男性				
极佳	60 以下	64 以下	66 以下	68 以下
良好	60~69	64~71	66~73	68~75
一般	70~85	72~87	74~89	76~91
差	85 以上	87 以上	89 以上	91 以上
女性				
极佳	70 以下	72 以下	74 以下	76 以下
良好	70~77	72~79	74~81	76~83
一般	78~94	80~96	82~98	84~100
差	94 以上	96 以上	98 以上	100 以上
运动后每分钟的脉搏(下)				
年龄	20~29 岁	30~39 岁	40~49 岁	50 岁以上
男性				
极佳	76 以下	80 以下	82 以下	84 以下
良好	76~85	80~87	82~89	84~91
一般	86~101	88~103	90~105	92~107
差	101 以上	103 以上	105 以上	107 以上
女性				
极佳	86 以下	88 以下	90 以下	92 以下
良好	86~93	88~95	90~97	92~99
一般	94~110	96~112	98~114	100~116
差	110 以上	112 以上	114 以上	116 以上

如果你的规律运动足以达到目标心率，你便可能监视自己心脏健康的改善进展。每隔几个星期或几个月，重新测一下休息时与运动恢复后的脉搏，与先前测得的脉搏速率做个比较。

二、休息时的脉搏

休息时的脉搏是指清早醒来时测得的脉搏。通常，心脏健康逐步改善之后，休息时的脉搏也会愈来愈慢、愈强、愈规律。妇女休息时的脉搏比男性略高。年纪愈大，休息时脉搏通常也跳得快些。

三、脉搏的测量方法

只要将手指搭在表浅动脉上方的皮肤上就能感觉到与心脏收缩、舒张同步的搏动情况，这就是脉搏。根据脉搏的节奏以及强弱程度，可以了解心脏活动情况。测量时，可并拢食指中指和无名指，轻轻地搭在一定部位上来进行。

表 4-1 显示出一个人的年龄、性别、休息时的脉搏与体能水准的关系。休息时脉搏达到 100 下以上，表示你可能有问题，应就医检查。

四、运动后脉搏恢复的时间

心脏健康状况的另一个指标，是一段时间剧烈运动后，脉搏恢复正常需要的时间。如果你经常规律性地运动，你脉搏恢复的时间会逐渐加快，因此经过 30 秒的休息后，你的脉搏速率会逐渐降到正常休息状态的值。如果你休息时的脉搏超过 100 下，或觉得人不舒服，就不要尝试做这项测验。如果你感觉头晕或出现胸痛、颈部或手臂疼痛、严重地气喘吁吁、心悸或晕眩，也应立刻停止。

五、如何测量脉搏恢复情况

利用踏台，即使在室内也可以进行费力的运动，不需要其他任何特殊的器械。找一个约 20 厘米高的台阶，以双脚轮流做升降运动。试着每分钟跳 24 下，连做 3 分钟。休息 30 秒后，测量脉搏：计数 15 秒，以所得脉搏乘以 4，即可得出每分钟的心率。

六、如何计算目标心率

为使心脏更加健康，你在运动时应尽可能将脉搏提高到愈接近目标心率愈好。目标心率的计算如下所示。起初，要达到目标相当困难，之后便能渐入佳境。

220–年龄=理论上的最高脉搏

理论上的最高脉搏–休息时的脉搏=脉搏全距

脉搏全距÷2+休息时的脉搏=运动时目标心率

例如，休息时脉搏为每分钟 80 下的 50 岁女性，理论上的最高脉搏为 220 减 50，即每分钟 170 下。她的脉搏全距即是 80~170 之间，相减的结果是 90。90 除以 2，再加上休息时脉搏(80)，便是她每分钟的目标心率：125。

监测自己的运动脉搏，剧烈运动数分钟后测量脉搏，计算 15 秒的脉搏数(超过 15 秒后脉搏即开始减缓)，测得之数乘以 4，就是每分钟的心跳速率。

第五章　大学生身体素质的练习

人的机能、体能水平常通过肌肉收缩的力量大小、持续时间、速率、幅度、转换能力等方面显示出来，我们把人体活动中所表现出来的柔韧性、力量、速度、耐力、灵敏性等能力称为身体素质。它是评价健康、体质的标准之一。身体素质与遗传因素有关，但通过后天的锻炼可扬长补短。身体素质发展与人体生长发育相一致，大学生正处于生长发育后期，身体素质发展也渐入高峰期，经常参加体育锻炼，不仅对完善生长发育、发展身体素质有好处，对生活、工作质量都大有裨益。

第一节　柔韧素质

柔韧素质指人体各关节的活动范围和肌肉、肌腱、韧带及皮肤的伸展能力。柔韧素质与人的平衡、协调、抗衰老能力及预防运动创伤密切相关。长期缺乏柔韧性锻炼的人，容易产生关节软组织变性或萎缩，甚至粘连，造成活动僵硬，行动困难。柔韧性锻炼能不断刺激骺软骨的增生和骨化，促进生长发育，特别是身高。柔韧素质影响动作幅度、动作造型、动作质量，是运动训练中必备的优良素质。力量、速度、耐力、灵敏等身体素质随着人体生长发育都有“自然增长”的过程，唯独柔韧素质存在“自然减退”的现象，所以大学生必须重视柔韧素质的锻炼。

一、柔韧素质的构成要素与内容

柔韧素质的构成要素与内容见表 5-1。

表 5-1　柔韧素质的构成要素与内容

序号	要素	内容
1	神经系统协调性	①神经肌肉间的协调性；②调节对抗肌之间的协调性；③肌肉紧张和放松的调节能力
2	关节结构	①关节骨结构；②关节周围组织的体积；③髋关节的韧带、肌腱、肌肉和皮肤的伸展性
3	肌肉随意放松能力	①神经过程分化抑制的程度；②肌肉中肌质蛋白含量
4	年龄、性别	①年龄小的优于年龄大的；②女性优于男性

二、柔韧素质的类别

柔韧素质有显著的局部性，某部位的柔韧性好，可能另一部位的柔韧性很差，身体各部位互不相关。

柔韧素质的类别见图 5-1。

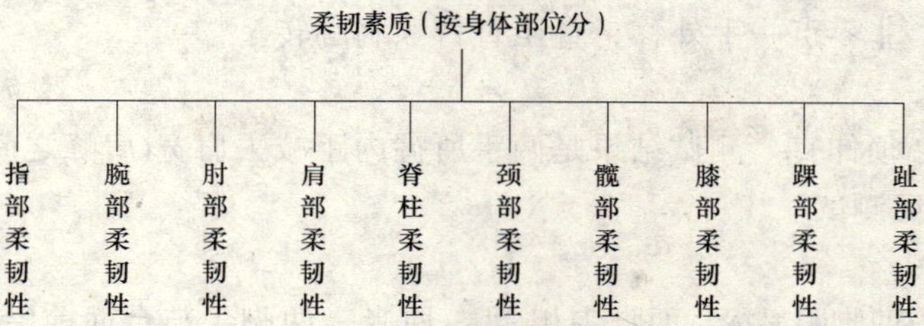

图 5-1　柔韧素质的类别

三、柔韧素质的锻炼方法

(一)远固定锻炼法

远固定锻炼法即肢体远端固定，如手扶拦杆的各类压肩、拉肩、转肩、转髋；脚搁肋木的各类压腿……

(二)近固定锻炼法

近固定锻炼法即肢体远端不固定，如头部多向转动，双肩各种摆动或绕环，体前后屈，各种踢腿、摆腿、劈叉，各类腕踝指趾的屈伸绕环运动……

(三)被动锻炼法

在同伴帮助下进行上述锻炼，以加大动作幅度，加长伸展时间，加快提高柔韧素质。

(四)重力锻炼法

克服自身阻力或加大外来阻力的柔韧性锻炼，如加幅后倒起坐，手持重物的摆臂和绕环，负重体前屈或转体……重力柔韧性锻炼常与力量练习相结合。

四、柔韧素质的锻炼要求

(1)柔韧素质的提高，年龄越大越困难，所以要从小重视锻炼。大学生生长发育未完善，还是柔韧素质的发展时期，所以必须坚持一定的锻炼次数、时间、量，以肩、髋、脊柱的柔韧性为例，从一般发展到良好，锻炼次数须达 70~90 次，每次不少于 25 分钟，力求保持每天一次。

(2)柔韧素质具有高度局部性，锻炼要全面、有针对性。柔韧性的锻炼进行中或锻炼后都要重视肌肉放松。

(3)柔韧性是一项容易忽视的身体素质。要避免操之过急，否则容易拉伤。锻炼开始阶段宜近固定的练习，待身体全面活动开后，可进行一些远固定、相对静止或同伴帮助的被动练习。专门的柔韧性锻炼安排在课的后半阶段为佳。

(4)柔韧素质中存在许多矛盾统一现象，如关节的灵活性和稳固性，肌肉的伸展性和弹性、收缩性……这些现象看似矛盾，但科学锻炼可互相促进。

五、柔韧素质的评价标准

(一)转肩测试

1．测试方法

两手体前握住皮尺，一手内侧握住零点，直臂翻转至体后，然后再从体后直臂转至体前。翻转遇阻，非零点一手外移，直至直臂顺利翻转。

2．测试要求

翻转时两臂必须伸直。测试结果是两手所握内距减去肩宽(肩峰之间)。

(二)立位体前屈测试

1．测试方法

如图 5-2 站立(两脚跟靠拢，两脚尖相距 5 厘米，两脚尖与台面前沿齐平)，上体慢慢前屈，两手伸至最低刻度。

2. 测试要求

体前屈不能弹压，双腿必须伸直。

(三)纵劈叉测试

1. 测试方法

由立姿开始，双腿前后分开缓缓下压至最低点，两手可左右触地以维持身体平衡，量出两腿叉部至地面距离。

2. 测试要求

两腿不能振动下压。

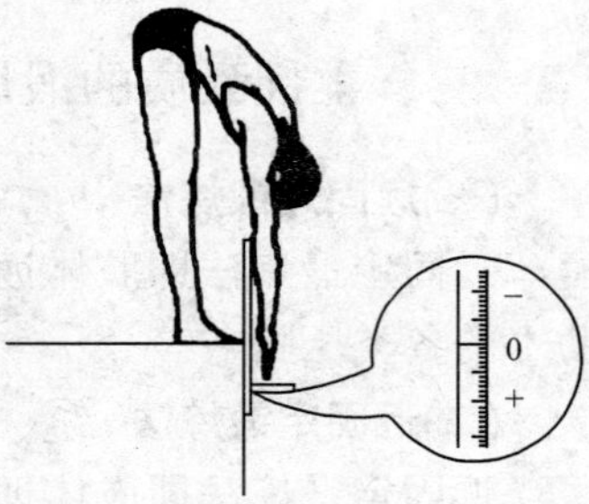

图 5-2 立位体前屈

(四)大学生柔韧素质评价标准

大学生柔韧素质评价标准见表 5-2。

表 5-2 大学生柔韧素质评价标准

等 级		优	良	中	一般	差
转肩(厘米)	男	18 以下	18.1~29.5	29.6~37	37.1~50.4	50.5 以上
	女	13 以下	13.1~25	25.1~33.2	33.3~45.5	45.6 以上
立位体前屈(厘米)	男	22 以上	16~21	3~15	–3~2	–4 以下
	女	23 以上	17~22	4~16	–2~3	–3 以下
纵劈叉(厘米)	男	5.1 以下	5.2~15	15.1~31.1	31.2~40	40.1 以上
	女	3.8 以下	3.9~11.4	11.5~20.3	20.4~25.3	25.4 以上

注：每人可测两次，以优者为准。

第二节 力量素质

力量素质指人体在活动中肌肉工作克服内部和外部阻力的能力。我国《黄帝内经》有著：“肉不坚，腠理疏，则善病风。”肌肉力量不仅是生活、工作基础，是健康的外在反映，也是人体美的必须条件。大学生生长发育日趋缓慢，力量素质正是发展最佳时期，因此要重视经常性的力量锻炼。力量是人体运动的主要素质，体能类的运动训练都把提高力量素质列为首位。

一、力量素质的构成要素和内容

力量素质的构成要素和内容见表 5-3。

表 5-3　力量素质的构成要素和内容

序列	要　素	内　容
1	肌肉组织结构	①肌肉中毛细血管多者、脂肪少者，肌腱和韧带细胞增殖者肌肉功能佳；②白肌纤维多者爆发力大
2	肌肉生理横断面和参加工作的肌肉数量	肌肉生理横断面和参加工作的肌肉数量与力量素质成正比
3	神经系统的调节机能	①动员参与工作的肌纤维数量(愈经常锻炼者可动员数量愈多)；②协调和改善肌肉群之间的相互关系
4	肌肉工作能量供应	①肌肉工作能量代谢功能；②肌肉贮氧贮糖能力；③肌肉耐受乳酸堆积能力
5	内分泌中激素水平	①内分泌系统兴奋性高，肾上腺素、去甲肾上腺素和皮质醇等激素分泌量增加可提高肌肉力量；②雄性激素促进肌肉强壮
6	肌肉伸展幅度和骨杠杆机械率	①肌肉收缩前预展长度利于收缩力量；②肌肉群的收缩牵拉角度与力量相关

二、力量素质的类别

力量素质的类别见图 5-3。

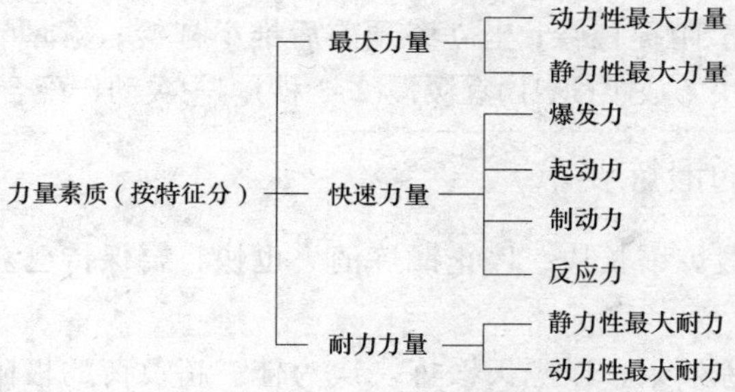

图 5-3　力量素质的类别

三、力量素质的锻炼方法

力量素质的锻炼可随时随地进行，一块空地就可进行克服自身重量阻力的各种跳跃、倒立、俯卧撑等力量锻炼，甚至在床上也可进行仰卧起坐、两头翘、背弓等练习。运用器械克服自身重量阻力的锻炼方法就更多。克服外部阻力的锻炼方法有：克服物体重量，如举杠铃、驱动健身器械等；克服弹簧阻力，如拉力器、橡皮筋等；克服环境阻力，如沙地跑、上山跑等；克服对手阻力，如摔跤、双人项等。目前最有效的方法是运用健身器械和杠铃锻炼，因为可因人而宜地调节重量和选择方法。下面介绍几种针对性力量锻炼方法。

(一)最大力量的锻炼方法

最大力量是动员尽可能多的肌肉共同参与大负荷工作。最大力量锻炼方法如表 5-4 所示。

表 5-4 最大力量锻炼方法

锻炼方法	负荷强度(%)	组数	每组次数或持续时间	每组间歇时间(分)
重复法	75~90	6~8	3~6 次	3
强度法	85~100	6~8	1~3 次	3
极端用力法	50~70	3~5	10~12 次	4~5
静力性锻炼法	70~90	4~6	8~12 秒/次	3~4

注：锻炼前必须充分做好准备运动。

(二)快速力量的锻炼方法

快速力量的获得决定于克服阻力中肌肉收缩的速度。爆发力的发展可采用最大力量前 3 种的锻炼法，但必须加快动作速度。锻炼反应力可采用 40%~50%负荷，极限动作频率练习。

(三)力量耐力的锻炼方法

动力性力量耐力是动作力量与长时间反复动作相结合，如吉尼斯双臂屈伸纪录；静力性力量耐力是动作力量与持续时间相结合，如吉尼斯手倒立纪录。锻炼方法也各异，动力性力量耐力锻炼可采用 25%~40%的负荷，每组次数做到难以坚持为止，组数以 2~4 组为宜。静力性力量耐力在持续静态用力后必须做放松运动。

(四)肌肉形态锻炼方法

锻炼肌肉形态也称健美锻炼，属力量素质中专门性力量耐力，以丰满肌肉围度为健身目的。锻炼方法主要是加深对肌肉的刺激(逐渐满超负荷，动作多变化，速度宜缓慢)，使肌肉获得“超量补偿”。如锻炼三角肌，可持哑铃下、中、上侧举；持哑铃立、卧姿的飞鸟动作，宽、中、窄距提杠铃；坐立姿颈前后推举杠铃；宽握单杠前后引体向上……每个动作举(拉)起可略快，放下(退让)宜缓慢(2~3 秒)，一次动作配合一次呼吸，举后放松。

四、力量素质的锻炼要求

(1)力量素质经常锻炼增长快，停止锻炼消失也快，要保持已获得力量，至少每两周全面锻炼一次。

(2)同类肌肉的锻炼效果，以隔天锻炼一次为佳。超负荷的极限锻炼，须充分做好准备运动，还须有人保护和帮助。

(3)力量锻炼要和肌肉放松相结合，实验证明，力量练习紧接进行放松者比不放松者效果优出 6 倍多。

(4)力量素质锻炼的肌肉群要全面，既要重视主要发力的大肌肉群，也要重视贴近生活的小肌肉群。锻炼负荷要大、中、小有节奏地结合。

(5)力量素质锻炼可使瘦弱者强壮，肥胖者结实，锻炼要和合理营养相结合。如瘦弱者改吃 4~6 餐/天，食品富含蛋白质；肥胖者减脂控盐，多吃蔬菜水果，适度控制食量。

五、力量素质的评价标准

力量素质评价方法很多，如使用握力计、背力计测量，运用指数评定的力量指数和身体素质指数评定法，最简便常用的是克服自身重量阻力或克服外部阻力的量表对照法。

(一)屈臂垂悬测试法

站在凳上，双手反握单杠，下颌在杠上方但不得压杠，然后去凳开表计时，下颌低于横杠停表。

(二)立定跳远测试法

双脚开立于起跳线后，屈膝摆臂原地向前跳，不得垫步、小跳、踩线。丈量起跳线至着地脚后跟的垂直距离，可试跳 3 次择最优成绩。

(三)仰卧推举测试法

仰卧长凳，双手握杠铃(无卧推架可由同伴拿给)，上推杠铃至双臂伸直，可逐渐加重量至推不起。评价方法：卧推成功以最重量除以体重。

(四)大学生力量素质评价标准

大学生力量素质评价标准见表 5-5。

表 5-5 大学生力量素质评价标准

等级		优	良	中	一般	差
屈臂悬垂(秒)	男	81 以上	·69~80	53~68	37~52	36 以下
	女	34 以上	21~33	10~20	5~9	4 以下
立定跳远(厘米)	男	253 以上	241~252	225~240	209~224	208 以下
	女	194 以上	182~193	166~181	150~165	149 以下
仰卧推举(千克)	男	1.2 以上	1.0~1.19	0.8~0.99	0.6~0.79	0.59 以下
	女	0.50 以上	0.40~0.49	0.3~0.39	0.2~0.29	0.19 以下

第三节 速度素质

速度素质指人体快速运动的能力。表现形式有反应速度、动作速度、位移速度和速度耐力。动作速度和位移速度的发展最佳时期是 7~14 岁，而反应速度的发展最佳时期却在 20 岁前后。反应速度指人体对各种刺激的应答能力，大学是发展应答能力的最佳时期，所以应珍惜时机，锻炼提高。一旦获得良好反应速度，至 30~49 岁也仍能保持 97% 的应答水平。动作速度和位移速度也应随人体生长发育不断完善而锻炼提高。

一、速度素质的构成要素和内容

速度素质的构成要素和内容见表 5-6。

表 5-6 速度素质的构成要素和内容

序列	要素	内容
1	神经系统调节机能	①接受信号刺激至动作结束的反应时； ②神经肌肉间及肌肉群间的协调能力； ③神经过程兴奋与抑制的转换速度
2	能量供应	①ATP－CP 无氧代谢供能能力； ②糖原无氧酵解(乳酸能)供能能力； ③耐乳酸堆积能力
3	肌肉功能	①肌肉的伸展性、弹性和收缩力； ②肌肉的放松能力
4	肌纤维结构	白肌(块肌)纤维的含量和比例是速度素质的物质基础
5	动作质量	动作准确性与动作速度、位移速度成正比

二、速度素质的类别

速度素质的类别见图 5-4。

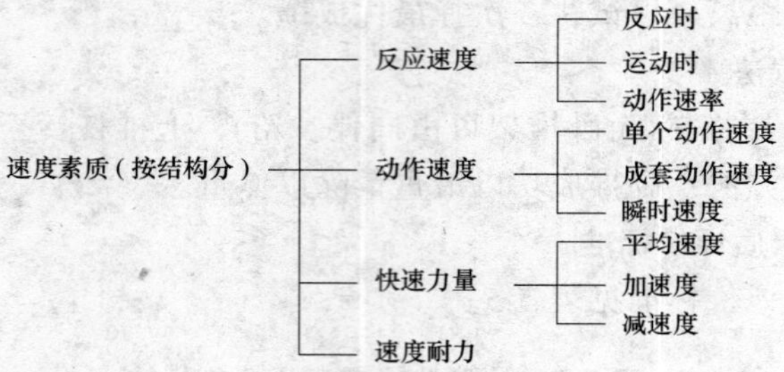

图 5-4　速度素质的类别

三、速度素质的锻炼方法

(一)提高反应速度的锻炼方法

1. 信号反应法

对视、听、触觉信号刺激要求快速反应。如看手势移动，听声音变向跑。

2. 客体判断法

对运动中的客体(人、球)的变化做出针对性动作。如防守对方移动。

3. 选择应答法

对多个同时出现的刺激选出应答动作。如对对方真假动作的判断与反应。

4. 运动感觉法

对时间、空间、距离等做出判断与反应。如对空中足球的头顶或胸停的有利选择。

(二)提高动作速度的锻炼方法

1. 指令法

按信号刺激完成动作。如听击掌节率摆臂……

2. 减负法

减轻负荷加快动作。如负重蹲立后释重物紧接跳跃……

3. 助力法

利用外界助力加快动作速度。如托、送、推、拉……

4. 竞赛法

竞赛可提高兴奋性和动作速度。

(三)提高位移速度的锻炼方法

1. 力量锻炼法

力量和速度正相关，尤其与爆发力相关最密切，锻炼时选用本人最大负荷 80%的重量，练习 6 组左右，每组 3~5 次的组合最佳，血乳酸和血非蛋白氮含量高。

2. 减阻锻炼法

如先负重动作紧接释负重快速跑；重物练习后紧接下坡跑。减轻体重也属减阻内容之一。

3. 综合锻炼法

目前国内外运用最多的是重复法，即以一定速度多次重复一定距离；间歇法，即拟定距离和速度，每次以休息心率恢复到 120 次/分为准；变速法，即快慢交替；竞赛法，即发挥最大速度。

(四)提高速度耐力的锻炼方法

速度耐力是有氧代谢和无氧代谢的交织过程，是人体发展较为困难的素质。锻炼方法多采用 400~1 000 米的重复跑或间歇跑或 100~400 米的重复或间歇游泳。快速 100~400 米的上坡跑、水中跑、沙滩跑、深雪跑能有效发展速度耐力。

四、速度素质锻炼要求

速度素质要求人体机能全面发展，既要提高神经系统灵活性和协调性，又要提高有氧无氧代谢供能，更要发展肌肉的伸展能力及弹性、收缩力和放松能力。锻炼要围绕“快”而全面的要求。

速度锻炼要突出强度，必须接近或达到最高负荷，有时用助力手段超速进行，如牵引跑、下坡跑等。

速度锻炼在体力好、兴奋性高、注意力高度集中时效果最佳。

“速度障碍”是速度素质锻炼中常遇的问题，如位移短跑速度到一定水平就停滞不前，原因是锻炼方法机械重复，条件刺激深度搁浅，动作僵化。消除方法：可完全更换锻炼内容，减少动作阻力，改善负荷节奏和放松恢复机制。

五、速度素质的评价标准

(一)动作速度测试法

1. 测试方法

受试者如图 5-5 坐在桌旁，两掌立置桌边上，相距 30 厘米(桌上划线)。测试者垂直持 60 厘米直尺(直尺可在桌边下垂落地)，尺的零点与受试者手的上缘齐平，司“预备”口令后放尺，受试者迅速用两手夹住直尺，手上缘读数即为成绩。

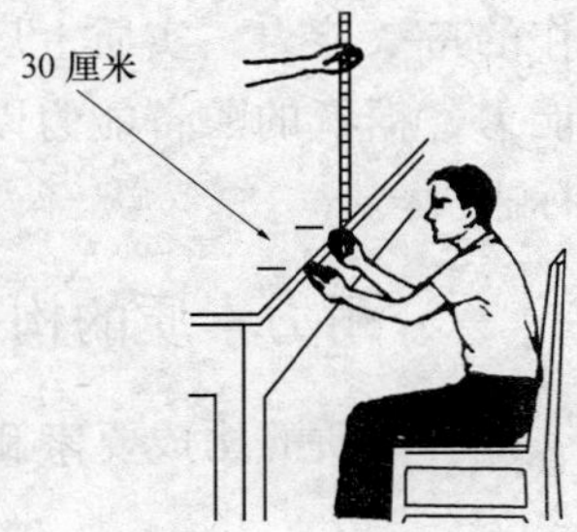

图 5-5 动作速度测试法

2. 测试要求

夹尺时不准上下移动，取 10 次的正确动作平均值。

(二)反应速度测试法

1. 测试方法

反应速度测试法的场地示意如图 5-6 所示，受试者面对测试者在中间站立准备，测试者手握秒表上举，突然向左或向右摆手臂同时开表，受试者迅速跑过臂示方向横线，过线停表，计 10 次平均成绩，次间相隔 20 秒。

图 5-6 反应速度测试法的场地示意

2. 测试要求

跑错方向一次在平均成绩中加 0.1 秒。

(三)位移速度测试法

1. 测试方法

50 米计时跑，采用蹲踞起跑，不穿跑跳钉鞋。

2. 测试要求

测试前做好准备运动，按田径规则测试。

(四)大学生速度素质评价标准

大学生速度素质评价标准见表 5-7。

表 5-7　大学生速度素质评价标准

等级		优	良	中	一般	差
动作速度(厘米)	男	6 以下	6.1~18	18.1~31	31.1~45	45.1 以上
	女	8 以下	8.1~20	20.1~34	34.1~50	50.1 以上
反应速度(秒)	男	1.32 以下	1.33~1.62	1.63~2.42	2.43~2.72	2.73 以上
	女	1.62 以下	1.63~1.92	1.93~2.57	2.58~2.87	2.88 以上
位移速度(50 米跑)	男	6.6 以下	6.7~6.9	7.0~7.3	7.4~8.1	8.2 以上
	女	8.1 以下	8.2~8.4	8.5~8.8	8.9~9.6	9.7 以上

第四节　耐力素质

耐力素质指人体在长时间进行肌肉活动中克服疲劳的能力。从现象看，耐力是肌肉工作的持久能力，实质上反映出良好的心肺功能、排泄机能、有氧及无氧代谢能力、免疫能力、糖氧的贮备能力以及意志、毅力等，所以耐力素质是身体健康、体质强壮的重要标志。

一、耐力素质的构成要素和内容

耐力素质的构成要素和内容见表 5-8。

表 5-8　耐力素质的构成要素和内容

序列	要　素	内　容
1	心肺功能	①氧的摄入和输送能力；②代谢产物的转运和清除；③调控体内环境的平衡和稳定；④延缓疲劳的产生
2	能量供应	①糖和脂肪的有氧代谢供能；②ATP–CP 的无氧分解和二糖原的无氧酵解供能
3	能量贮备	肌糖原和肝糖原的贮备数量
4	神经调节	①神经调节具有长时间保持兴奋和抑制过程有节律的转换能力；②肌肉收缩和放松节律调节；③运动器官和内脏器官的协调工作
5	肌纤维结构	红肌(慢肌)纤维多者利于耐力素质的发展
6	心理素质	意志、毅力

二、耐力素质的类别

耐力素质的类别见图 5-7。

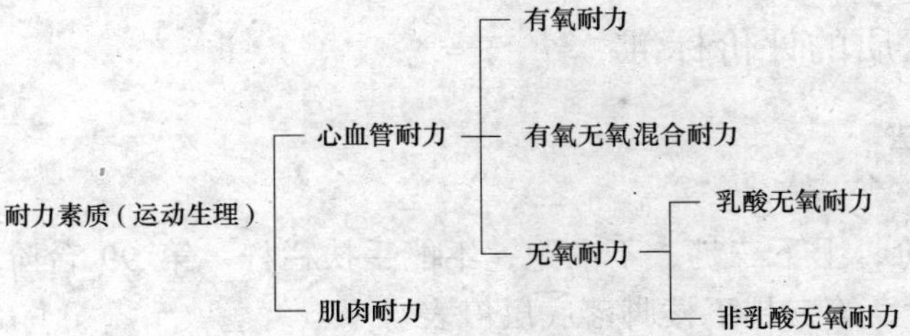

图 5-7　耐力素质的类别

三、耐力素质的锻炼方法

(一)有氧耐力锻炼方法

有氧耐力指最大摄氧、输氧、用氧、排废的能力及运动器官和内脏器官长时间协调工作能力。有氧耐力锻炼是全球目前首选的最佳锻炼内容，美国有 5 000 万人经常从事走、慢跑、登山、滑雪、游泳等运动，我国以中老年为多，青年参与该类运动还不广泛。原因为：①内容相对单一；②易出现疲劳感；③未形成条件反射。有氧耐力锻炼成效一般需经 3 个阶段：

(1)体验阶段。锻炼负荷不宜太大，心率控制在 120~140 次/分，时间 5~15 分/次，锻炼后有一种轻松释负感，食欲增加、睡眠香甜。

(2)坚持阶段。负荷量可适当提高，如心率在 135~165 次/分，时间 10~30 分/次。根据工作、学习时间最好能定时锻炼。

(3)习惯阶段。有氧耐力锻炼坚持 30~40 天后，体内逐渐形成条件反射，即到时间不锻炼就不舒服。此阶段可适量增加锻炼时间和锻炼内容，须特别重视生活环境变动(下雨、出差)下的坚持锻炼。

(二)无氧耐力锻炼方法

无氧耐力指人体负氧债的能力，能促进有氧耐力的发展。无氧耐力锻炼可选择 200~800 米跑或 50~200 米游泳，强度采用本人最高负荷 80%~90%，时间 20 秒/次~2 分/次(15 秒/次以下无法提高无氧代谢能力)。以跑为例可采用反复跑、间歇跑、变速跑、比赛等手段。

四、耐力素质锻炼要求

(1)耐力素质涉及人体各器官系统的机能能力，尤其是循环系统和呼吸系统的功能，须引起大学生的高度重视。

(2)耐力锻炼过程也是对内外环境的适应过程，要重视心理调节，逐渐培养锻炼习惯。

(3)耐力锻炼都有动作的重复周期和节奏，注重动作和呼吸的配合，讲究呼吸的方法、深度、频率，以获得最大的氧内需。

(4)耐力锻炼容易疲劳，要重视锻炼后的肌肉放松(伸展、抖动、按摩、热水澡等)。要合理补充营养，适量提高蛋白质和碱性盐的含量。对减肥锻炼者要有一定量(20 分/次以上)和控制饮食相结合的要求。

五、耐力素质的评价标准

(一)登楼测试法

1. 测试方法

楼高 100 台阶，上下三趟，不准跑，不能手扶栏杆。第 99 台阶置一凳，下返须绕凳。发令开始计时，第三趟下楼脚落底层停表。

2. 测试要求

手扶栏杆或跑者扣 30 秒。

(二)跳绳测试法

1. 测试方法

双脚连续跳绳 1 分钟，绳每通过脚下计 1 次，可双摇(计 2 次)。预备时置绳于身后。发令始跳，到时停止。男女同标准。

2. 测试要求

单脚跳每次扣 1 分。

(三)跑步测试法

男 1 500 米，女 1 000 米。

(四)大学生耐力素质评价标准

大学生耐力素质评价标准见表 5-9。

表 5-9 大学生耐力素质评价标准

等级		优	良	中	一般	差
登楼(秒)	男	210	211~235	236~260	261~285	310
	女	240	241~270	271~300	301~330	360
跳绳(次/分)	男女	200	199~180	179~160	159~140	120
1 500 米跑(秒)	男	310	311~330	331~350	351~370	390
1 000 米跑(秒)	女	250	251~265	266~280	281~295	310

第五节 灵敏素质

灵敏素质是指人体在复杂多变的环境条件下，迅速、准确、协调、灵活地完成动作的能力。灵敏素质是速度、力量、柔韧素质的综合反映，是一项与生活、工作密切关联的综合素质。

一、灵敏素质的构成要素和内容

灵敏素质的构成要素和内容见表 5-10。

表 5-10　灵敏素质的构成要素和内容

序 列	要　素	内　容
1	神经系统的灵活性与协调性	①神经过程兴奋和抑制的转换能力；②神经突触的灵敏性(反应时)；③大脑皮质分析器机能；④神经肌肉综合协调能力
2	神经类型	神经强型中灵活型的人灵敏素质好，但后天环境及锻炼对先天因素具可变性
3	身体素质	速度、力量、柔韧素质与灵敏素质正相关，耐力素质可使人体在长时间工作或活动中保持较高灵敏性
4	已有技能的数量、质量	接受条件刺激的广度、深度和已获得技能的数量、质量与灵敏素质成正比
5	生理、心理状态	不思运动、体重过大、脂肪过多、过度疲劳者对灵敏素质有负面影响，具勇敢、果断、进取、创新心理品质者利于灵敏素质的提高与发挥

二、灵敏素质的类别

灵敏素质的类别见图 5-8。

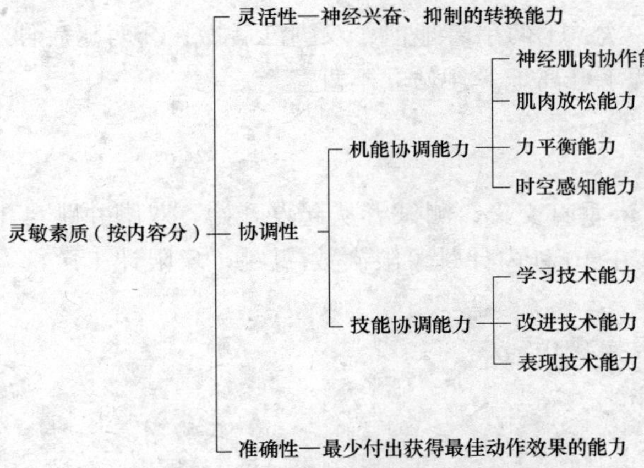

图 5-8　灵敏素质的类别

三、灵敏素质的锻炼方法

(1)广泛接触自然环境和社会环境。多方位接受各种各样条件刺激并作应答反射，以提高人体的观察分析能力、判断决策能力和随机应变能力，这些能力为灵敏素质奠定良好基础。

(2)不断改变练习条件的锻炼。练习条件包括变化莫测的视觉、听觉、触觉信号，跑、跳、掷无规律的动作，不断改变动作方向和动作路线的要求。此类锻炼项目以球类比赛及对抗性运动为佳。

(3)非习惯、非传统的练习，如后退跑、侧向跑、异手投掷……

(4)不断调整身体方位的锻炼，如体操中的滚翻、倒立、摆荡、转体、腾越……

(5)不断更新练习内容的锻炼，如跳起多角度旋转、跳起各种分腿动作……

四、灵敏素质的锻炼要求

(1)灵敏素质发展的最好时期是 7~14 岁，而最佳协调时段是 17~20 岁，大学时期形成良好的灵敏素质将终身受益。

(2)灵敏素质的锻炼最好能在变、新、快、难的动作要求中进行，锻炼时须注意力集中，锻炼时间安排在体力充沛、精神饱满时进行。

(3)灵敏素质是一项综合素质，提高速度、力量、柔韧性是发展灵敏素质的必备条件。

(4)神经工作过程的过度紧张和过分放松都不利于灵敏素质的发展，锻炼时要适度兴奋，张弛有节，放松为主。

五、灵敏素质的评价标准

(一)立卧撑测试

1. 测试方法

由直立开始，①屈膝弯腰，两手在足前撑地(蹲撑)；②两腿直后伸成俯撑；③回复蹲撑；④回复直立。依次重复，每一完整动作计 4 次，计 10 秒内所完成次数。

2. 测试要求

有下列错误扣减一次：①两手着地前，双脚已后撤；②两腿后伸不直；③收腿全蹲前，两手已离地；④站立不直。

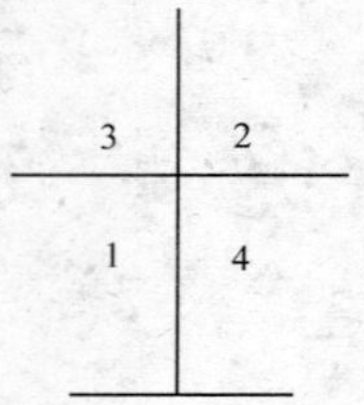

图 5-9

(二)象限双脚跳测试

1. 测试方法

如图 5-9，线长 1 米垂直交叉，测试者从起点开始，双脚并跳自 1、2、3、4 象限往复跳，在 10 秒内计跳象限次数(每跳 1 象限计 1 次)。

2. 测试要求

凡踩线或跳错象限扣减 0.5 次。

(三)十字变向跑测试

1. 测试方法

如图 5-10，标杆间纵横相距 5 米，听信号(开表)由起点按箭头方向跑动，胸达终点线停表。

2. 测试要求

凡触标杆加 0.1 秒。

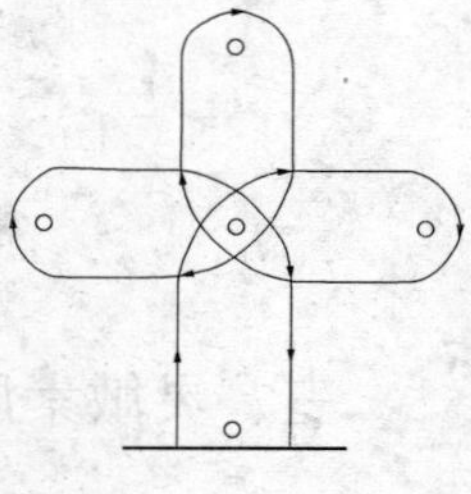
图 5-10

(四)大学生灵敏素质评价标准

大学生灵敏素质评价标准见表 5-11。

表 5-11 大学生灵敏素质评价标准

等级		优	良	中	一般	差
立卧撑(次/10 秒)	男	34 以上	29~33	17~28	12~16	11 以下
	女	32 以上	28~31	16~27	11~15	10 以下
象限双脚跳(次/10 秒)	男	33 以上	27~32	14~26	8~13	7 以下
	女	31 以上	25~30	13~24	7~12	6 以下
十字变向跑(秒)	男	10.79 以下	10.80~11.49	11.50~12.60	12.61~13.90	13.91 以上
	女	12.60 以下	12.61~12.99	13.00~14.59	14.60~15.99	16.00 以上

注：每人可测 2 次，以优者为准。

第六节 身体素质的多维转移

一、身体素质多维转移的涵义

人是高度统一的有机整体，各内脏器官系统、各身体素质之间存在着互相促进和互相制约的关系。所以锻炼某一种身体素质时或多或少也影响着其他身体素质的变化，形成互相间的功能转移。

二、身体素质的转移类别

(一)良性转移

良性转移指发展某一身体素质的同时也促进了另一身体素质的发展。

1. 力量与速度素质的双向转移

力量和速度素质存在互相促进的关系，尤其是爆发力和动作速度、位移速度具有明显的双向转移。

2. 速度与耐力素质的双向转移

在生理机理上有氧代谢是无氧代谢的基础，无氧代谢可促进有氧代谢的发展。

3. 柔韧与力量、速度素质的单向转移

柔韧素质的发展如及时和力量、速度素质相结合可促进力量、速度素质的提高。反之力量、速度素质的发展不能提高柔韧素质。

4. 灵敏与其他素质的多相转移

灵敏素质的提高依存并促进其他素质的发展。

(二)不良转移

不良转移指某一身体素质的发展对另一身体素质造成不良、消极的影响。了解不良转移的原因，通过锻炼内容的针对性组合可使不良转移向良性转移转化。

1. 耐力与力量、速度素质的不良转移

耐力锻炼主要发展红肌(慢肌)纤维，而力量、速度锻炼以发展白肌(快肌)纤维为主，如经常运用近乎恒量或静力的耐力锻炼，对白肌纤维确有负面影响。如许多下肢肌肉发达的体力劳动者跑不快跳不远。但耐力锻炼与速度、爆发力锻炼结合，就会使不良转移向良性转移转化。

2. 柔韧与力量、速度素质的不良转移

在良性转移时谈到柔韧与力量、速度的单向良性转移，这是在科学安排锻炼内容与负荷时呈现。如果一味伸展关节、韧带、肌肉、肌腱的延展性，使肌肉的弹性和收缩力减弱，无疑在一定时间内会影响力量和速度素质的发展。

上述转移表明一项身体素质的锻炼必须和其他身体素质的锻炼结合进行，每一项身体素质的锻炼必须和肌肉放松相结合。身体素质的良性转移是绝对的，不良转移是相对的。

第六章　大学生体育锻炼的处方

第一节　体育锻炼处方的概念与兴起

一、体育锻炼处方的概念

体育锻炼处方是指根据每个准备从事体育锻炼的个体的身心状况而制定的一种定量化的周期性体育锻炼计划。

它是由体育指导者针对体育锻炼参加者身体的医学诊断结果、运动经历和健康状况，按各自的健身目的，以处方的形式，制定适当的运动负荷、次数及频度等内容的指导性方案，我们称之为体育锻炼处方。因为给健康者制定的健身方案很像医生开的处方，所以世界各国普遍把处方这个词援引到体育领域。我国通常称体育锻炼处方为运动处方或健身运动处方。

二、体育锻炼处方的兴起

(一)运动不足与现代文明病

由于世界新技术的快速发展，使传统手工作坊式的生产劳动转入电脑自动化生产方式，同时给人类社会带来了高度的物质文明。社会生产的高度自动化、现代化生产方式，大大减少了人们的劳动强度，而且更多地增加了人们的休闲时间。在闲暇时间内不注意锻炼身体的人，就易患上肥胖症、高血压、隐性糖尿病、贫血、脑溢血等多种现代“文明病”。这些病是由于人们长期缺乏运动，心、肺、肝、肾等内脏器官功能降低，肌力下降，植物神经功能失调而造成的，所以也称之为“运动不足综合征”。

许多科学家分析，现代人冠心病、糖尿病的发病率增加，除了营养不合理外，运动不足是一个极为重要的原因。据调查，活动少的人心肌梗塞致死的可能性比正常人大 2倍，而每天步行一小时以上的人患心脏局部缺乏血症的可能性比乘车的人少 4/5。从生物学、医学上找原因，就会发现，运动不足必然导致体力下降，体力下降就会不适应负荷稍大的活动。例如，稍走快些，心脏就像快行的钟表一样，感到气喘胸闷，两腿无力。有许多人工作过后疲劳得已无余力料理家务，这样下去，很可能会陷于连坐着也要感到疲劳的状态。长期运动不足，还可以诱发或加重肥胖症、心肌梗塞等病。

“运动不足综合征”单靠药物是无法治愈的，这就使人们不得不在运动锻炼上想办法。体育学家跟生理学家也开始合作研究怎样根据不同的情况选择运动项目，确定运动负荷，以恢复健康，增强体质。这就是现代社会健身运动处方产生的契机。美国生理学家库珀是最先研究健身运动处方的人。

(二)体育锻炼处方与增强体质

人们都希望自己的体质强健，但是迄今为止，人们对体质内涵和体质增强途径的认识还不一致。有的人认为只要吃灵丹妙药，进山珍海味，就可以永葆身体健康，对于运动锻炼则不屑一顾；也有的人认为只要经常活动，就可以保持健康，至于注意营养，讲究卫生，概不理会。这两种看法都是错误的。事实上，唯一正确的增进健康、增强体质的方法就是运动锻炼加合理的饮食营养和生活制度，三者缺一不可。

现代工业文明造成的运动不足给人体健康带来的各种危害，在人们强烈渴求健康的愿望驱使下，终于由创建的健身运动处方这个科学的体育方法解决了。现代健身运动涉及的范围很广，不仅是锻炼骨骼、肌肉以及心血管系统，还要健脑、明目、聪耳、固齿。这是因为身体的每一部分都要求健康发展。在健身运动处方的运用上，东方国家重视选择气功、太极拳、举重、武术等为健身锻炼的项目；而西方国家用长跑、自行车、游泳等为健身锻炼的项目。虽然对健身运动处方的选择不同，却都反映了人们对身体健康、体质强化的共同追求。

科学发展到今天，在总结前人成果的基础上推出了健身运动处方，对于病人可恢复其健康，对于健康人可增强其体质，美国人运用健身运动处方来锻炼身体曾经取得了许多成功的例子。38 岁的美国少校菲利普·泰勒，在高中时是足球队员，毕业后成天埋头伏案工作，结果得了神经衰弱，睡眠不好，后来开始用以长跑为内容的健身运动处方进行锻炼，一天可跑 800 米，经过两个月的锻炼，他的睡眠变好，体力也变充沛了；47 岁的心理学家卡顿尔·鲁茨，开始喜爱体操运动，但觉得体力不足，后来改用以耐力为主的健身运动处方进行锻炼后，觉得身体强壮多了，他总结说：“耐力跑比做仰卧起坐等肌肉运动的锻炼效果好得多。事实上，我现在的体力可以比以前做更多次的仰卧起坐。”

美国健身运动处方创始人库珀指导健身者锻炼身体的这些典型，明显反映了用运动处方锻炼身体在增进健康、增强体质方面所取得的显著效果。

现实中已发生了许多由于缺乏运动而影响健康的悲剧。近 10 年来，我国有一批对国家做过重要贡献的中青年科学家，如蒋筑英、罗健夫、施光南等，都英年早逝，积劳成疾固然是重要原因，若是他们能在百忙之中注意加强运动锻炼和合理营养、休息，也许能多活几年，为国家做出更多贡献。日本曾经做过一项社会体育调查，发现为增强体质而参加身体运动的人数随年龄的增大而减少。这要求体育工作者跟医务工作者共同研制、应用健身运动处方，让更多的人能够用健身运动处方锻炼身体，增强体质。

健身运动处方是利用科学理论和方法来合理有效地指导健身者增强体质，具有针对性和非随意性的特点。如果只是漫不经心的随意运动，也不利于增进健康，要想通过体育运动来健身，就必须按照有科学根据的健身运动处方来进行。健身运动处方很像医生给病人开的药方，一是针对不同的个案选配不同的运动项目；二是给各个项目科学定量，要求选用简便可行、实效性高的运动项目，根据每个健身者的特点确定适合自己的运动量和负荷量。

第二节　健身运动处方的原则

健身运动处方的原则首先从健身运动处方和原则这两方面去认识。这里说的健身运动处方，是以采用健身锻炼的方法和内容来达到增强体质、延年益寿为目的的科学健身手段。健身运动原则，是锻炼过程中所要遵循的科学原理，它是在完善身体、健身增寿锻炼过程中所要遵循的基本规律，也可以说是指导身体教育或体质教育工作的准则。它与竞技原则有着本质的区别。

一、意识性原则

意识性原则，主要是指对锻炼目的、健身途径和健身效果的思维定式，是有意识地要进行健身、完善身体以获得延年的思维结果。

健身处方锻炼的意识与竞技训练的意识有着本质不同。前者的意识指向是健身、增寿的问题，而后者的意识指向则是为提高运动技艺。两者的意识指向不可替换或混同。否则，健身锻炼与竞技训练必然出现盲目性。增强体质的规律和过程是十分复杂的，但随着科学的不断发展，人们对其认识也越来越清楚，越来越深刻。也可以说，对健身目标的选择就是健身增寿。

健身目标一经确定，剩下的就是为实现这一目标而有意识地参与健身运动、提高健身锻炼的积极性，并有意识地观察其效果。随着现代体育科学的发展与完善，增强体质的规律和方法已被揭示，也就是说健身锻炼的重心不在于运动技能的学习和创新，而在于异化过程占优势的健身锻炼过程和同化过程占优势的健身恢复过程。

所以，在贯彻意识性原则中，要注意健身的实效性和方法的简捷性，要有意识地选择健身的手段和方法。并且有意识地体会锻炼的强度、时间和频度并观察其效果。同时根据效果的反馈不断地调节锻炼的强度、时间和频度。在锻炼恢复过程中，结合健身目标有意识地选择营养物质的种类，以适于健身运动后身体对健身目标的需要。

在贯彻意识性原则的同时，要对健身运动的效果实施评价。因为评价健身运动的效果是评价健身目标的主要依据，并可以提高健身者实施健身锻炼的意识。

二、全面性原则

全面性原则是指运用健身运动处方来完善身体和身心全面发展的重要的健身准则。

人体是大脑皮层统一调节下的有机体，人体各系统的功能是互相联系和互相促进的。同时各系统又有独自的功能，它们之间不可互相替代，因此，要全面地发展和完善身体。如何贯彻全面性原则呢？我们认为：在选配健身运动处方时，要考虑处方内容、方法和其对身体锻炼的部位、顺序和效果。针对锻炼目标和身体的薄弱部位“扬长避短”地实施健身运动处方的内容和方法，从而获得身心的全面发展。在锻炼的恢复过程中，结合健身目标选配饮食结构，以保证营养物质与健身目标有机地结合，促使机体与健身目标协同发展。

三、个别性原则

个别性原则是指在实施健身运动处方过程中，每个人按其体质状况和特点选择适当的锻炼内容、手段、方法和运动负荷，以求达到增强体质的良好效果。

在贯彻个别性原则时，需要根据个人的体质特点确定锻炼的强度、时间和频度，应用的手段也要根据其体质评价状况来选择有效的增强体质的方法。这是健身运动处方的基本原则。

健身运动处方的个别性原则中，分为可接受性和个别对待两大因素。所以必须根据自身体质状况和锻炼方法的可承受性安排运动负荷量。在锻炼后的恢复期中，根据自身营养状况和负荷量的强弱，锻炼过程中营养消耗的种类结合健身目标配制饮食结构，这样才能促进身体的恢复，为健身目标提供能量的保障。

四、渐进性原则

渐进性原则是根据逐步增强体质的规律，应用处方的内容和方法来锻炼身体的法则。它按照循序渐进的性质、遵循超量恢复的法则来逐步提高运动负荷量。

如果仅用一个健身运动处方方式和方法数月或长年不变地进行健身运动，就不可能逐步提高健身水平和增强体质，它只能起到维持健康的效果；如果突然进行一次大强度、长时间和多重复的锻炼，则违背了渐进的宗旨，同时也不符合身体发展的规律，甚至可能导致身体机能失调，破坏同化优势的法则，使身体受到伤害，更谈不上增强体质。

健身运动处方的渐进性原则是根据体质增强的规律确定的，在实施过程中要求针对个人体质状况由小到大逐步增加锻炼的难度和负荷量。渐进时间和每次渐进的量应按照负荷和有效价值阈所规定的时间合理确定，并且按照每个指标安排渐进的幅度和阶段时间。

五、反复性原则

反复性原则是指用健身运动处方的手段来增强体质的过程具有一遍又一遍的多次重复性。现代科学也证明，人体在外界环境条件作用下，经常处于适应变化中，锻炼的结果不是长期有效不变的。所以，需要多次连续地进行反复锻炼。

为什么要把反复性作为健身运动原则呢？因为在反复中含有决定增强体质效果的重要规律，这个规律的本身就是健身运动处方的原则，这是锻炼身体过程中客观存在的，它不能凭人的主观意念所安排。如果在反复过程中不顾体质和客观条件的实际情况随意反复，就不能保证健身的良好效果。即使有一点效果也是偶然取得的，大多数情况下是增强体质的效果不大或伤害了身体，有损于体质的增强。所以在自己的健身过程中要正确理解反复的规律，并且在健身实践中把体质增强的可能态变成体质完善的现实态，

那么，反复中有哪些规律呢？首先是锻炼和间歇相结合，也就是人们常说的劳逸结合，在整个增强体质锻炼的过程中，既要有充足的运动时间，又要有适当的休息。根据同化优势原则，为了有效地增强体质，锻炼之后必须有休息，使机体在恢复过程中产生同化优势，以此往复，连续进行。

现代体育科学已证明，在运动锻炼之后，要有充分的休息，同时施以科学的营养配比，运动疲劳才能充分消除，同化才能显优，运动锻炼才能延续。从这个意义上来看，不一定每次运动锻炼之后或每天运动锻炼之后都必须有充分的休息，但当身体感到疲劳不适时，就要安排充足的时间休息，使体力恢复。充分恢复体力之后再去进行健身锻炼，这也是同化优势和超量恢复原则所要求的。

反复性的另一个规律是，要在周间、月间、年间、长年间连续不断地去进行健身锻炼。也可以说是连续不断地去进行健身锻炼。在健身锻炼过程中，如果三天打鱼，两天晒网，就会失掉锻炼的连续性，从而违背了反复性的规律，违背了反复性的规律就得不到增强体质良好的效果。在实施运动处方锻炼身体时，应隔日一次进行锻炼，使机体在恢复过程中，让同化优势充分体现后，再进行运动锻炼，增强体质的效果才会明显。

第三节　怎样制定健身运动处方

健身运动处方的制定一般包括对从事运动锻炼者的身体状况进行的医学体检、制定健身运动处方和实施处方锻炼 3 个部分。

一、医学体检

进行医学检查的目的是根据健身者的健康状况判断其能否进行体质测定和处方锻炼。一般来说，健康人可以从事健身运动，而有病的人也可按制定的处方进行锻炼。然而，冠心病、癌症、高血压、糖尿病患者，在急性期是绝对禁止运动的。

(一)运动前的检查

1. 近期检查

它包括安静与负荷两种状态，检查的时间是锻炼前 2 个月，其目的一是检查是否有病；二是检查承受运动负荷的能力。

2. 潜在疾病的检查

通过医生的问诊与技术检查，探究是否患有贫血、甲状腺肿大、肝病或浮肿等病症。

3. 临床检查

鉴定能否运动。检查内容为：

血压——安静时收缩压不超过 140 毫米汞柱，舒张压不超过 90 毫米汞柱。

心电图——采用一般诱导法，根据每尼素干塔进行诊断。

尿检——蛋白质和糖呈阴性。

胸部 X 光诊断——有无肺炎、肺结核、胸膜炎等。

血液检查——检查血红蛋白、血细胞比例、谷-草转氨酶(SGOT)、谷-丙转氨酶(SGPT)、血清乳酸脱氨酶(CDH)、胆固醇、尿胆素原和血糖，以确诊是否患有贫血，确定肝功能、心肌、肾和糖代谢等是否异常。经过上述诊断，医生即可决定是否可以从事运动锻炼，判断分下列 4 种情况：①可以从事任何体育测验和运动；②某种体力测验和运动不可进行；③与医生商议，可慎重地进行体力测验和运动；④一般激烈的运动都禁止进行。

(二)哪些人要在医生监督下参加处方锻炼

一般情况下，下列患者要在医生的指导、监护下进行处方锻炼：

(1)所有处于恢复期和慢性期的传染病患者。

(2)靠服胰岛素支撑的糖尿病患者。

(3)最近或现在还有过内出血的患者(对某些人要禁止运动)。
(4)慢性或急性肾脏病患者。
(5)处于治疗中或还未痊愈的贫血病患者。
(6)稍运动即呼吸困难的急性或慢性的肺病患者。
(7)服降压药后血压仍降不到150/90毫米汞柱的高血压患者。
(8)步行也感疼痛的下肢血管病患者。
(9)必须频繁服止痛药的腰、下肢关节炎患者。
(10)经过治疗也不能完全控制的痉挛性患者。
(11)稍一运动胸部就痛者(患有中度或严重狭心症)。
(12)近期心脏病发作者。
(13)严重风湿性心脏病者。
(14)患有某种先天性心脏病并在运动中皮肤变得青白的患者。
(15)因高血压病或其他先天性心脏病使心脏严重肥大的患者。
(16)需服药治疗或频繁护理检查的心律不齐患者。
(17)血糖不断由过高变为过低的糖尿病患者。
(18)超过标准体重16公斤左右的过分肥胖者。
(19)抽烟过多或酗酒的人。
(20)完全缺乏运动的人。

二、制定健身运动处方的步骤

(一)确定锻炼目标

锻炼目标是具有不同身体状况和运动需要的个体进行处方锻炼的运动目的。在以增进健康、增强体质为目标的锻炼处方中，也存在着不同的情况，有的人为了提高全身耐力水平(有氧运动能力)而锻炼，有的人为减肥而锻炼，有的人为治疗糖尿病、关节炎等疾病而锻炼，这些都属于确定身体锻炼目标的范畴。

对于一般大学生来说，在多个锻炼目标中，应以提高耐力水平(心血管机能)为主，确定目标时，要以强身健体为主，不可单纯追求运动技术水平的提高，这一点与运动员的目标有明显的不同。体育锻炼处方的目的有4类：健美、健身健体、保健、康复。

(二)选择运动项目

健身运动处方中的运动项目是为了增强体质而选用的。在健身运动中，要避免选用高难度、大负荷的竞技运动项目。

运动并不是消除压力的最佳治疗剂，它只对在通常压力下的人具有治疗作用。假如处在极度的情绪压力状态中，千万不要运动。如果健康不佳，也不能做竞赛性运动，充其量只能做中等强度的运动。

不同锻炼目标选择的运动项目见表6-1。

表6-1中健身运动处方中的运动项目应是人们常见的，并且要考虑运动健身效果的高低，有些运动项目，虽然人们喜欢，但其健身作用不大，那么就不把它们列入运动处方锻炼项目单上。

表 6-1　不同锻炼目标选择的运动项目

锻炼目标	运动项目
防治冠心病、糖尿病、肥胖病	走、慢跑、骑自行车、游泳、爬山、跳绳、上下楼梯等耐力性活动
消除疲劳，防治高血压、神经衰弱等	太极拳、散步、放松体操、气功疗法、保健按摩等
专治某类疾病，如哮喘、肺气肿	专门呼吸运动
防治内脏下垂	腹肌锻炼
防治肢体骨折	肌肉锻炼、恢复关节活动
防治脊柱畸形、平足	矫正体操等
促进身体全面发展	耐力运动(有氧锻炼法)

美国、日本的健身运动处方都采用有氧运动项目，因为有氧运动是一切健身处方采用的最基本的运动。这种运动要消耗大量氧，又不致产生使人难以忍受的氧债(即人体在缺氧情况下运动，如短跑等)，所以可长时间持续进行，它能引起身体极好的变化。

美国生理学家库珀最提倡耐力运动，他研究得出：增加耐力作用的运动项目为第一类，按其作用大小依次为：跑、游泳、骑自行车、步行、原地跳、壁球、篮球和排球，某些运动项目活动起来强度过小，耗氧量也小，要想取得锻炼效果，就得花费长时间；而如果运动强度过大，就会使人体很快出现氧债，这对增强耐力几乎不起作用。锻炼身体耐力运动，没必要跑马拉松那样长的距离，也没必要连续骑 6 天自行车，而只是选择一些自己喜爱的适合自己的运动项目，持续 15~30 分钟运动而已。

静力项目如举重或体操为第二类，对健身也有一定作用，但库珀倡导的健身运动处方不采用。

高尔夫球、网球、排球及其他运动项目，被视为上述两类项目的中间项目，亦即不如跑步等第一类项目，但比静力项目好得多。

经过实践证明，第二类项目，其有氧锻炼效果远不如第一类好，所以，美国的健身运动处方未选这些项目。据库珀讲，未选的理由是因为这些项目主要以发展骨骼肌肉为目的，对心肺和血管系统作用不大；这类的运动时间非常短，不能使人体达到氧吸收和消耗之间的平衡，从而不能使心、肺、血管系统得到良好锻炼而达到一种稳定状态。

(三)确定运动强度、时间和频率

在运动强度、时间和频率这三个因素中，以个人最大摄氧量为基准，算出耐力运动所需氧量占最大摄氧量的百分比，即可确定运动强度。

1. 根据心率确定运动强度

心率通过脉搏测出，它显示出运动时身体用力的程度。

如何保持和增进身体健康？运动量一成不变的传统健身法是行不通的，必须依据超量负荷原理逐渐增加运动量，使心率保证在 120~140 次/分范围(中、老年人 110~130 次/分)才能达到目的。

健身者按照自己的要求设计健身运动，无论男女老少，都可采用心率确定运动程度进行健身运动(禁止运动者除外)。

从人体内部而非外部情况判断健身运动的效果高低，万无一失的指标是心率——如果能轻松地活动，心率仍将很低；如果出大力，心率必定会上升；如果心率一直很低，显示人体并未参加过激烈运动。要提高心率，便应增加运动量，经过实践研究，得到了身体状况完好的人在各种心率下的运动持续时间，为确定健身运动负荷强度提供了依据(见表 6-2)。

表 6-2 各种心率下的运动持续时间

心率(次/分)	运动持续时间
90	8 小时以上
90~110	4~8 小时
110~130	1~4 小时
130~150	30~60 分
150~170	1~30 分
170~190	30~60 秒
190 以上	不应超过 30 秒

2. 运动强度与运动时间的配合

运动时间指每次运动持续的时间，是组成运动量的重要因素。在持续的周期性运动中，运动时间乘以运动强度就是运动量。因此，运动时间依强度的关系而发生变化。即使对运动量相同的处方，由于运动的种类不同，强度和时间在处方上也是不同的。有些场合采取较低的强度和较长的时间有效，反之，在有些场合用短时间高强度的运动，多次反复则有效。强度确定后，持续该强度运动的时间就是关系到锻炼效果的重要因素。运动时间过短，对机体产生不了作用，达不到应有的效果；运动时间过长，又可能超过机体的负担能力，造成疲劳积累而有害身体。因此，在确定运动时间时，应根据运动的目的、运动的强度，设定最低限度能引起机体产生良性循环的作用时间，即必要的运动时间。

制定运动处方时，运动的最短时间是 5 分钟，最长是 60 分钟，5 分钟是全身耐力运动所需时间中最短的时间，是有科学根据的，而最长时间之所以定为 60 分钟，是因为 60 分钟以上的运动处方效果不清楚。不过，实践证明，运动在 60 分钟以内足够了。

对一般人的健身来说，选择中等强度是合适的，小强度运动量不会起到提高耐力的效果，但对肌肉的发达、减肥是有好处的。

运动处方锻炼时间和强度的配合见表 6-3。

表 6-3 运动处方的锻炼时间和强度的配合

(强度与最大摄氧量的百分比)

时间	5 分	10 分	15 分	30 分	60 分
小强度 70%	65%	60%	50%	40%	
中等强度 80%	75%	70%	60%	50%	
大强度 90%	85%	80%	70%	60%	

如果想要为某人制定运动强度和时间处方，应把此人的体力水平、年龄、性别、从事运动的目的、可利用的时间、性格、爱好以及本人的希望都考虑进来。对年轻人来说，时间短、强度大的配合较为合适；反之，对老年人来说，强度小、时间长的配合较为合适。另外以提高全身耐力为目的时，宜选择强度大的运动；为了减肥，以增大消耗热量为目的时，则必须选择时间长的运动。

3. 选择运动频率

运动频度通常指每周体育锻炼的次数。体育运动的效果，是在每次运动对人体产生的良性作用的逐渐积累中显示出来的，是一个由量变到质变的过程，所以要求经常锻炼，或根据不同的运动目的实施一定周期的运动计划，不能只凭一时的兴趣。

健身运动每周安排 3~5 次即可，无需每日连续进行。每周 3 次锻炼，可安排隔天 1 次；每周 5 次，可安排星期日和星期三休息。

据日本 1987 年 4 月版《新高等保健体育》的研究结果，每日运动和隔日运动 1 次的锻炼效果是一样的。据研究报道还应以隔日运动 1 次为好，因为实际生活中不能每天坚持运动的人还是多数的。

运动次数极度增减是不好的，两次运动的间隔时间不要太长，若间隔 14 天运动 1 次，其效果是零，即等于没有运动，要想取得健身效果，每周起码运动 1 次。

最标准的健身运动处方的频率是每周 3 次锻炼，每周一、三、五或二、四、六隔 1 天进行 1 次锻炼。

4. 运动时间带

运动时间带是指一天中(早晨、上午、下午、晚上等)在什么时候进行运动。应根据人的生物节律来合理安排进行运动的时间带，特别是饭后间隔和运动开始时间的时间带是很重要的。

例如，高血压患者运动的时间带，白天比早、晚要好，其理由是，脑溢血的发病有早晚多而白天少的倾向。特别是冬天，由于气温低，血压容易上升，这个时间运动有潜在的危险。

三、合理安排运动量是制定健身运动处方的关键

为了指导人们进行最合理的健身运动，美国运动医学院曾对健身运动量的安排及其效果作了科学研究，并提出了具体方案和措施，以更有效地锻炼人们的心、肺、气管，使他们获得健全的心肺功能，并改善他们的体质成分。

(一)锻炼频度(次数)

每周 3~5 次。

(二)锻炼强度

最高心率的 60%~90%，或最大吸氧量的 50%~85%。

(三)锻炼时间

持续的有氧运动 15~60 分钟，运动持续时间可根据运动强度来确定。低强度的运动可持续较长时间，因为健身效果还取决于有一定运动时间的保证，过分强调大强度运动容易产生运动伤害事故。因此，适当减少运动强度，相应延长时间，对普通人的身体锻

炼非常重要。

(四)锻炼项目

为了提高健身效果，运动处方要根据锻炼频度、强度、运动持续时间和运动项目来确定。为更好地分析这4个因素的关系，我们参照健身运动实践经验得出如下研究结论。

(1)最大摄氧量的提高与锻炼的频度、强度和持续时间相关。合理安排运动量，可使最大摄氧量提高5%~25%。体质差的人，由于一开始运动产生的腿部酸痛而影响锻炼的积极性，这时，他们要能坚持下来，其最大摄氧量比体质基础好的人提高得还要快，这个道理告诉我们，锻炼身体贵在有恒。

(2)当锻炼频度增到每周三次时，最大吸氧量的提高趋于稳定，对普通人的锻炼频度每周超过五次，其最大摄氧量是否有明显提高，我们还没有取得有效的依据，但是，每周锻炼少于2次，其最大摄氧量就无明显提高了。

(3)参加耐力锻炼一般可使体重和脂肪重量降低，而非脂肪重量则保持不变或略微增加。每周至少3次，每次至少持续20分钟并有适当强度的锻炼，或每次运动持续时间能消耗达300卡热量时，才能起到降低体重和脂肪重量的作用，每次运动消耗200卡热量，且锻炼频度每周至少4次，这种情况仅用于减轻体重。

另据报道，10~15分钟的大强度身体锻炼对最大摄氧量的提高也很明显，所以，锻炼身体而又不需冒风险的人进行短时间、高强度的锻炼，也是许可的。

(4)提高最大摄氧量的最小临界强度应是本人最高心率的60%。以心率来衡量，青少年的最佳健身运动负荷是130~150次/分，随年龄的增大，最高心率呈递增趋势。最佳负荷跟年龄成反比，即中老年人的健身运动负荷可降到110~120次/分。

体质基础是运动处方诊断过程中另一个重要的考虑因素。体质差的人持续110~120次/分较低的心率运动，往往能取得满意的健身效果，而体质强的人则需要更强的刺激，即130~150次/分的强度。

(5)锻炼强度、时间与锻炼总量是体质增强的又一个重要因素。现有材料可以证明，在运动中的能量消耗相等的情况下，低强度持续时间长的运动效果与高强度持续时间短的运动效果不一样。

(6)为了获得理想的健身效果，健身运动必须要有规律地持续进行。如果停止锻炼2周，运动负荷有明显下降，则健身者需要10周~8个月的重新锻炼才能恢复到锻炼前的体质水平，停止锻炼4~12个月，已改善的心肺功能要降低50%。因此，对运动负荷变化与体质强弱变化之间关系的研究就显得非常重要。

(7)跑动、跳跃式耐力活动一般比承担自身体重活动造成的伤害情况更普遍。如一开始实施运动处方就采用跑步运动，而且每周锻炼超过3天，每次锻炼超过30分钟，就容易增加足、腿、膝部损伤。经实验研究证明，这种损伤与健身跑者坚持长期的超长距离跑有明显关系，所以，运动处方的选择和健身运动负荷的安排对健身效果有最直接的内在影响。

(8)最大摄氧量随年龄增长呈递增趋势，随体重和体脂重量增长而增加。有研究表明，长期健身可以改变这一趋势，在同样条件下，对经常健身者进行5~10年的跟踪追查发现，经常健身者体质明显增加。

(9)在以体操等技巧性运动项目为主的运动时提高最大摄氧量作用不大，但对于增加肌肉力量和减少体重有较大作用。

从以上分析表明，我们在人体运动研究上取得了可靠的论据材料，根据实验研究结果，我们可以总结出健身运动前后的一些数据变化：起始最大摄氧量越低，运动后提高的幅度越大。另外，随年龄增大，健身效果的显著性及男女健身能力的差别都受体质基础的影响。

一般说，15~20 周为最小的健身周期。据对一周 2 次或 4 次锻炼的男大学生健身实践研究中，研究者发现在 7~13 周的间歇锻炼后，每周 2 次与每周 4 次锻炼，测试结果没有差异。无论怎样，有一点必须肯定的是，每次锻炼的间歇不能太短。

总之，协调锻炼频度、强度和持续时间这 3 个因素与合理安排运动负荷，对于获得最合理的健身运动效果起着积极的促进作用。一般情况下，运动负荷不够，健身效果就差，只有运动适宜，才能取得最佳的健身效果。已有大量的研究结果表明，每周少于 2 天(次)，强度低于最大摄氧量 50%，每周运动少于 10 分钟，不利于增强人们的体质。

第四节　实用健身运动处方

运用健身运动处方从事身体锻炼者的目的方法因人而异，有的人是为了强壮，有的人是为了娱乐消遣，也有的人是为了减少皮下脂肪，还有些是为了提高机体的心肺功能。事实上，运动的效果都表现在生理和心理方面。

在运用处方时，应首先对自己的健康状况进行医学诊断和体力方面的评价，然后，在此基础上选择适合自身状况的运动处方，在 6~10 周内获得理想的健身效果。

一、一般健身运动处方

在实施运动处方的进程中，应包括以下 4 个步骤：准备活动，伸展柔韧性运动，有氧锻炼和整理(放松)活动。它由有氧代谢锻炼和伸展性锻炼两部分组成。实施运动处方的进程见表 6-4。

表 6-4　实施运动处方的进程

A 准备活动	B 伸展柔韧性运动	C 有氧锻炼	D 整理(放松)活动
5~10 分钟	5~10 分钟	15~40 分钟	5~10 分钟

(一)四个区的锻炼目的

表 6-4 中的 A 区与 B 区(准备活动和伸展柔韧性运动)，是以逐步升高体温，加快肌体新陈代谢的速度，从而为适应肌体有效锻炼而做准备为宗旨，同时，还可以预防运动时的损伤。C 区(有氧锻炼)是健身运动处方的精髓部分，它可以提高肌体的心血管系统的功能，使氧运输系统发展到更高的水平，在该区的锻炼时间不能少于 15 分钟，否则达不到健身效果。同时要消耗自身热能的 10%~15%，这是健身运动处方所规定的基本指标。D 区(整理放松活动)强调以适量的锻炼来降低心肺系统的工作强度，使心率降至 120 次/分之下并逐步过渡到安静状态时的心率。在此期间，可做一些伸展关节的活动，要

特别注意下肢关节的伸展性活动，从而使肌体的柔韧性提高。锻炼时间一般为5~10分钟。

如果要加强肌体薄弱部位的肌肉力量，或长时间地发展及增大肌肉的生理面积时，应对肌力进行准确测定，然后在处方的B区末和C区前锻炼肌肉力量。

(二)处方锻炼的原则

在进行处方锻炼时，其强度由轻度逐步过渡到适度，按循序渐进的原理指导健身锻炼。在进行有氧代谢锻炼时，要按高质量低负荷的原理进行身体锻炼。锻炼中注意练习的速度和频率，也就是说，要根据自己的健康水平决定锻炼的负荷量，在进行伸屈性锻炼时，要缓慢而认真地练习，要选择能伸展所有主要关节和身体主要肌群的练习方式，每个练习都应有节奏地练10次以上。运动时应避免急剧的动作。在每次锻炼后的间隙日中，不可做剧烈体力活动。可以选择远足、骑自行车、游泳等方式进行适量的活动，或者选用一些活动关节的方式进行锻炼。

(三)锻炼的频度和时间

锻炼的频度为每周3次或每14天5次，每次锻炼的持续时间应不少于30分钟，不超过60分钟。每个锻炼方法的时间取决于具体的锻炼方式和处方所规定的次数。只要认真地进行锻炼，在每周的168个小时中，仅用1.5~3.0个小时进行健身锻炼，就可取得满意的效果。

二、提高心肺适应能力的运动处方

心肺功能适应水平的意义是多方面的。心肺适应水平高的最明显益处就是减少患者患心脏病的危险性，延年益寿。其次为减少患Ⅱ型糖尿病的危险、降低血压和增加骨骼密度。

心肺适应水平越高，精力和体力就越充沛，不仅能完成更多的工作，而且不易疲劳。另外，心肺适应水平高者，睡眠质量也会更好。

(一)运动处方的基本组成

在制定运动处方之前，必须了解自己的心肺适应水平和健康状况。运动处方中的每次锻炼都包括以下三个主要组成部分：准备活动、锻炼模式和整理活动：

1. 准备活动

(1)1~3分钟轻松的健身操(或类似的活动)练习。

(2)1~3分钟的步行，心率控制在高于平时的20~30次/分。

(3)2~4分钟的拉伸练习(可任意选择)。

(4)2~5分钟的慢跑并逐渐加速。

如果选择其他的锻炼方式而不是跑步，在按照以上步骤的同时以相应的活动方式替代步骤(2)和步骤(4)即可。

2. 锻炼模式

锻炼模式是运动处方最主要的组成部分，它包括锻炼方式、频率、强度和持续时间等。

1)锻炼方式

常见的增强心肺适应能力的锻炼方式有步行、慢跑、骑自行车和游泳等。凡是有大肌群参与的慢节奏的运动都可以作为锻炼方式。在选择锻炼方式时，首先应选择你喜欢的运动，你才易坚持下去；其次要考虑到安全性和可性性。对于易受伤的人来说，最好选择冲击力小的锻炼方式(如骑自行车和游泳)，而很少受伤的人可以任意选择锻炼方式。选择锻炼方式时最好采用综合性的锻炼方式，每一次锻炼包括不同的练习内容。

2)锻炼频率

一周进行2次锻炼就可增强心肺功能，锻炼3~5次就可使心肺功能达到最大适应水平，但一周进行5次并不能引起心肺功能的进一步提高。

3)运动强度

运动强度接近50%最大摄氧量时即可增强心肺功能，目前推荐的运动强度范围为50%~85%的最大摄氧量。

4)持续时间

提高心肺功能最有效的一次锻炼时间为20~60分钟(不包括热身和整理活动)，不同的人其时间也应不同。一次锻炼的强度不同，持续时间也不同。

3. 整理活动

每次完整的锻炼都应包括整理活动。整理活动的主要目的是促进血液回流至心脏，以避免血液过多分布在上肢和下肢而造成头晕和昏厥。整理活动还可减轻剧烈运动后的肌肉酸痛和心律失常。整理活动至少应包括5分钟的小强度练习(如步行、柔韧性练习等)。

(二)个体运动处方的制定

每个锻炼者提高心肺适应水平的运动处方通常包括三个阶段：起始阶段、渐进阶段和维持阶段。

1. 起始阶段

起始阶段的每次锻炼同样包括准备活动、锻炼模式(强度不应超过70%最大心率)和整理活动。起始阶段锻炼时应注意以下几点：

(1)某一强度锻炼时应比较轻松。

(2)感觉不适时不要延长时间。

(3)有疼痛或酸痛感时应停止运动，让肌体充分恢复。

2. 渐进阶段

该阶段持续10~20周，其锻炼的强度、频率和持续时间应逐渐增加。每周锻炼3~4次，每次不少于30分钟，强度在最大心率的70%~80%。

3. 维持阶段

锻炼者通过16~18周即进入维持阶段，该阶段可通过保持运动强度、适当减少锻炼频率和时间来保证锻炼效果。

三、发展肌肉力量的运动处方

负重练习应有短期和长期的目标，确定目标对保持锻炼的兴趣和热情非常重要。关键在于设置的短期目标应在最初的几周练习中能够达到，这可以激励自己进一步实现长期目标训练。

(一)制定增强肌力的运动处方

力量练习的运动处方分为三个阶段：开始阶段、慢速增长阶段和保持阶段，见表 6-5。

表 6-5　力量练习的运动处方

周	阶段	频率	组	最高重复次数	负荷
1~3	开始	2 次/周	2	15	15 次
4~20	慢速增长	2~3 次/周	3	6	6 次
＞20	保持	1~2 次/周	3	6	6 次

1. 开始阶段

在计划的开始阶段应避免举最大重量。过大的重量会增加肌肉和关节损伤的危险性。采用较轻的重量(最高重复次数为 12~15 次的负荷)，不会使肌肉产生过度疲劳。如果原来选定的重量能轻松自如地重复 12 次，则可以增加重量。如果练习者不能重复举起 12 次，则说明该重量过大。

根据练习者最初时的力量水平来确定开始阶段持续的时间，一般持续 1~3 周。初练者的开始阶段可能需要 3 周，有训练的人只需 1~2 周。

2. 慢速增长阶段

经过开始阶段的力量练习，如果肌肉已经适应练习动作，就可以增加重量，并能重复举起 6~8 次。当肌肉力量进一步增强时，可再增加重量，直至达到练习者预定的目标为止。

此阶段的练习一般为每周 3 次，每次练习为 3 组，每组 6~8 次。

3. 保持阶段

根据用进废退的原理，如果停止练习，获得的力量会自然消退。保持阶段力量练习的强度应比获得阶段小。研究表明，力量增长后，每周 1 次的练习即可保持原增长水平。若不训练，30 周后原增长水平完全消退。

(二)力量练习的注意事项

1. 力量练习的安全要诀

(1)当运用杠铃进行力量练习时，必须有同伴帮助你完成练习，以防在不能完成练习的情况下，同伴可保护你。

(2)固定住练习用的杠铃，以防其滑落砸伤身体。

(3)在进行负重练习之前应充分做好准备活动。防止练习中遭受损伤。

(4)在进行负重练习时，如果感觉到任何尖锐的刺痛，应立即停止练习。

(5)在进行负重练习时，应尽量避免憋气。举起阶段呼气，放下时吸气，可采用口和鼻呼吸。

(6)在采取快速还是慢速举起重量能获得更大力量的问题上仍存在着争议。但慢速举起重量可以减少受伤的可能性，而且，慢速举起重量可增加肌肉体积，也可增强其力量。

2. 准备活动和放松活动

人体就像大多数机器一样，刚启动时无法达到最高的效率。要使肌肉充分发挥功能，并避免造成伤害，就需要热身，即使是体能状况良好的人。如果猛然迫使肌肉拉伸或收缩，也有可能受伤。负重练习的准备活动一般包括 4~5 分钟的慢跑，6~8 分钟的拉伸活动。如果练习者打算举最大重量，还应增加准备活动的组数。

放松活动常包括走动和伸展运动，旨在让身体在几分钟内逐渐冷却下来。适当的放松活动，可以使血液持续地流经肌肉，并将肌肉细胞内堆积的乳酸通过血液循环带到肝脏后分解。如果突然中断运动，留在肌肉的乳酸可能会引起身体肌肉痉挛，也可能会使肌肉在以后的几天中更加疼痛。放松活动一般持续 4~5 分钟。

3. 完成动作的速度

在进行负重练习时，动作还原阶段的速度比主动用力阶段慢一半。以卧推为例，如果举起的动作用 1 秒钟，放下还原阶段就要用 2 秒钟，这样可使 1 次负重练习得到 2 次(举起和放下)肌肉锻炼。如果还原阶段简单轻松地放下重量，肌肉就不能在还原阶段又一次得到有效的锻炼。

4. 练习时的呼吸

在主动用力阶段呼气，在还原阶段吸气。如果练习时呼吸频率太快，就会破坏呼气、吸气的节律性。应避免在主动用力阶段屏住呼吸，屏气会导致回心血量和流入大脑的血流量减少，从而产生头昏眼花的现象。

5. 合理安排练习顺序

合理安排练习顺序可以防止疲劳的发生。应先安排大肌肉群练习，再安排小肌肉群练习，其原因是小肌群比大肌群较早产生疲劳。典型的力量练习顺序模式为：①大腿、腰部肌肉；②腿部(股四头肌、大腿后部肌群、小腿三头肌)；③躯干部(背、肩、胸)；④上臂(肱三头肌、肱二头肌、前臂肌肉)；⑤腹部；⑥颈部。

此外，还应注意不要在两个相继的练习中使用同一肌群，以保证肌肉在每次负荷后有足够的恢复时间。

6. 避免出现极限

运动要安全，很重要的一点就是留意所出现的警告信号。这些信号往往是运动量过大或身体部分受伤的反应。有些人为了急于奏效，而竭尽全力，反而遭受伤害。即使是运动员也会因过度训练而受到意外伤害。

力量练习的警告信号一般指：锻炼结束后，肌肉有酸痛僵硬感，直到下次锻炼前这种感觉仍未消失。针对性的处理方法为：延长锻炼间隔时间，让肌肉充分恢复。此外，还要做好热身和练习后的放松活动。

四、减肥运动处方

当今世界高科技的飞速发展，给人类带来了极大的物质享受，人们的劳动强度大大降低，因此，发胖的人也越来越多。人体肥胖可以引起高血压、冠心病、糖尿病和一些缺血性的心血管疾病。于是，他们纷纷行动起来，运用各种各样的活动方式来达到减肥的目的。这里所要介绍的，就是一种行之有效的减肥健身运动。

我们首先应知道肥胖程度的检查方法。我们的身体怎样才算肥胖呢？它的标准是什么？只有通过检查，才能知道自己是否属于肥胖，肥胖的程度怎样，这样才能为自己的减肥处方提供科学依据。

首先，通过测量得知被查者的身高(厘米)、体重(公斤)，然后代入下列公式计算，再根据标准判断是否肥胖。

$$\text{标准体重(公斤)}=\text{身高(厘米)}-105\text{(女性 100)}$$

$$\text{超体重百分比}=\frac{\text{实际体重}-\text{标准体重}}{\text{标准体重}}\times 100\%$$

肥胖标准：超过体重20%~30%为轻度肥胖；超过30%～50%为中度肥胖；超过50%以上为重度肥胖。在得知自己的肥胖程度以后，我们就可以来探讨减肥健身的方法了。日常生活中，人体肥胖的部位因人而异，一般以腹部脂肪过多形成的肥胖体形较多，这种体形十分难看。于是人们希望能以一套好的腹部运动方式来减肥。这种想法完全可以理解，却值得商榷。虽然局部肌肉的有氧代谢运动可以产生局部的锻炼效果，但对人体心血管系统的脂肪消除，以及消除多余脂肪，完善体形来说，这种方法并不能给其带来大的影响。所以，仅通过部分肌肉运动而消除由于全身多余脂肪造成的肥胖，其效果甚微。

完善身体、减少身体的皮下脂肪以及减肥，主要应从改善身体的组成成分入手，通过调整体重使身体脂肪重量和去脂肪重量之间的比例改善。所以，在减肥健身过程中，不能仅仅依赖局部肌肉的运动来减少脂肪的重量和防止脂肪的增加，而要使身体在有氧供能的状态下运动，使脂肪在运动中氧化放热，这样才能达到减肥除脂和减轻体重、完善身体的目的。据有关方面的研究，1 公斤脂肪氧化时，大约可以释放 7 000 千卡的热量，换句话说，要减少 1 公斤脂肪，就必须通过运动消耗 7 000 千卡的热量。那么，在我们的健身计划中，要全部消耗这 1 公斤的多余脂肪，我们只要每天进行一次 30 分钟慢跑，每次消耗 300 千卡，连续进行 23 天的健身跑就可消耗 6 900 千卡的热量。就可达到减肥、改善身体组成成分的目的，而且，多余的身体重量也会在减肥健身运动中消失。

在减肥健身跑锻炼中，有时身体的组成部分虽然已经变化了，但体重却没有减轻，这种情况是肌纤维增粗，肌肉生理体积增大，肌肉的质量和重量都得到改善的结果。此时，体重虽没有减轻，但实际上身体的组成成分中，脂肪比例已经减少了，因为长时期的有氧运动的能源，主要依靠脂肪氧化后供给。

综上所述，在健身减肥运动中，不应依靠局部肌肉的运动减肥，而要选择中等强度并能够长时间地在有氧条件下坚持的运动，才能达到消耗脂肪能量、减肥健身之目的。此外，我们在减肥健身运动中，还应使自己在日常生活的饮食营养结构上，注意摄取量与减肥健身运动的消耗保持负平衡的关系，这样才能取得真正的效果。

第五节　应用运动处方应注意的问题

一、疲劳的判定

在根据运动处方进行锻炼时，由于主观和客观的原因，在锻炼进程中很可能因选择处方的运动负荷、锻炼方法、外环境的变化、工作和生活强度较大等产生肌体疲劳。肌体在疲劳状态下，其工作能力、锻炼能力就要下降，此时，如不给予高度的重视，一意孤行，健身的效果就很难得到，甚至还会给肌体带来伤害。

什么是疲劳呢？近代生理科学家认为：“疲劳是肌体或某一部分由于长时间地工作或反复受到刺激而出现的应答能力或机能的减退。”

导致疲劳的原因是多方面的，但它导致工作能力和身体机能下降也是暂时的。只要在运动锻炼中一旦发现疲劳产生，即刻采取科学的对策，疲劳是可以消除的。为使运用运动处方健身取得理想的效果，我们在健身和日常生活中可利用一些简单的自我感觉来判断肌体是否疲劳，判别方法详见表 6-6。

表 6-6　疲劳自觉症状分类

体力症状	精神症状	神经感觉症状
头痛	头脑不清，头发热兴奋	眼睛疲劳(眼花)
头重	思想不集中，不愿思考	眼湿、眼干
全身酸痛	孤癖，不愿讲话	动作不灵活，动作错误
肌体某部位发酸	情绪波动	头重肢轻，步履不稳
肌体某部位作痛	困倦嗜睡	味觉改变，感到有臭味
肩关节酸胀	感到泄气	眩晕
呼吸困难、胸闷	对事情缺乏热情	眼皮发跳
脚酸	健忘	耳朵失聪、耳鸣
咳不出痰，嘴发干	做事无信心、差错多	手足发抖
打哈欠，出冷汗	牵挂，担心	坐立不安

当识别肌体疲劳后，就可对症下药地消除疲劳。消除疲劳的方法有两种：第一是保证充足的睡眠和休息时间；第二是积极性(活动性)休息。

作为积极性休息所选用的锻炼活动，强度要小，时间要短。这样，大脑皮层中神经细胞产生的兴奋才能集中，对疲劳神经细胞方可产生负诱导作用，并使疲劳神经细胞加深抑制，促进恢复。在身体活动中选用放松活动来加速体力的恢复，同时，改变肢体活动的部位，变换锻炼的内容和方法也是非常重要的。如果选用第一种恢复方法也有助于体力的恢复。这是因为睡眠时，副交感神经的活动可达顶点，而副交感神经活动能促使能源物质的合成，即同化作用显优势进行。因此，睡眠对消除疲劳具有最大的效果。

但是，无论选用哪种恢复机能的方式，都要给肌体补充消除疲劳的营养物质，体质才能通过疲劳而增强。因为锻炼时消耗的营养物质只能依靠饮食中的营养物质来补充。所以安排好膳食结构有助于疲劳的消除。在供给抗疲劳物质时，首先要保持人体蛋白质的平衡以防运动性贫血，每天可增加 150 克。而调节体内代谢的维生素也要适量增加。如维生素 C、维生素 B_1、维生素 B_2、维生素 E 等。由于维生素的增加可使代谢机能恢复，从而有利于神经系统和内分泌系统的活力恢复正常。在增加维生素的同时还要考虑食物纤维的调配和无机盐的补充。总之，只有充分认识疲劳，同时采用合理消除疲劳的方法，健身锻炼才能做到安全，体质才能逐步增强。

二、健身锻炼中的常识

在实施运动处方锻炼时，首先要对自己所选用的处方内容、运动场所和运动用具等有充分的了解，并且对运动场所和运动用具的安全性做全面的检查，将伤害和事故的发生消灭在萌芽状态。在选择锻炼负荷量时，必须根据自己的身体状况选择适宜的运动负荷量。在锻炼过程中，使用的负荷量切不可过强过快，要循序渐进地进行身体锻炼，并不断地分阶段地修正自己的健身目标，以期达到不断完善身体之目标。

无论采用何种健身的方式，都应包括准备活动、伸展柔韧性运动、有氧代谢运动和整理活动这 4 大内容。健身锻炼开始时，要充分重视准备活动的重要性。因为人和汽车、火车一样，肌体在适应正式运动负荷之前，有一个身体预热、逐步适应运动需要的变化过程，只有在做好准备活动后进行健身锻炼，最后配以整理活动，健身锻炼才能取得效果。

怎样选择准备活动的顺序呢？我们认为：应先慢慢地活动手、臂、腿和脚。因为这种活动对心脏的刺激不大，对于患心血管病的健身者来说，也有一个对健身锻炼过程中运动负荷的逐步适应、逐步提高的过程。同时，准备活动中要根据气候条件和年龄、身体状况适当地增减衣服，以保证肌体不致于感到寒冷，又不妨碍做动作。随着运动的进行、体温的升高、肌体代谢速度的加快，还可减去一些衣服。

在健身锻炼之后，肌体的工作状态处于一个较高的水平，如果此时停止运动或坐下或躺下休息，会使体温急剧下降，从而导致眩晕、恶心、出冷汗。所以，在健身锻炼后要及时对肌体进行整理活动，使身体代谢的速度缓慢下来，使肌体逐步处于稳定状态。

整理活动的内容和准备活动一样，与正式的运动强度有关。比如，慢走一会儿，做几分钟体操，或体操、步行混合进行都可以。

健身锻炼出汗之后，应保持皮肤清洁，但不可突然用冷水洗，也不可突然进行热水浴。特别是中老年人、胖人或刚开始进行健身锻炼的人，应绝对避免，运动后至少应过 10 分钟左右，使身体落落汗，然后再洗。

在按健身运动处方进行健身锻炼过程中，如果遇到下列症状，必须停止锻炼：胸痛伴随运动的进行而加剧；胸内绞痛，呼吸严重困难；恶心、头晕、头痛；肌体感到十分疲劳；四肢肌肉剧痛、两腿无力，行动困难；足、膝、腿等关节疼痛；脉搏显著加快；脸色苍白，出冷汗，嘴唇发紫；跑的姿势或动作不稳，不正常，运动的速度突然缓慢。

从事健身运动锻炼，切忌性急。要在轻松愉快的心情下进行健身运动锻炼，健身的效果才会更充分地体现。

还有一点很重要，即要高度重视健身锻炼后的身体恢复阶段。既然大家把健身锻炼的方法视为自己增强体质的最佳手段，那么就要按增强体质的规律去锻炼，不论你怎样实施锻炼身体过程，实际上只是实现锻炼目标的中间层次，还达不到使身体受益这个层次。为了使身体通过锻炼而受益，必须注意锻炼后对身体的补偿和调节，即身体恢复过程。那么如何调整身体呢？首先要改善饮食结构，根据健身过程中负荷的性质，负荷量的大小，不同年龄对营养物质的需求，有计划地科学地选配食品，以保证身体对营养需求的平衡。其次是对肌体的调节，因为调节肌体的工作和休息状态能够解除疲劳，促进物质吸收和储备能量。它包括调节学习、工作与合理睡眠和娱乐时间。另外，如有条件，可在锻炼后采取一些理疗，这些方法是行之有效的。

三、冷、热环境下的锻炼

健身锻炼要根据春生、夏长、秋收、冬藏的自然特点进行。将健身运动与自然力锻炼结合起来，健身效果会更好。

(一)热环境下运动

在热环境下运动，收缩压和舒张压都降低，这是因为在高温下，身体末梢血管舒张，皮肤血液量大，安静血压容易形成比较低的状态。

中老年人在热环境下运动要充分考虑气温条件，因为在高温多湿的环境下运动，中老年人呼吸循环系统、体温调节机构等身体负荷，比青壮年显著增大，所以，在环境条件不理想的情况下，对中老年人限制运动量或强度是必要的。

中老年人在高温环境下运动(＞30℃)即使是轻微负荷，脉搏的上升也是明显的，脉搏恢复也慢。年轻人在高温环境下运动(32℃气温下)舒张压降低，收缩压并无差异，而中老年人舒张压没有差异，而收缩压上升了。因为在高温下运动，年轻人的末梢血管减少抵抗，使舒张压下降；老年人身体负担增加而使收缩压上升。

在 32℃气温下运动，年轻人通气量增加 10%左右，中老年人则增加 20%~40%，吸氧量也增加 20%。年轻人受气温影响不像中老年人明显。

(二)冷环境下运动

适应寒冷环境，在可能的情况下，要抑制颤抖的出现。中老年人深层体温(直肠温)比年轻人低，是因为安静时代谢水平低所致，这与运动量和饮食量少有关。

在 10℃环境下，年轻人皮肤温度呈现稳定状态，老年人胸、脚跟、脚尖部位皮肤温度在继续下降。同时，心搏输出量约上升 10%，这与年龄、性别无关。

中老年人在 10℃时比在 28℃时收缩压上升 20~25 毫米汞柱，若停留 2 小时，收缩压又上升 10~15 毫米汞柱，舒张压上升得很少，中老年人在寒冷环境中，经常发生体质衰弱或死亡现象。所以，在寒冷中运动，要特别注意调整服装，戴手套等。

因运动而出汗后，体温会下降，增加了患支气管炎的危险性；另外身体柔韧性丧失，动作敏捷性差，要充分注意这方面的问题。

(三)对运动环境的选择

运动环境的选择，首先要考虑的是安全问题，既要避免到人群喧闹、噪音较大、交通拥挤的地方去运动，也不要到自己不熟悉、人迹罕至的偏僻地方去运动。最好选择在操场、公园草地、河边、树林、庭院等环境优雅、空气新鲜且又安全的地方运动。其次，根据运动项目的不同特点，选择合适的环境，对运动者的运动情绪、运动开展、运动效果等方面，都有很重要的意义。

骑自行车、远足等运动时，目的地最好选择在自然景点，行动路线尽量选择在自然景色美、树木较多、地面较平坦的地段。

武术、气功等运动，可在空气新鲜、环境优美、噪音小的公园空地、树林、河边以及家庭庭院进行。

跳绳、踢毽、打羽毛球等运动可选择在地势平坦的空地上进行。

游泳要选择到游泳场、馆去，不要到不洁水域或自己不了解的水域以及水位深、水流速度快、水底淤泥和乱石较多的自然水域去游泳。要有组织地进行，空腹饱食不要下水，生病和女生例假期间不要下水。游泳前要做好准备活动，防止在水中出现身体内脏器官的不适和腿脚抽筋等现象，要有急救措施，以免发生意外。

运动的环境选择和安全，还要根据不同季节的气候条件变化而变化。夏天天气炎热，阳光中的紫外线特别强烈，要避免长时间在户外阳光直射到的地方运动，以免引起对身体的伤害和中暑现象的发生；冬季早晨有雾，能见度差，且雾中带有有害物质，给运动者带来不利因素，所以要避免在雾中运动。

四、健身运动项目的选择

前面我们已经谈到健身运动处方是由运动项目、运动强度、运动时间和频度组成的，那么，怎样才能在健身运动中取得良好的锻炼效果呢？主要环节之一，就是了解自己身体状况之后选择与健身目标相统一的并且适合自己兴趣和爱好的运动项目。同时要考虑所选择的运动项目其运动能源途径是否与自己的健身目标一致。这里向读者介绍一部分日本研究有关运动项目在运动时能源消耗的相对比例，供读者参考和选择(见表 6-7)。

表 6-7　运动时能源消耗的相对比例　(%)

序号	运动种类	ATP–CP 系统乳酸系统	乳酸系统和无氧代谢系统	有氧代谢系统
1	垒球	80	20	—
2	篮球	85	15	—
3	击剑	90	10	—
4	曲棍球	60	20	20
5	高尔夫球	95	5	—
6	体操	90	10	—
7	冰球			
	前锋后卫	80	20	—
	守门员	95	5	—
8	划船	20	30	50
9	滑雪			
	旋转、跳跃	80	20	—
	野外滑雪	—	5	95
	余暇滑雪	34	33	33
10	足球			
	守门员、边锋	80	20	—
	前卫	60	20	20
11	游泳			
	50 米游泳	98	2	—
	100 米游泳	80	15	5
	200 米游泳	30	65	40
	400 米游泳	20	40	40
	1 500 米游泳	10	20	70
12	网球	70	20	10
13	田径			
	100 米跑、200 米跑	98	2	—
	400 米跑	80	15	5
	800 米跑	30	65	5
	1 500 米跑	20	55	25
	5 000 米跑	10	20	70
	10 000 米跑	5	20	70
	马拉松跑	—	5	95
14	排球	90	10	—
15	摔跤	90	10	—

想要改善心血管系统的机能，必须选择长期坚持的发展全身耐力的运动项目。在选择运动项目时可参照表 6-7，选择以发展耐力为主并且由有氧代谢供能的运动项目。作为锻炼心血管系统的全身性运动项目，运动时间不能少于 5 分钟，主要的运动项目有步行、慢跑、自行车运动、越野滑雪、游泳等，根据这些运动项目制定的运动处方最好要保持一定的速度，即使是个人独自进行的锻炼也应如此。

如果以增进健康为目标，开始锻炼时应以步行为主，天气好的时候，可以一面散步一面眺望风景，这样身心就会感到舒畅，如果进行较长时间的步行，速度要比普通散步稍快，凡身体内部器官有慢性疾病者，必须要在指导者的监督下进行锻炼。

如果以提高体力为目标，可以采用跑步作为手段，跑步的时间和速度以当天身体状况决定。自行车运动、游泳是比较好的运动项目。要特别注意避免采用时间短而强度大的运动项目。最好以运动时间长而速度缓慢的项目进行锻炼。

如以提高运动能力为目标，可以选择球类运动和游戏活动。这些运动项目不仅对改善心血管系统有效，而且也很有乐趣，值得注意的是，参加球类游戏活动的人数的多少，不仅在运动强度上表现不一样，而且这些项目的运动状况不稳定，对锻炼强度又难于控制。当选择这类运动项目作为手段时，可参考表 6-8 中各种运动项目的强度及其相对应的心率来确定负荷量。

总之，应尽可能根据自己的运动技术水平和能力，选择那些技术简单又适合自己技术程度的全身性运动项目来改善心血管系统机能，这样才能收到良好的锻炼效果。

表 6-8　各种运动项目的心率

运动项目	内　容	平均心率(次/分)
体操	广播体操	118(106 ~ 133)
跳绳	双脚跳	167(131~178)
	原地交换腿跳	184
	5 分钟各种跳跃	148(118~162)
蹦床	1 分钟全力跳跃	164(144~180)
	5 分钟轻松跳跃	118~138
高尔夫球	打击练习	120(108~144)
游泳	50~500 米全力游	166(159~176)
	30 分钟自由泳	145
	70 分钟蛙泳	120 左右
冰上运动	速度滑冰	170 以上
	娱乐	140~150
乒乓球	单打比赛	147(128~159)
	双打比赛	131(124~142)
	推挡练习	110
	远台提拉	130
	移动步法	170
	正手攻球	160~185
	攻防练习	110~140

续表 6-8

运动项目	内　容	平均心率(次/分)
软式网球	运动场上的打法	170
	截击法扣球	202(最高值)
	攻防练习	161
硬式网球	运动场上的打法	149
	对墙打	161
羽毛球	单打比赛	159(130~183)
	打网前球	154(152~155)
	双打比赛	69~90
	打高远球	110(91~129)
	移动步法	170~190
	正手扣杀	170~190
排球	游戏	110~169
	双人传球	177(172~182)
	3 人传球	148
足球	游戏	165(155~175)
	带球 100 米	160
篮球	游戏	143~185
手球	游戏(运动员)	170(159~170)
	游戏(守门员)	130(129~130)
	距离 5 米传球	103
	距离 20 米传球	133
	距离 5 米快传球	169
	原地射门	165
	跳起射门	176
冰球运动	游戏	165(152~178)
棒球	投手的游戏	183
	内场棒球手游戏	118
	轻力投接球练习	104
	强力投接球练习	160
	击球	113~139
	防守练习	151
垒球	游戏	132~166
	接球	173
	投手的投球	170~190
柔道	自由练习	178(176~180)
	安全跌倒法	141(126~148)
	正面打入	170(165~174)
	基本功练习	176(156~188)
剑术	比赛	169
	与高手练习	184(180~189)
	对练	184(180~189)
拳击运动	比赛	170
	移动步法练习	195 左右
	两手连续出击	195 左右

第七章　轻度运动损伤与急救

第一节　常见运动损伤

大多数常见的运动受伤不需要专家的帮助也能治愈。

在运动中，你身体任何一部位都有受伤的可能。也许直接受到重击，也许过度拉伸，也许因某特定部位反复运动所致。

大约80%的运动伤是软组织受损，例如肌肉、肌腱、韧带和关节。只有大约20%是骨折或内伤。常见的有肌肉拉伤、关节韧带扭伤、肌肉挫伤。

一、肌肉拉伤

肌肉拉伤是在外力直接或间接作用下，肌肉过度主动收缩或被动拉长所引起的损伤。肌肉拉伤在大学生体育运动损伤中占有较大的比例。

(1)肌肉拉伤的诊断。肌肉拉伤受伤部位的表现是发硬和疼痛，用手触摸、用力收缩或被动拉长时疼痛加剧，此症状为轻度拉伤；受伤部位有较高数量的肌纤维断裂，感到像刀割一样疼痛，属中度拉伤；受伤者当时就听到或感到有断裂声，局部明显肿胀，皮下淤血严重，肌肉功能出现障碍，基本上不能再活动，属重度肌肉拉伤。

(2)肌肉拉伤的处理方法。肌肉轻度拉伤或伴有部分肌纤维撕裂，首先应进行冷敷，局部加压包扎。冷敷方法可采用冷水浸泡或冷毛巾敷，如有条件也可用氯乙烷喷射受伤部位。休息时尽量抬高受伤部位，疼重者可服用止疼药。损伤在24～48小时后，可采用理疗、热敷、按摩或药物治疗。肌肉大部分或完全断裂者，在加压包扎后，立即送往医院治疗。受伤后，为防止肌肉萎缩，应进行功能恢复性锻炼，锻炼时的负荷应掌握好，切忌因强力而再次造成损伤。

(3)肌肉拉伤的预防。要在思想上重视预防运动损伤，运动前要充分做好准备活动，尤其是易发生拉伤部位的准备活动；锻炼要量力而行，切忌在身体处于过度疲劳的情况下继续进行体育活动；加强身体的全面锻炼，使肌肉得到平衡发展，在发展肌肉力量时，应特别注意发展肌肉的伸展性；要提高动作的协调性，改进技术和纠正动作；注意气候、温度的变化，冬季锻炼要注意保暖；发生损伤后再次参加体育锻炼要注意循序渐进，切勿操之过急。

二、关节韧带扭伤

关节韧带扭伤主要是由间接外力作用，使关节活动超出正常生理范围而造成的一种闭合性运动损伤。因作用力的大小不同，能造成关节韧带单纯扭伤、部分撕裂或完全断裂，有些还可并发骨折及半月板损伤。在大学生体育锻炼中，最常见的是踝关节、膝关节、腕关节扭伤，其次是掌指、腰等关节韧带扭伤。

(1)关节韧带扭伤的症状。受伤后局部疼痛、肿胀，肌肉主动收缩时疼痛加剧，有皮下出血者可见青紫区；伤及关节滑膜或韧带断裂时，则关节发生肿胀，局部压痛，牵引受伤的韧带时疼痛感觉加重；韧带完全撕裂时，关节有不稳或松动感，关节功能明显出现障碍。

(2)关节韧带扭伤的原因。这种扭伤多因技术动作不正确，准备活动不充分，肌肉的生理机能尚未达到适应活动所需的状态；身体训练水平不够，肌肉的弹性、伸展性、肌力弱；疲劳或负荷过度，使肌肉机能下降，肌力减弱，协调性差，肌肉发僵等。气温过低，湿度太高，场地不平等也可导致扭伤。

(3)关节韧带扭伤的处理。关节扭伤后若处理不当，或过早地进行活动，会使急性损伤变成慢性损伤，产生关节囊增生，关节肿大，经常疼痛。因此，受伤后应及时采用正确的方法处理。关节韧带扭伤或部分韧带纤维断裂者，可按软组织损伤处理，伤后即刻冷敷，加压包扎，抬高伤肢并休息。此种方法有止血、止痛及防止或减轻肿胀的作用。2天之后，拆除包扎固定。根据伤情，可采取中药外敷、痛点药物注射、针灸、按摩等手段。对于伤情较重及韧带完全撕裂者，经急救处理后立即送往医院治疗。

(4)关节韧带扭伤预防。平时应重视加强关节周围肌肉力量和韧带柔韧性练习，以增大肌肉对关节的支持力，提高关节的稳定性和活动度；锻炼前充分做好准备活动，特别在冬季准备活动尤其重要；应避免在不合乎要求的运动场地活动；对易伤的关节部位，活动和比赛时应用支持带保护，加强自我保护。

三、肌肉挫伤

肌肉挫伤主要是由于外力直接打击身体的某个部位而造成的运动损伤。

(1)肌肉挫伤的症状。挫伤的一般征象有疼痛、内出血和肿胀。因出血程度和深浅不同有着不同的征象，如皮肤本身出血成淤点，皮内及皮下出血成淤斑，皮下组织中局部性成血肿。大多数伤后出血可逐渐吸收消散，少数病例有继发感染化脓情况。肌肉挫伤可继发骨化肌炎。严重挫伤时妨碍血液循环，可引起局部肌肉缺血性挛缩，早期症状是肢体末端青紫、肿胀、麻木、发凉、运动障碍。

(2)肌肉挫伤发生的原因。运动时练习者互相碰撞，或被踢打，或身体某个部位撞击器械，都可发生局部和深层组织的挫伤。在体育运动中，最常见的挫伤有大腿、小腿肌肉挫伤。

(3)肌肉挫伤的预防。肌肉挫伤多发生于对抗性激烈的比赛或与器械撞击所致，因此，可通过穿戴保护装置预防挫伤。同学们要有良好的体育道德，严禁对抗中的粗暴行为。另外，要不断地改进技术动作，以提高自我防护能力。

(4)肌肉挫伤的处置。肌肉挫伤后，首先应当冷敷和加压包扎以利止血(一般不超 48小时)，以后可用热敷、按摩、理疗等。必要时卧床休息，要抬高患肢；若疼痛剧烈，可口服止痛药或肌注止痛针。内脏器官挫伤时，如有休克要及时组织抢救，使伤员平卧，或侧向一边以利呕吐物溢出，防止窒息。要注意保暖，可加盖棉被或衣物等；可给伤者热饮料以补充水分。及时止血、止痛、镇静或强心，迅速组织人员护送到就近医院做进一步处理。

第二节　运动损伤后的治疗

一、按摩

常见的运动损伤不要受伤后立即按摩，要在 48 小时后才用此方法。这种方法可消除肌肉痉挛，使血液流经受伤的肌肉组织。

二、运动

在康复初期，运动可在水中进行，称之为水疗法。因为在水中可以减轻地心引力对患部的作用力，使各种动作容易操作，减少疼痛，成功率很高。

有助于康复的运动还有被动运动，也就是理疗师推拿受伤的部位，或部分身体的自主运动。

即使采取了正确的措施，运动伤的完全康复还需要好几个星期。如果你的症状未见改善，且持续疼痛、触痛、僵硬或红肿，应去请教运动医学专家。也许你的伤需要特别治疗：如物理治疗、可的松注射或手术。

三、物理疗法

物理疗法可以减轻疼痛，治愈伤处或发炎的组织，加快恢复。对许多运动伤来说，光休息不是解决问题的办法。理疗师运用运动理疗综合疗法，使用热源、超声波，可使你尽快康复。

四、激光疗法

低密度的激光光束可以减轻疼痛、消炎或消肿，有助于治愈受伤的组织。它促进血液流通，减少前列腺素的产生——前列腺素是一种运动受伤后会引起疼痛和炎症的化学物质。

使用前应先用消毒过的棉花清理皮肤表层的油脂，以增强激光的穿透力。然后把探针轻轻地放在受伤处，以便激光可以集中射入受伤部位。为了避免激光伤及眼部，应戴上护目镜。

五、热处理

热水袋、远红外线灯、短波电热器及其任何形式的热源器都可以用来缓解肌肉痉挛，减轻疼痛，促进血液流过受伤部位。受伤之后 2 天才能使用该疗法，因为血管需要时间愈合，否则会加剧出血或红肿。

六、超声波

电流通过一块晶体而产生的高频声波可用来治疗许多形式的运动伤。通过消炎，促进血液循环，超声波可止痛、消肿，快速治愈患处。

把乳胶涂抹在患处增强传导率，经常移动仪器以免过热烫伤皮肤。

七、非类固醇药物

非类固醇消炎药经常用来治疗意外伤痛。临床研究表明这类药物比其他的止痛药更能有效地减轻疼痛。非类固醇消炎药的代表是阿斯匹林和布洛芬。

这类药可以阻止引起疼痛和炎症的前列腺素产生。由于一受伤就能产生前列腺素，服用越快，疗效越好。

八、电波干扰处理

这种电疗法是通过两种电流触及受伤组织，用吸盘把 2 根或 4 根电极棒固定在皮肤上。两种电流互相产生的干扰可以缓解疼痛及肌肉痉挛。这种疗法可有助于消肿、消炎，促进血液循环，快速治愈患处。

九、类固醇注射

受伤处炎症不消，疼痛不除，可能要注射可的松。注射前，皮肤表面应先消毒，局部麻醉。通常麻醉药和类固醇可以同一个针筒注射。

注射类固醇以后，至少需要休息 2 天，麻醉消退后，疼痛稍有增加。一般说来，类固醇要 5 天以后才能完全见效。然后需再补打一针。

第三节　损伤后的康复运动与恢复

一、损伤后的康复运动

疼痛和红肿减轻，移动伤部不会使疼痛加剧时，便可以做一些轻微的运动。如伤部进一步好转，增大运动范围，增加重复次数以及运动时间。医生或理疗师会建议你做康复运动。其中有：

(1)恢复灵活和柔韧性的伸展运动。

(2)恢复患部肌肉力量的增强运动。

(3)恢复平衡与协调的运动。

(4)恢复体能的健身运动

二、掌握恢复期

重新开始日常活动能完成下列的测试，就可以恢复日常训练。

(1)伤部可自由移动而不引起疼痛和僵硬。

(2)伸拉周围肌肉而无痛感。

(3)平衡和协调恢复正常。

(4)做阻拦运动时不疼痛。

(5)运动时或运动后不疼痛、不僵硬、不红肿。

第八章　严重运动创伤与急救

第一节　运动创伤与急救概述

一、急救的目的与意义

运动创伤与急救是当人们在户外运动时及体育比赛时遭受意外伤害，或突发疾病时，在医生未到事故现场或未送到医院之前，给予伤患现场立即、临时紧急救护措施。

急救的目的：挽救生命；防止伤势或病情恶化；使伤患者及早获得治疗。

急救的任务：一是营救，确定伤患者及救援者有无进一步的危险，如有，即刻脱离危险地区或排除造成危险的原因，否则就地加以急救，不可任意移动伤患者(危险区域：如交通干道上、火灾现场、坍陷地区、水中，充满一氧化碳或浓烟、毒气的房间、场所等)。二是迅速、镇静地对伤患者进行详细的检查：观察伤患者的呼吸、出血、瞳孔、肤色、分泌物。按摸(触摸)：伤患者的脉搏、体温、疼痛反应、肿胀、皮肤湿冷或干燥。判断伤患者的意识状况、询问伤患者意外伤害发生的过程、疾病史、姓名、电话、地址、活动的能力、疼痛的感觉等，及情绪的安慰。

自头部开始，自上而下依序对伤患者的颈、胸、腹、背、骨盆、四肢进行诊断。

二、对伤患者优先进行的急救工作顺序

(1)维持呼吸道通畅。

(2)重建呼吸功能：呼吸停止者，施以人工呼吸。

(3)重建血液循环功能：①心跳停止者，施以心外按摩；②止住严重的出血。

(4)预防休克。

(5)预防再度受伤。

三、急救的原则

(1)将伤患者放置于正确、舒适的姿势，以防病情恶化(见表 8-1 和图 8-1~图 8-6)。

(2)预防休克，随时注意保暖，以防体温散失，但避免热而出汗。

(3)补充体液，给予生理食盐水(意识不清或失去知觉、痉挛，头、胸、腹部严重创伤及需手术者，禁给任何食物或饮料)。

(4)给予伤患者心理支持，消除其焦虑不安。

(5)除非必要不可脱去伤患的衣服，以免翻动伤员使其加重伤情及痛苦，必要时，将伤处衣服剪开。

表 8-1　各种正确姿势与伤患者的适应症状

姿势名称	适应症
1.平躺，仰卧	(1)检查时之最佳姿势； (2)做心外按摩时的姿势； (3)严重的头部外伤及颅骨骨折
2.平躺，头肩部微垫高	(1)中风，但未完全失去知觉的患者，且无嘴角歪斜、分泌物流出的情况； (2)中暑(但未丧失意识者)； (3)头部外伤流血(但未丧失意识者)
3.平躺，头肩部垫高，屈膝	(1)腹部疼痛； (2)腹部严重创伤时(横伤—屈膝，直伤—腿伸直)
4.平躺，脚抬高	(1)中暑衰竭； (2)晕倒、休克患者； (3)下肢骨折或创伤时，固定后尽早抬高患肢
5.半坐卧	呼吸困难的患者(例如：心脏病发作、胸部受伤时)
6.侧卧	(1)意识不清之患者(但无脊柱骨折之患者)； (2)病人意识清醒，但口腔内有分泌物流出
7.复苏姿势	(1)患者脊椎未受损伤，但意识不清或昏迷时； (2)严重中风，患者已丧失意识时，肢体瘫痪的一侧在下

注：5、6、7 三种姿势皆在伤患者无呼吸困难及未丧失意识的情况下使用。

图 8-1　平躺、仰卧

图 8-2　平躺、头肩部垫高

图 8-3　平躺、脚抬高

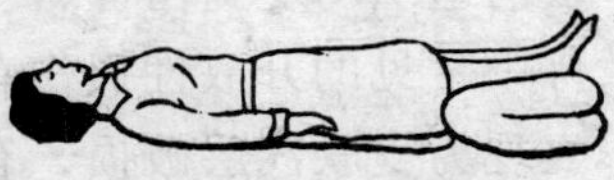

图 8-4　平躺、头肩部垫高、屈膝

图 8-5　半坐卧姿势

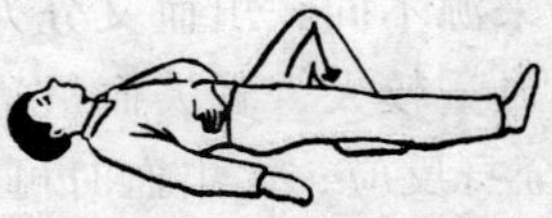

(1)把远离施救者一侧的手、脚弯曲

(2)把靠近施救者一侧的手臂伸直，掌心朝下，放其臀部的下方

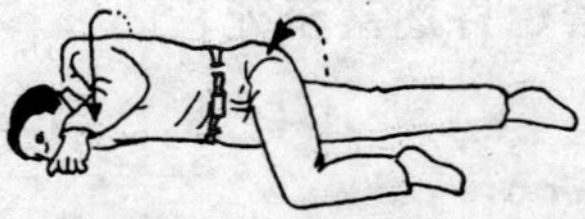

(3)救助者握紧病患对侧肩、臂，轻轻将伤员转向施救者

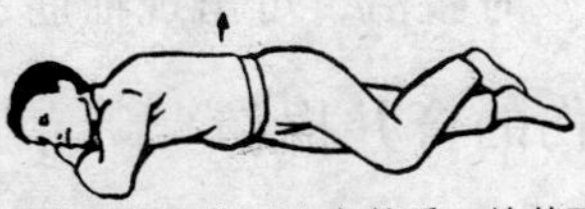

(4)使伤员头后仰，位于上方的手，放其下颌处，以维持头后仰与防止脸朝下，下方的手臂放于背后，以防止病人向后翻转

图 8-6　复苏姿势

(6)要遣散围观人员，保持伤患周围环境的安静及空气的流通。

(7)快速送医院，以获得最妥善的治疗。

拨打120急救电话或其他急救中心电话时，说明事项包括：①伤患姓名；②确切地点(说明明显的目标)；③伤害发生的时间；④伤患的人数及状况；⑤已做何种处理及所需救助。

另外，应随时观察并记录受伤者生命体征之变化，并提供医生参考。

第二节　出血性运动损伤的处理方法

一、运动损伤的分类及表现

体育运动多种多样，各种损伤都可能发生。损伤的原因是由外力造成的，也可能是机械或自身运动不当引起的，大致可分为以下几种类型。

(一)闭锁性损伤

皮肤外表完整而下层组织受到伤害。它包括挫伤，肌肉筋膜拉伤，关节囊和韧带扭伤，肌腱、腱鞘和滑囊损伤等。挫伤在体育锻炼中易发生，主要表现为局部肿胀、青紫、淤血、压痛等皮下软组织损伤。严重者可有深部血肿和肌纤维断裂。关节若受到暴力冲击，可引起关节囊、韧带、肌腱等部分撕裂，主要表现有关节周围肿胀、出血、青紫及关节活动受限制等。

(二)开放性损伤

皮肤及下层的组织均受到伤害。

在体育锻炼中常见的开放性损伤有擦伤、裂伤、切伤和刺伤。皮肤被粗糙物擦破时，可引起擦伤，表现为皮肤浅层破损，有血液或组织液渗出。有锐器刺入或切割可引起刺伤和割伤，伤口较深，常有出血。损伤大血管或重要脏器可引起晕厥、休克等。损伤神经、肌腱者，可表现出功能障碍。若受到钝器挤压或打击，可引起裂伤，表现为皮肤、皮下组织裂开，容易合并感染，导致伤口化脓。

(三)出血

无论闭合性损伤或开放性损伤均可发生出血。血液从伤口向体外流出称为外出血；而出血保留在体腔或组织中称为内出血。根据血液来源不同，出血又分为动脉出血、静脉出血及毛细血管渗血。动脉出血和较大静脉的出血量较大，若失血量达到人体总血量的40%～50%，可危及生命。少量出血时，一般无全身反应；大出血时可有眼花、眩晕、面色苍白、脉搏加快；若持续出血，可引起虚脱、休克、皮肤苍白、冷汗、乏力、躁动、口渴等，若不及时救治，可出现抽筋、大小便失禁、昏迷甚至死亡。

二、创伤的合并损伤

出血：因伤势而异，大出血可能危及生命安全。

特别组织损伤：在创伤的同时伤及血管、神经、骨骼与肌腱等，也可能因为创伤没有救护或处理不当而加重以上组织的损伤。

感染可以引发炎症、化脓、组织坏死、败血症、破伤风等。创伤处理是为了控制严重出血，预防休克、防止感染。

三、创伤的急救

轻微出血之处理：用清水及肥皂，彻底洗净急救员的双手。用普通中性肥皂及凉开水或自来水、生理食盐水等以清伤口为中心，环形向四周冲洗，彻底洗净伤口。需要时用消毒纱布块或干净布块，覆盖保护伤口，然后用绷带包扎或胶布固定。如果伤口已有感染症状时(局部的症状如肿胀、发红、疼痛、化脓、发热。全身的症状如发烧、淋巴结肿大等)，应即刻到医院进行治疗，预防破伤风的感染。

严重出血时立刻设法止血，预防休克。使患者静卧，将出血部位抬高，露出伤口。伤口血液凝块，不要除去。覆盖伤口，预防污染。患者清醒时，可给饮料等以供身体所需的液体。但呕吐、头部及胸腹严重创伤者，需手术的患者和昏迷不醒者，不可给予任何饮料。

如伤口内有异物或突出的断骨，应先用无菌纱布盖住伤口，以较大的环形垫置于伤口四周，以便止血。若有断肢，应立即找到，并以无菌纱布包裹，置塑胶袋内，于塑胶袋外放冰块(温度保持 4 摄氏度)，随同病人送医院缝合。随时观察及记录伤患的呼吸、脉搏、肤色、体温及意识状况，并报告医生。尽快将伤患送医院，最好能在伤后 6~8 小时以内送医院。

止血的方法是直接加压止血法(见图 8-7)、抬高伤肢(高于心脏)止血法、冷敷止血法。

(1)　　(2)

图 8-7　直接加压止血法

(一)止血点止血法

用手指或手掌压住伤口近心端骨面上的血管，可减少流血量；同时在伤口的正上面，仍与直接加压法止血。常用的四肢止血点：肱动脉、股动脉(见图 8-8、图 8-9)。

(二)止血带止血法

当四肢动脉大出血时，采用其他方法不能止血并且危急生命时，才可用止血带(见图 8-10)。因止血带易造成肢体残废，故使用时要特别小心。

止血带可用三角巾、领带、长袜等代替，切忌使用细绳类，以免伤及皮肤和内层组织(止血带的宽度约 5 厘米)。止血带要放在伤口上方(近心端处)，若伤口靠近关节，则置放在关节上方稍远处。使用止血带，应即刻送医院；除非医生指示或已送达医院，否则不应松开止血带。用止血带的部位，要露在外面，并标明使用止血带的时间、部位；随时观察伤处和伤者的生命迹象。

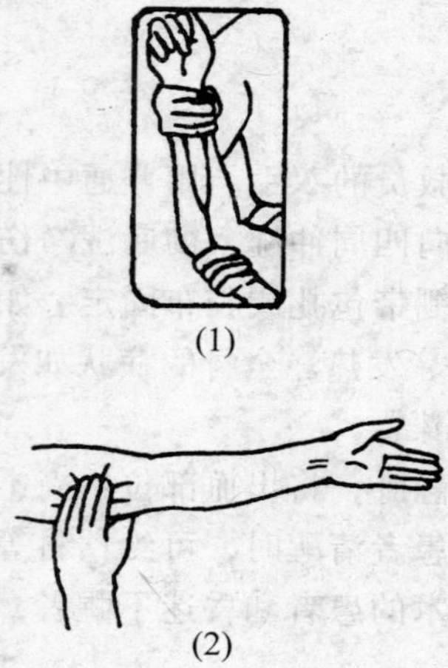

图 8-8　肱动脉止血点止血法

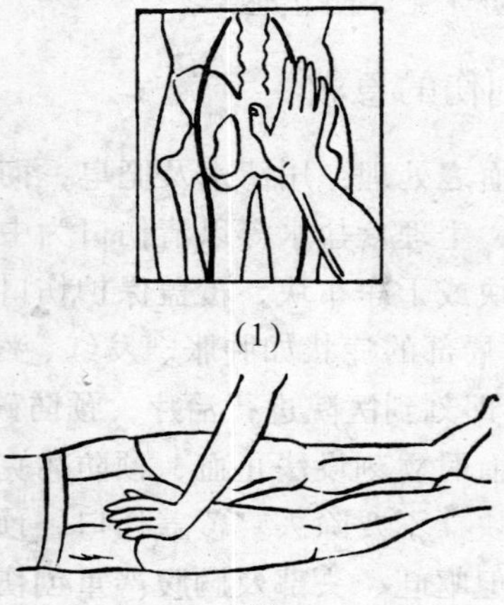

图 8-9　股动脉止血点止血法

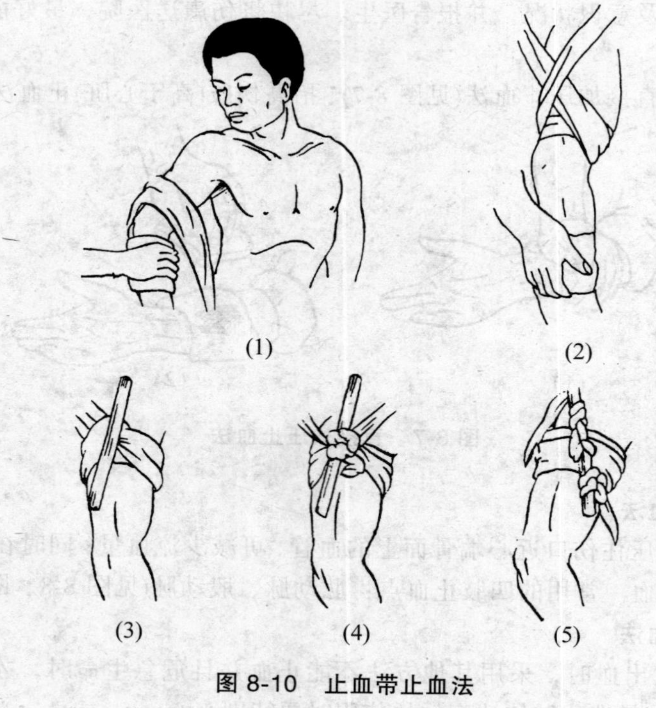

图 8-10　止血带止血法

(三)鼻出血止血法(见图 8-11)

鼻出血在体育运动如柔道、摔跤、散打、拳击和部分球类当中常出现，造成的原因是激烈对抗外力所致。

(1)保持患者安静坐下，将头部稍微往前倾(因走动、谈话、发笑或擤鼻子都可能加剧或继续流鼻血)。

(2)以拇指或食指压下鼻甲 5~10 分钟。

(3)松开衣领，令患者张口呼吸。

(4)于额部、鼻部冷敷。

(5)如短时间无法止血，应送医院。

(6)若怀疑因高血压或颅底骨折引起鼻出血，应立即送医院。

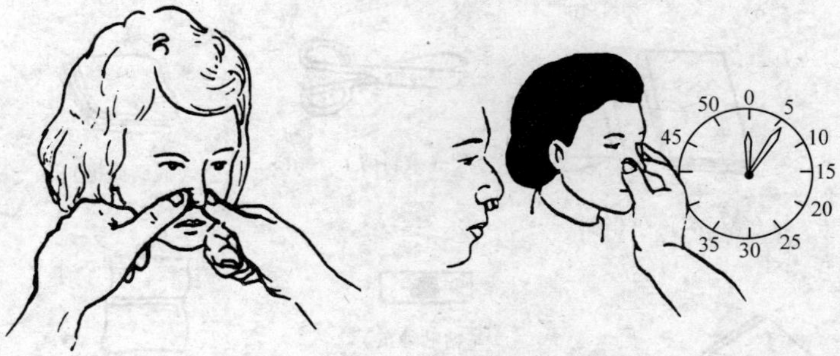

(a)两手拇指加压止血　　　(b)轻塞纱布，加压止血

图 8-11　鼻出血止血法

(四)内出血止血法

隐藏体内出血：如颅内出血、肠胃出血流入腹腔等。

后来显现出内出血：如血液自耳或鼻道、阴道流出，自嘴流出、肺部咳出。

(1)急救的目的，为立即获得医疗，并防止休克。

(2)不可由口给予任何饮料或食物。

(3)使伤患者完全休息，松开颈部、胸部、腰部过紧束缚的衣服。

(4)按出血部位的不同，采取适当的姿势。

(5)继续小心观察患者意识、呼吸、脉搏、体温等生命迹象。

四、急救箱的使用

(一)急救箱内容物

1. 敷料类(见图 8-12)

(1)棉花球或棉花棒：清洗伤口。

(2)纱布、棉垫：裹伤口，敷盖伤口。

(3)粘贴纱布(OK 绷)。

(4)胶布：固定敷料。

(5)绷带：包扎伤口，固定敷料。

(6)三角巾：固定伤肢，包扎伤口。

(7)止血带：带状三角巾等布质品。

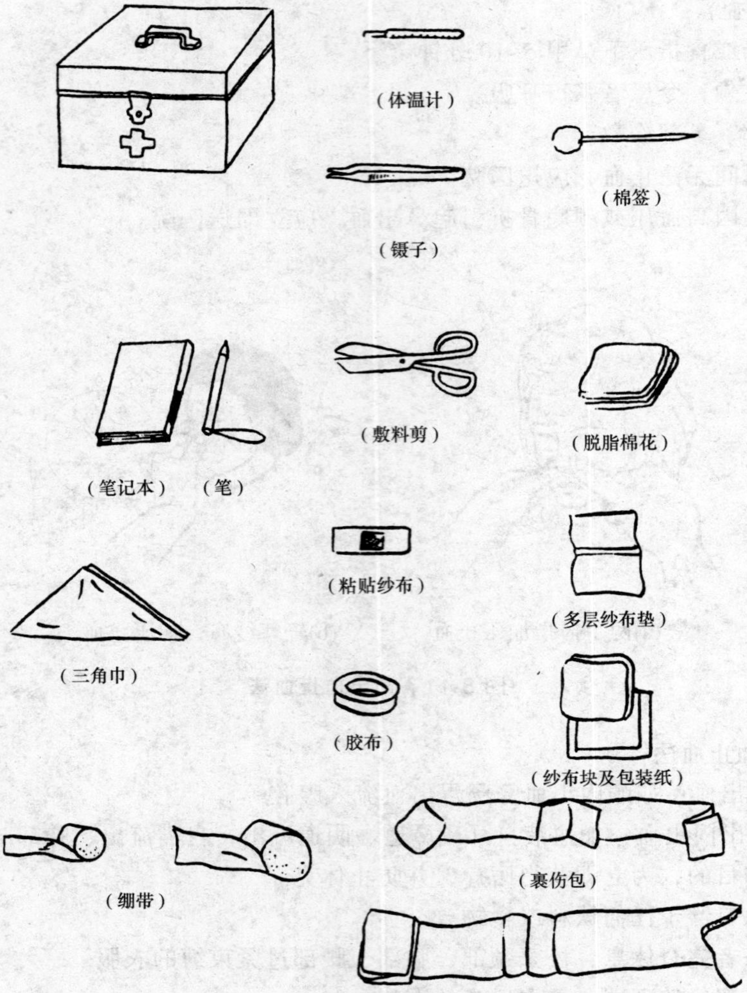

图 8-12　急救箱内容物

2. 器械类(见图 8-12)

(1)钝头剪刀：剪绷带或衣物。

(2)镊子：夹敷料。

(3)夹板：骨折固定用。

(4)木质压舌板。

(5)短棒：与止血带一起用。

(6)安全别针：固定三角巾。

(7)手电筒：供暗处及晚间照明及检查瞳孔。

(8)体温计。

3. 其他

(1)食盐：用于治疗热衰竭中暑者(1 升水加 9 克食盐)。

(2)酒精(75%)。

(3)生理食盐水：清洗伤口。
(4)肥皂：清洗伤口。
(5)氨水。
(6)优碘。
(7)盆。
(8)笔记本。
(9)笔。

(二)使用急救箱时应注意事项

(1)急救箱应放在明显而便于取用的地方。
(2)箱内应附有器材物品使用明细单，以便取用。
(3)各种药品，应备有标签。
(4)物品要有固定位置，并排列整齐，经常补充。
(5)注意药品及灭菌敷料的有效期限，逾期的要更换。

第三节　出血性运动损伤的包扎方法

一、包扎的目的

(1)固定敷料、夹板、受伤部位。
(2)保护伤口、减少感染和再受伤。
(3)支托伤部，使伤部舒适安全。
(4)局部加压，帮助止血；亦可预防或减轻局部的肿胀。
(5)矫正身体某一部位的畸形。
(6)保暖。

二、包扎的种类

(一)卷轴绷带

1. 材料

纱布、棉布、弹性绷带等制成。

2. 规格及尺寸

手指：宽 $\frac{3}{4}$~1 英寸，长 1~5 码；

眼部：宽 2 英寸，长 3 码；

手部：宽 1~2 英寸，长 3 码；

臂部：宽 2~$2\frac{1}{2}$英寸，长 7~9 码；

腿部：宽 $2\frac{1}{2}$~3 英寸，长 9 码；

头部：宽 2~$2\frac{1}{2}$英寸，长 6 码；

躯干：宽 3~6 英寸，长 9~10 码。

(注：1 英寸=2.54 厘米，1 英尺=30.48 厘米，1 码=91.44 厘米。)

3. 基本包扎法

(1)环状包扎：用于定带或结带及粗细相同的部位。

(2)螺旋包扎法：用于粗细相同之肢体。

(3)螺旋回环法：用于较长或粗细不同之肢体。

(4)八字形包扎法：多用于固定关节敷料。

(5)人字形包扎法：多用于包扎脚掌、手掌、肩关节等部位。

(二)三角巾(见图 8-13)

1. 材料

麻布或棉布，柔软、坚固、无缝边。

2. 尺寸

一平方公尺料，对折为三角形，沿对角剪成 2 块三角。

3. 用途

固定、止血、保护伤口。

4. 使用形式

(1)当做整块布料使用。

(2)当做宽绷带使用。

(3)当做窄绷带使用。

(4)当做环形布垫使用。

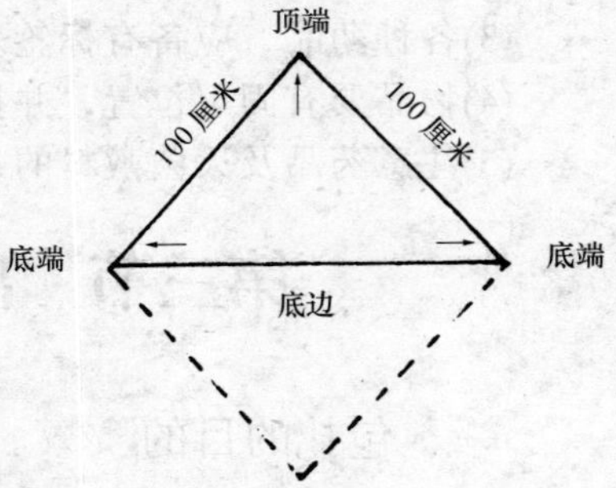

图 8-13 巾状三角巾

(三)其他绷带(见图 8-14、图 8-15)

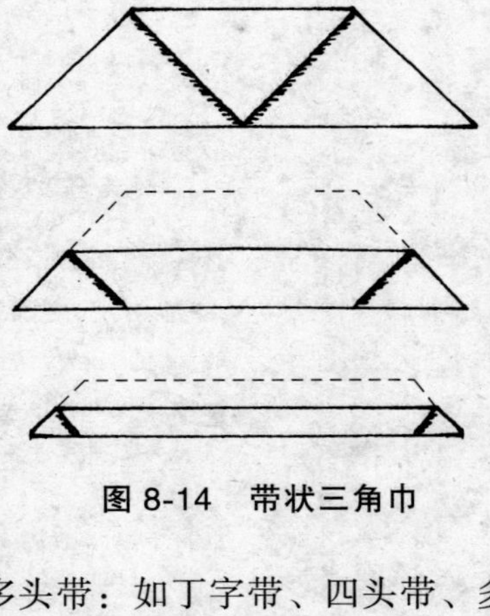

图 8-14 带状三角巾

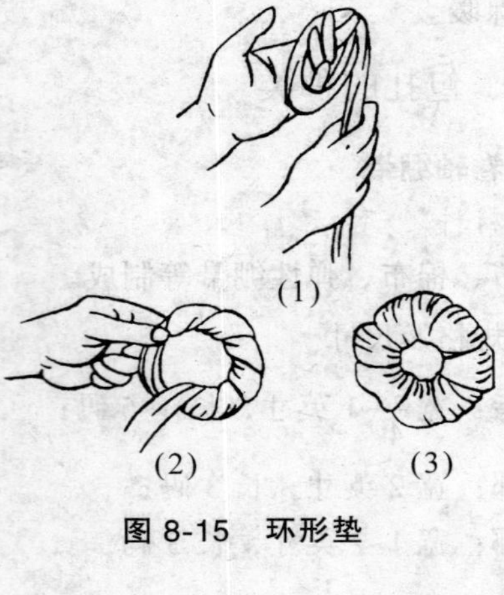

图 8-15 环形垫

(1)多头带：如丁字带、四头带、多头带。

(2)石膏绷带。

(3)网状绷带。

(4)弹性绷带。

(四)绷带的代用品

(1)领巾、方巾等。

(2)袜子。

(3)裤袜。

(4)布条。

三、三角巾包扎

(一)使用三角巾注意事项

(1)包扎后，使用平结法结带固定。结带时注意下列几点(见图 8-16)：①不能在受伤面，或炎症部位；②不可在颈后关节面或骨突处；③不可在受压部位，或肢体内侧；④不可在常摩擦处。

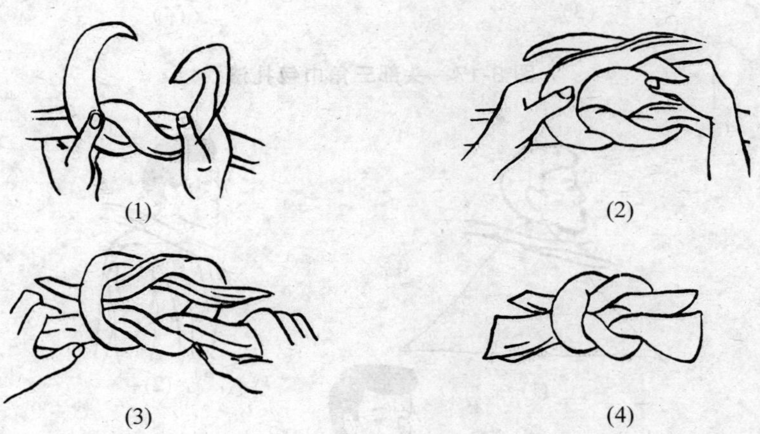

图 8-16　平结法

(2)悬挂手臂，应使其手肘关节略向上(小于 90 度)，手腕不可下垂，露出指尖。

(3)如有伤口，必须放上无菌敷料再包扎之，避免绷带直接与伤口接触。

(4)包扎时先固定伤处敷料，并由易固定之部位(如手臂、腿、腰等处)开始定带。

(5)包扎时，每圈压力要均匀，不宜太紧或太松。

(6)包扎时，双手交错使用，切忌落地，否则须更换清洁的三角巾。

(7)以逆血液循环方向包扎(即：由远心端往近心端)，每圈需叠盖前圈盖宽度 1/2~2/3。

(8)包扎肢体时，尽可能露出肢体末端，以便随时观察局部血液循环情形。

(二)三角巾包扎法(见图 8-17~图 8-30)

(1)巾状：头部(面部)、肩部(髋部)、胸部(背部)、手掌(足部)。

(2)褶带：前额、颜面(下颌部)、耳部、腿部、肘部(膝部)、踝关节、手掌、拳头。

(3)悬带：悬臂带。

(4)多头带。

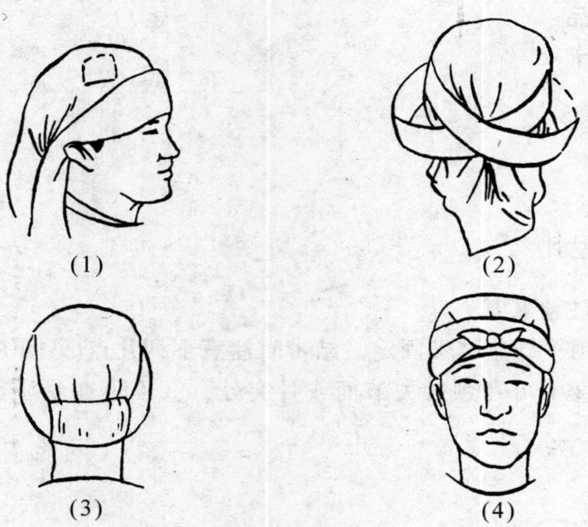

图 8-17　头部三角巾包扎法

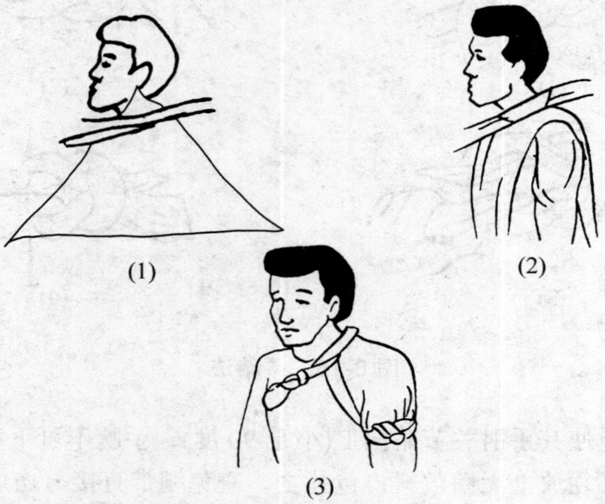

图 8-18　肩部三角巾包扎法

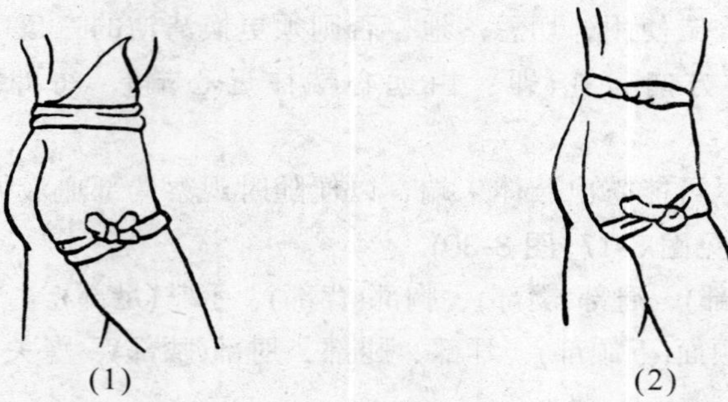

图 8-19　髋部三角巾包扎法

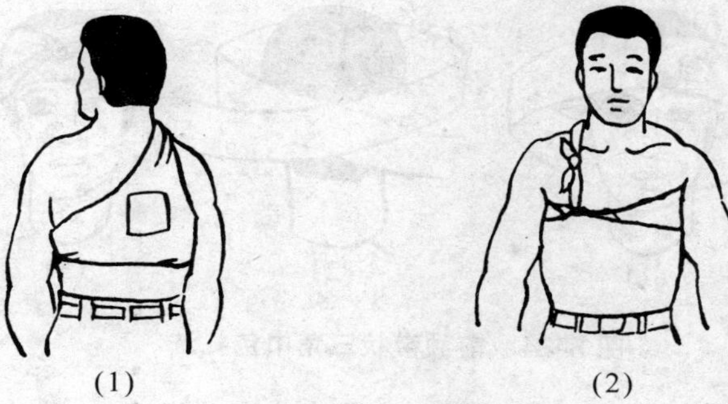

图 8-20　背部三角巾包扎法

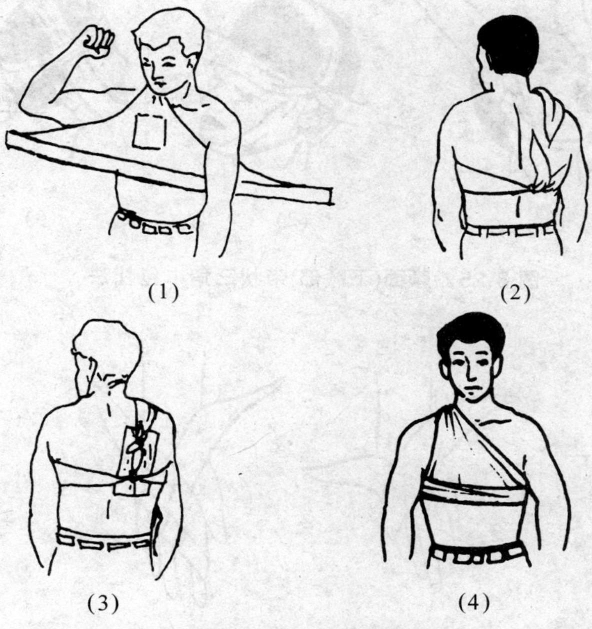

图 8-21　胸部三角巾包扎法

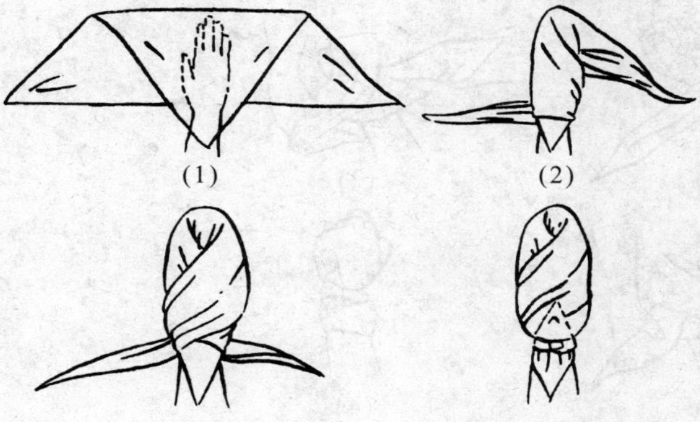

图 8-22　手掌三角巾包扎法

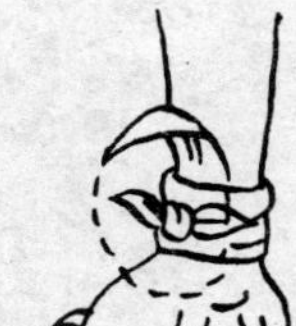

图 8-23　足部三角巾包扎法

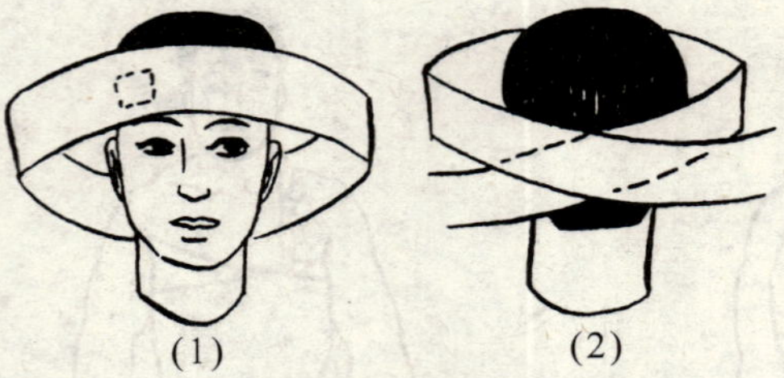

图 8-24　前额带状三角巾包扎法

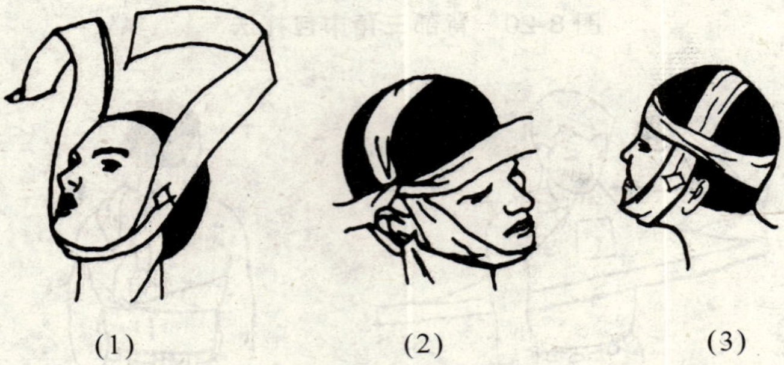

图 8-25　颜面(下颌部)带状三角巾包扎法

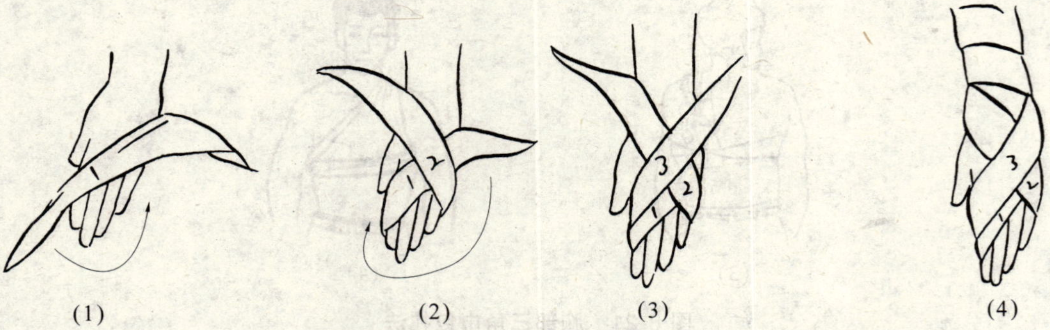

图 8-26　手掌带状三角巾包扎法

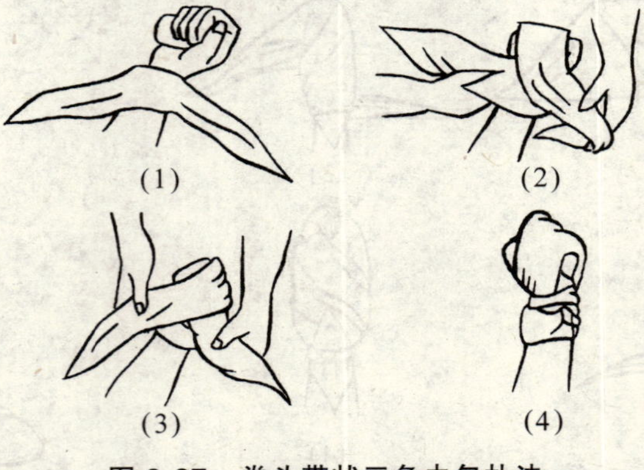

图 8-27　拳头带状三角巾包扎法

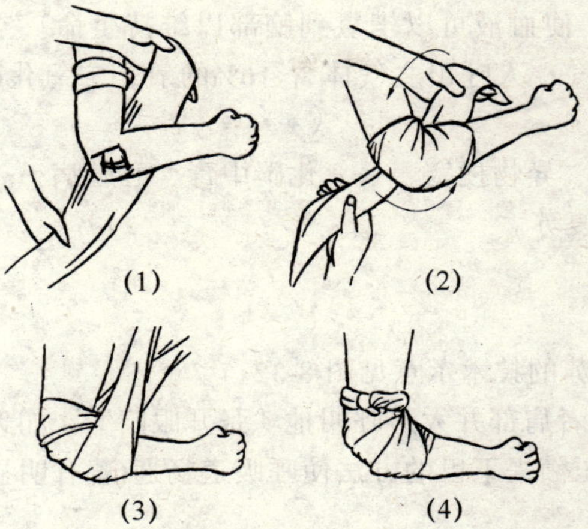

图 8-28　肘部带状三角巾包扎法

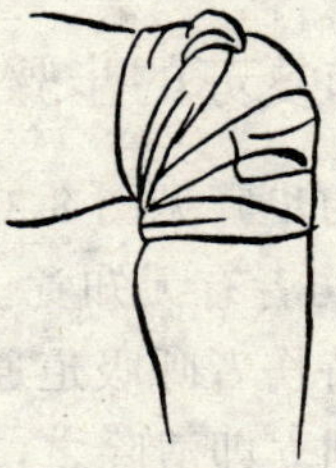

图 8-29　膝部带状三角巾包扎法

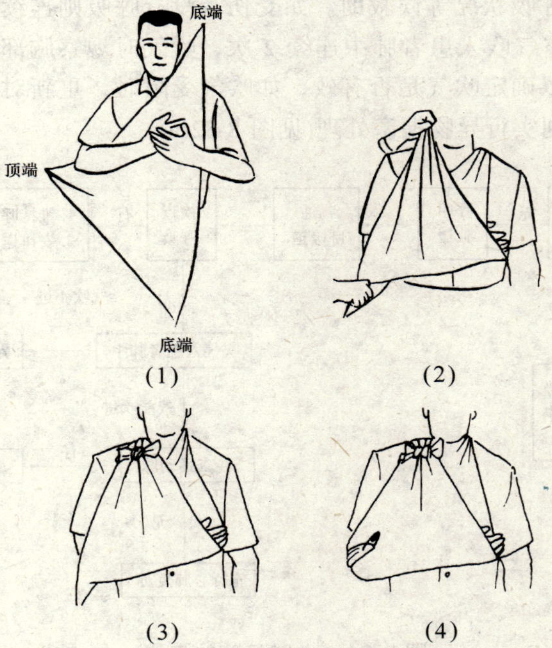

图 8-30　悬臂带

第四节　心肺复苏的救法与措施

一、心肺复苏的原则

心肺复苏指人工呼吸及人工心外按摩的合并作用，以挽救受伤人员的生命。脑部缺氧超过 4~6 分钟则可能造成脑部的损伤，而 6 分钟以上则造成无法复原的损伤。利用人工呼吸及人工心外按摩促进循环，使血液可以携氧到脑部以维持生命。空气中含氧量 21%、二氧化碳 0.3%，其余为氮气；人呼出之气体含 16%的氧，二氧化碳 4%，其余为氮气。

溺水、触电、呼吸困难、药物过量、异物梗塞、一氧化碳中毒、心脏病……造成呼吸、心跳停止的情况均应立即施行心肺复苏。

二、心肺复苏的步骤

心肺复苏的步骤见图 8-31。心肺复苏的技术示意见图 8-32。

(1)检查受伤者有无知觉。轻拍受伤者肩部并大声呼叫他“张开眼睛”，如无反应则高声求援并维持伤者呼吸道通畅，利用压额提下巴的方法使呼吸道畅通(若有明显异物在口腔或咽喉部则立即清除之)。

(2)检查呼吸 3~5 秒。耳朵靠近患者口、鼻，听有无呼吸声，眼睛看受伤者胸部有无起伏，脸颊靠近受伤者口、鼻，以感觉患者有无呼吸气息。如受伤者有呼吸则维持其呼吸道通畅并随时观察呼吸状况等候救助。如受伤者没有呼吸则连续施行人工呼吸，以每次 1.5~2 秒的时间将空气吹入患者肺中连续 2 次，吹气时观察胸部是否起伏并听一听或感觉有无呼吸气息，以确定吹气是否有效，如吹气受阻时，重新对呼吸道进行畅通以后再吹气，吹气仍受阻则实行异物梗塞处理(见图 8-32(a))。

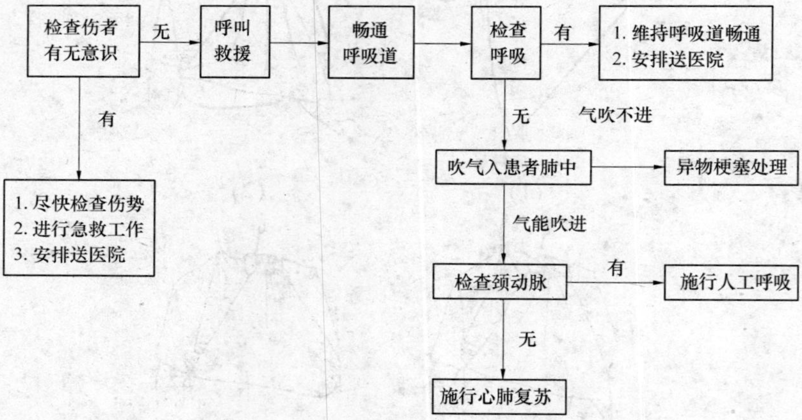

图 8-31　心肺复苏的步骤

(3)检查有无脉搏 5~10 秒。将提下巴那双手的食、中指轻放于颈动脉上探测有无脉搏 5~10 秒。如有脉搏无呼吸则进行人工呼吸，如无脉搏则进行下一步骤。

(4)实施心外按摩。找出正确的心外按摩位置实施心外按摩，以每分钟 80~100 次的速率，执行 15 次的心外按摩，同时口里数着 1 下、2 下、3 下……10 下、11、12、13、14、15，以数次数控制速率，念第 1 个字时下压，第 2 字时放松，即下压与放松时间各占一半。心外按摩 15 次后实施 2 次人工呼吸，如此人工呼吸与心外按摩循环进行(见表 8-2)。

畅通呼吸道　(1)检查伤患有无知觉，若无知觉时请求救援

(2)昏迷患者头部前屈或放平，会因舌根下垂，而阻塞下咽部

(3)立即压额提下巴，使头部后仰，维持呼吸道通畅

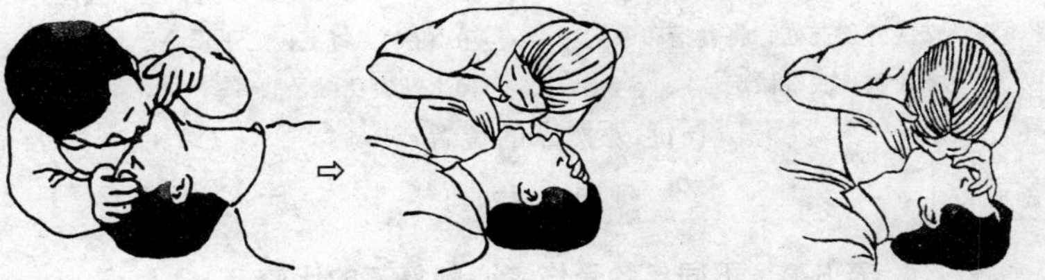

重建呼吸　(1)检查有无呼吸　(2)若无呼吸，立即实施口对口人工呼吸

(a)畅通呼吸道，重建呼吸

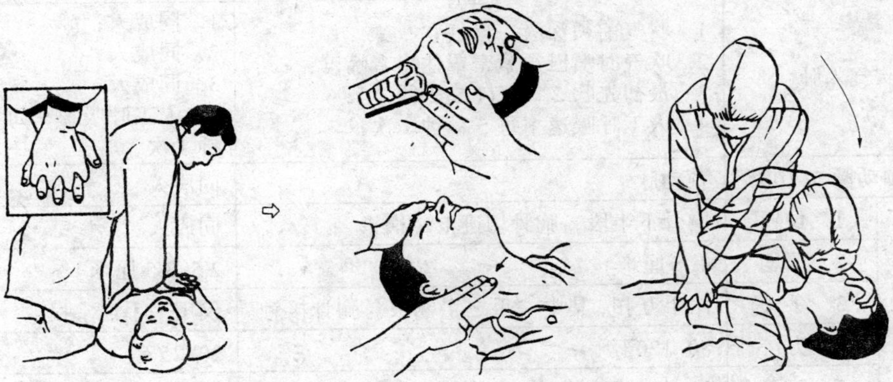

重建血液循环　(1)检查患者颈动脉有无搏动　(2)若无脉搏，立即实施心肺复苏行动

(b)重建血液循环

图 8-32　心肺复苏技术示意

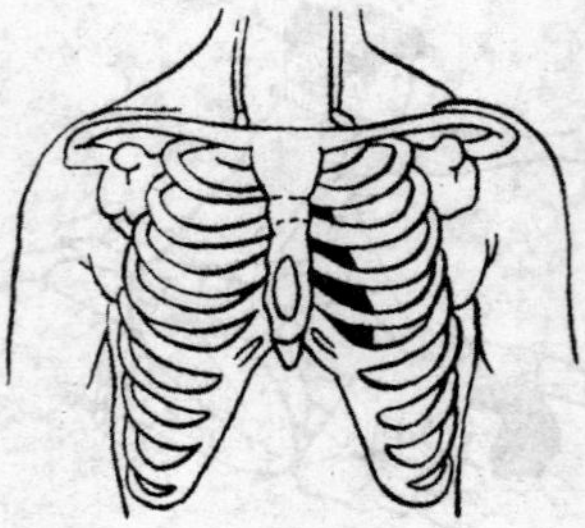

(1)手的正确位置放于胸骨的下半段

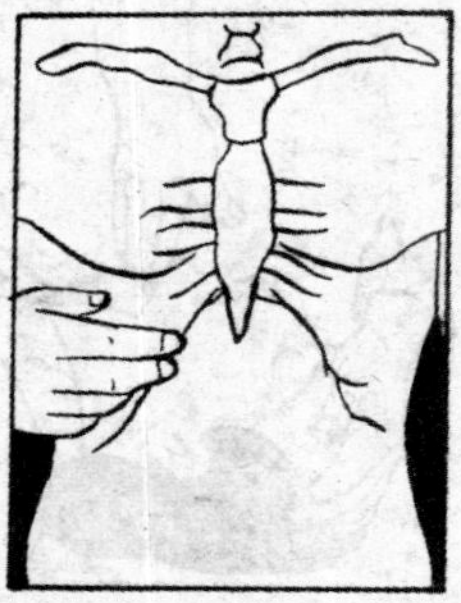

(2)利用靠近患者腿部的手，找出肋骨框架下缘

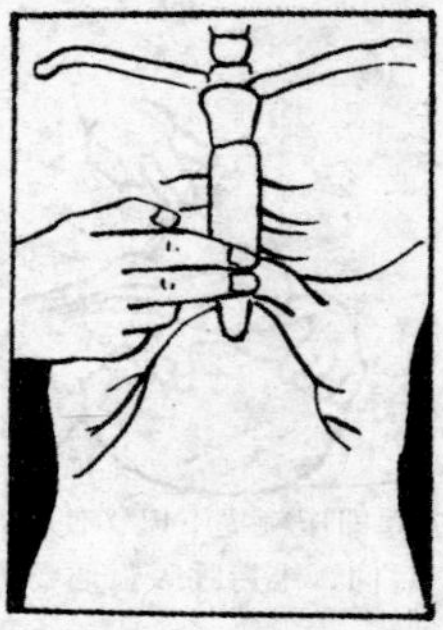

(3)以食指和中指顺着肋骨框架边缘向上滑行至肋骨和胸骨交接的切迹处，将食指和中指合并，使中指在胸骨底端做定位

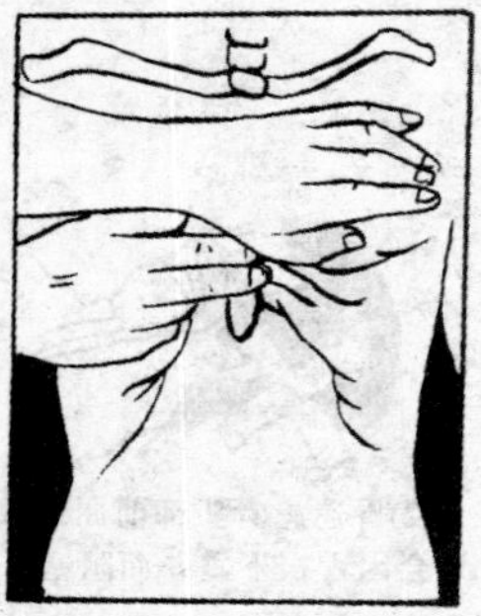

(4)将另一手掌根平贴食指，置于胸骨上(不可放在剑突)。将定位之手重叠于其上，两手手指向上翘避免触及肋骨

(c)心外按摩的位置

续图 8-32

表 8-2　不同年龄受伤者心肺复苏的比较

步　骤		成人(包括大于 8 岁小孩)	小孩(小于 8 岁)
(一)畅通呼吸道，观察有无呼吸 3~5 秒		头颈部需极度伸展	同成人
(二)吹气入肺		1．吹气前须深吸一口气； 2．吹气时嘴巴须紧密罩住患者嘴巴； 3．最初先吹 2 口气(1.5~2 秒/次)； 4．人工呼吸速率每 5 秒钟 1 次；	1．同成人； 2．同成人； 3．同成人； 4．人工呼吸速率每 4 秒钟 1 次
(三)触摸颈动脉 5~10 秒		颈动脉	同成人
(四)胸外心脏按摩	1．位置	胸骨下半段，胸骨切迹上二横指	同成人
	2．深度	4~5 厘米	2.5~3.5 厘米
	3．手法	两手互扣，其中一手之手掌根与胸骨接触。	仅用一手之掌根
	4．力量	80~120 磅	20~25 磅
	5．速率	80~100 次/分(15：2)	100 次/分(5：1)

评价：进行心肺复苏第 1 分钟(约 4 个循环)，检查脉搏 5 秒钟。如无脉搏，则继续进行心肺复苏术；如有脉搏，则检查呼吸 3~5 秒钟；若有呼吸，则停止心肺复苏术，密切观测呼吸、脉搏状况，并维持呼吸道通畅；若有脉搏而无呼吸，则依人工呼吸的速率

进行人工呼吸，并且每分钟检查脉搏(见图 8-32(b))。

(5)进行口对口人工呼吸。成人每 5 秒钟 1 次(1 分钟 12 次)，小孩每 4 秒钟 1 次(1 分钟 15 次)。在患者恢复自行呼吸前，要继续吹，绝不放弃救助，直至医生到达现场(很多人经过几小时的人工呼吸，才能复苏)。口对口人工呼吸的禁忌：①口腔有严重受伤；②口唇周围有灼伤；③下颌骨折；④传染病；⑤口唇残留毒物。

口对口人工呼吸法的优点：①适用范围广，被救者无需躺在地上或采取某种特殊体位；②省力，救助者持续实施口对口人工呼吸，较不易疲倦；③便于观察肺部扩张的效果；④通气量大，救助者可控制吹入被救助者体内空气的量、速度和压力；⑤可与心外按摩同时施行。

三、实施心肺复苏时应注意的事项

心外按摩不可压于剑突处以免导致肝脏破裂；患者需要平躺在地板或硬板上，如在弹簧床上则肩背部需垫有硬板，头不可高于身体；不宜对胃部施以持续性的压力，以免造成呕吐；手指不可压于肋骨上，以免造成肋骨骨折；用力需平稳、规则、不中断，压迫与松弛时间各半，不宜猛然加压；救助者应跪下，双膝分开与肩同宽，肩膀应在患者胸部正上方，手肘伸直，垂直下压于胸骨上；心肺复苏开始后不可中断 7 秒以上。

四、心肺复苏的成效

必须出现：瞳孔缩小(比原先放大后较为缩小)；肤色变好(由紫色渐转为红润)；每一次心外按摩一定可以摸到颈动脉的波动。

可能出现：自主性呼吸；肢体会动。

终止心肺复苏行动的情况：伤者已恢复自发性呼吸与心跳；由别人接替心肺复苏行动的工作；运送到医院或急救中心；急救员已精疲力竭无法施行；医生宣布死亡。

五、心外按摩的位置

利用靠近患者下肢的手指，找到患者肋骨下缘。以食指和中指顺肋骨边缘向上滑行到肋骨与胸骨交接的切迹处。将食指和中指合并，使中指在胸骨底端做定位。将另一手掌根置于食指旁的胸骨上(即胸骨的下半段)(见图 8-32(c))。将定位的手重叠于其上，两手手指互扣，以避免触及肋骨(见图 8-32(c))。紧贴胸骨之手掌根，不可移开伤患者胸部或改变位置，以免失去手的正确姿势。

第五节　运动休克的急救方法

一、运动休克发生的原因

休克是指有效血液循环量不足的一种情况，造成组织与器官血液灌注不足，因而扰乱细胞功能。休克处理是为了改善血液的循环，避免及减轻休克。休克发生的原因是外伤、出血、疼痛、暴露于冷处过久、饥饿脱水、疲劳、情绪过度刺激及恐惧等，在运动训练和比赛中及旅游爬山和大学生的军训都易出现休克，这和一个人的身体素质的好坏有直接关系。

休克发生之原理见图 8-33。

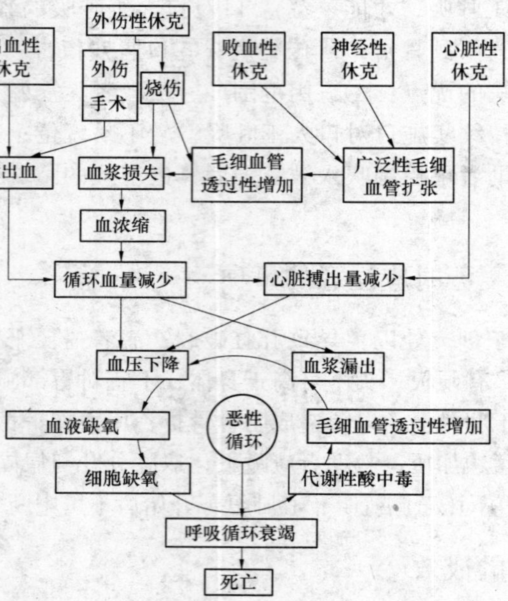

图 8-33　休克发生之原理

二、运动休克的症状

(一)早期

休克刚开始时，由于身体的代偿作用，皮肤、软组织及骨骼肌的血管会收缩，使组织内的血液减少，因而引起下列特征(见图 8-34)：

(1)皮肤苍白(带表色)且冰冷。

(2)如果伤患者已经冒汗，则皮肤湿冷。

(3)虚弱。

(4)脉搏非常快(每分钟超过 100 次)且弱，在腕部几乎感觉不到，但在颈动脉及股动脉可以摸得到。

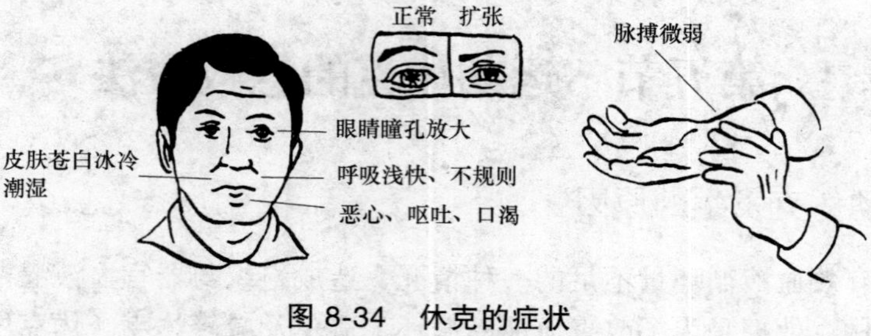

图 8-34　休克的症状

(5)呼吸短促，也可能有深呼吸，但不规律。

(6)胸腹部受伤时因深呼吸会加重疼痛，所以伤患呼吸短促。

(7)出血休克的伤者可能变得不安，焦虑(缺氧的早期现象)，不能入睡，并抱怨非常口渴。

(8)伤患者可能呕吐或恶心。

(二)晚期

如果伤患者的情形继续恶化，下列特征可能出现：

(1)伤患者变得冷漠，没有反应。

(2)伤患者的双眼下陷，面无表情，瞳孔散大。

(3)皮肤血管可能充血，因而有一些红斑，这表示伤患的血压已经降得很低。

(4)如果没有及时处理，伤患意识丧失，体温下降，并且可能死亡。

三、运动休克的处理方法

(1)控制或消除引起休克的原因，如出血时，立刻止血；骨折时，固定肢体。

(2)姿势(见图 8-35~图 8-37)。让患者平躺，下肢抬高 20~30 厘米。但有头部外伤、呼吸困难或抬高下肢会令病人痛苦时，则禁止抬高下肢。

(3)保暖。以毛毯包裹患者，但勿使患者过热。因热量能使皮肤血管扩张，而增加其血液容量，致使循环于身体各重要器官的血量更感不足，造成更严重后果(见图 8-38)。

图 8-35　有助于休克患者的卧姿

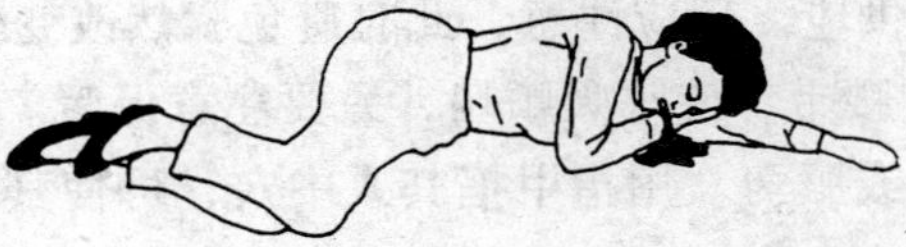

图 8-36　休克患者的卧姿——颜面下颚受伤时

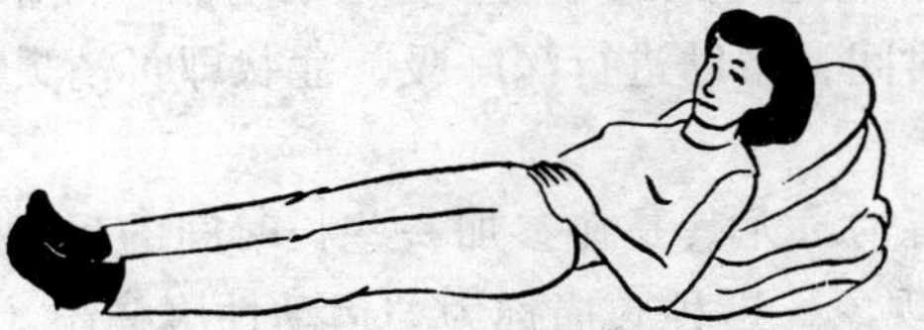

图 8-37　休克患者的卧姿——呼吸困难时

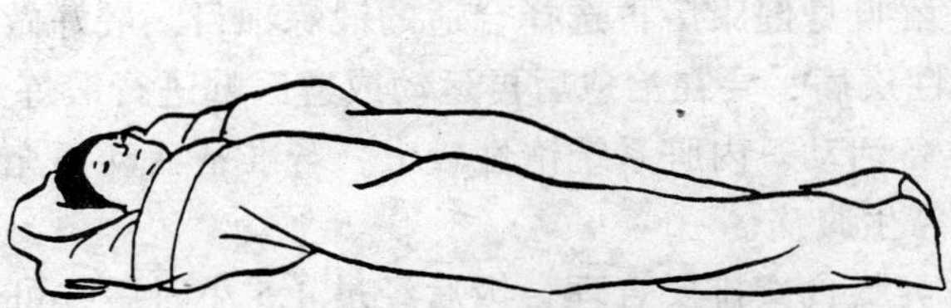

图 8-38　维持休克患者体温

(4)饮料。水分是休克患者最需要的，但患者陷入昏迷状态或胸腹部、头部严重受伤时，则不得供应任何饮料。

(5)其他注意事项。安慰患者，并消除他的焦虑情绪。如无必要，切勿移动患者，以免加重伤势。

(6)尽快将患者送医院。

四、其他运动急症的处理

(一)运动性昏厥

运动性昏厥是指脑部突然血液供应不足，进而引起短暂的意识丧失的过程。

1. 运动性昏厥的预防

运动性昏厥的发生多与身体素质较差、机体代偿能力不完善有关。因此，平时应坚持体育锻炼，增强身体素质。遵循下列原则，运动性昏厥是可以避免的：

(1)久蹲之后不要突然站立。

(2)不要带病或在饥饿的情况下参加剧烈运动。

(3)疾跑后不要突然停下来。

(4)要注意饮食营养以及保证足够的睡眠时间。

2. 昏厥的急救处理方法

(1)若学生感到无力，想立即坐下或躺下，并伴有恶心、出汗、脸色苍白，这时应使其卧躺，以上症状就可以缓解或消失，否则可能突然昏倒。但能很快清醒而又感到头晕无力时，暂不可起身站立，否则昏厥可能复发。

(2)若见到有学生前额异常出汗或诉说头晕，就立即让其躺下，抬高下肢，头不要垫枕物，以利于脑部血液的供应。还应注意，此时避免骤然改变体位。

(3)解开患者的领扣和腰带，使呼吸顺畅，另要注意保暖。对已昏厥者，在知觉恢复以前，不能给予任何饮料或服药。用指甲掐其人中穴，可使其更快清醒。在患者脸上洒些凉水也有好处。

(4)如发现停止呼吸，应进行人工呼吸。待醒后可给予热水，注意保暖。对于轻度休克者，搀扶慢慢走一段时间，帮助进行深呼吸，症状即可消失。

(二)运动性腹痛

一些学生在体育锻炼时，尤其是在参加一些长时间的运动(如长跑、篮球、足球、游泳等)过程中常出现腹痛现象，这种腹痛称为“运动性腹痛”。

1. 运动性腹痛预防

(1)排除疾病。了解自身健康后再选择合适的锻炼项目。最好做一次体检，排除慢性疾病。若患有某种慢性疾病，要在治愈后再运动或遵医嘱进行锻炼。

(2)运动前做好准备活动。内脏系统惰性较大，若准备活动不充分，不能很快适应激烈运动的要求，也会产生腹痛。

(3)注意生理卫生。膳食安排要合理，饭后经过 1.5 小时后方可进行剧烈活动。运动前不要过饱或过饥，也不要大量喝水。

(4)掌握正确的呼吸方法。长时间运动属于有氧代谢运动，掌握正确的呼吸方法十分重要。合理分配速度，注意呼吸节律，一般采用均匀和有深度的呼吸，以保证运动时的氧气供应。另外，要注意加强全面身体素质的训练，以提高机体的适应能力。

2. 运动性腹痛的处理方法

(1)出现运动性腹痛不必惊慌，可用减慢速度、加深呼吸、放松腹肌，或用手指按压疼痛部位等方法缓解。冬季长跑时，应注意胃部保暖和采用正确的呼吸方法，若停止运动后仍疼痛，应请医生处理。

(2)对因患腹内、外疾病引起的腹痛，应对原发疾病进行药物、手术等方法治疗。

(三)运动猝死

在运动中或运动后，症状出现 30 秒内死亡称为即刻死；症状出现后 24 小时内死亡称为猝死。在体育运动中，了解原因，采取预防手段，迅速而正确地急救，不仅可抢救伤员的生命，而且，可为下一步治疗创造良好条件。

1. 运动猝死的原因

运动猝死绝大多数是由于心血管疾患所致，在激烈运动中诱发急性心力衰竭，还有不少病例，在猝死前无任何自我症状及体征，其死因可能是因剧烈运动时，人体代谢率增高，心肌需氧量增加，从而引起心肌缺血，心肌应激性增高，导致急性心梗，心律严重失常所致。

此外，其他某些原因也可引起猝死。猝死者死前多有劳累、兴奋或紧张等诱因；有些在锻炼中有晕厥病史；部分还出现猝死的先兆症状，如心前区疼痛。

2. 运动猝死的预防

首先，是及早识别可能发生运动猝死的高危人群，家族中有心脏病史、脑血管意外病史、猝死病史及晕厥病史等的人，属运动中发生猝死的高危人群。因此，通过体检及询问可及时发现高血压、心脏杂音、高血脂等，可及早识别一些猝死的高危人群。其次，要注意观察猝死的先兆症状。部分猝死的病人在猝死发生之前会出现某些先兆，因而运动者在运动前、中、后出现较明显的胸闷、压迫感、极度疲劳等症状时，应及时中止运动，并进行仔细检查。若有发热或呼吸道急性感染症状时，应避免参加剧烈运动或过度运动。因此，锻炼或比赛前应做好充分的准备活动，运动后要做好整理活动，可减少心律失常的发生。

3. 处理方法

病情较轻者，应让患者平卧，注意保暖和吃易消化的食物。一般 1~2 天病情好转；有心功能不全者，应立即采取卧位，保持安静，并针刺或点掐内关穴和足三里穴；昏迷者，再掐人中、百会、合谷、涌泉等穴；如呼吸、心跳停止者，应立即进行人工呼吸和胸外心脏挤压，并同时通知医生来处理。

(四)抽搐

抽搐急救方法如下：

(1)别企图制止患者的抽搐动作，但要保护患者，不使其受伤害。

(2)如果患者抽搐发作时，嘴巴张开，可将压舌板自嘴角斜放入患者口内，置于上下臼齿间，让患者咬住以防止舌头被咬伤。

(3)松解患者颈部等束缚，使其平躺，头偏向一侧，以免呕吐物吸入肺部。

(4)患者意识未恢复以前，不可供给任何饮料、食物。

(5)必要时施加人工呼吸。

(6)患者苏醒后，勿打扰或问他问题，应让其安静睡眠或休息，保持温暖。

(7)严重者，送医院治疗。

(五)急性心脏病

1. 原因

由于供应心脏的血液减少所致。可分为心绞痛、心肌梗塞 2 类。多数在中老年人中出现，由于参加激烈运动或有心脏病而参加运动不当或受刺激和观看比较激烈的体育赛况时易出现。

2. 症状

(1)呼吸急促。

(2)胸痛(反射性左肩痛)。

(3)胃部不适。

3. 急救

(1)使患者采用半坐卧的姿势，并解开束缚衣物。

(2)如患者接受过治疗，立即帮助他服下处方上的药物。

(3)如果患者未接受过治疗，则立即送医院。

(4)供给适当通风。

(5)鼓励患者，给予心理支持。

(六)中风

1. 原因

由于脑部血管梗塞或出血所引起，最普通的因素是血管硬化和高血压。多发病于老年人，提示老年人不易参加较为激烈的体育运动，应在医生指导下参加锻炼，同时不易观看比赛较为激烈的运动场面。

2. 症状

(1)严重者：知觉丧失，呼吸困难，身体一侧上下肢体麻痹，肌肉无紧张力，瞳孔大小左右不一。

(2)轻微者：头痛、眩晕、记忆力突然消失，性情改变，肌肉活动困难，言语有缺陷和耳鸣。

3. 急救

(1)让病人平躺，头肩部微垫高。

(2)若呼吸困难或有分泌物流出，则使病人采用半卧式或复苏姿势。

(3)昏迷者，则使病人采取复苏姿势。

(4)松解伤患者颈、胸、腰部等处衣物，并给予适当保暖；不可供给任何饮料或食物。

(5)立即打电话 120，请救护车送病人去医院进行必要的治疗。

第九章　运动骨骼损伤与救助

第一节　骨　折

一、骨折的原因及分类

骨折在体育运动中是比较常见的一种伤害事故，特别是在激烈的对抗性项目如摔跤、柔道、篮球、足球、拳击、散打、体操等比赛和训练中。因此，大学生掌握救助方法对提高参加体育锻炼的积极性及预防伤害事故的发生有重要意义。骨骼受直接或间接暴力而折断或断裂(见图 9-1)，使骨的连续性和完整性遭到外伤性破坏，即为骨折。

(一)骨折的原因

骨折按性质和方式可分为：暴力直接作用部位所发生的骨折；身体接触暴力较远部位而导致的骨折；肌肉强烈收缩引起的撕脱骨折或螺旋性骨折；多次反复的直接或间接作用力造成骨骼某点的疲劳性骨折。

(二)骨折分类

闭锁性骨折、开放性骨折(见图 9-2)。骨折的断端与外界或血腔器官是相通的，称为开放性骨折。骨折的断端不与外界相通，称为闭合性骨折。开放性骨折多伴有局部较重的软组织损伤，而且创口骨骼易感染，因此比闭合性骨折为重。

图 9-1　闭锁性骨折

图 9-2　开放性骨折

二、骨折的症状

骨折的全身表现有：①休克。严重骨折可因剧烈疼痛、大量出血、内脏损伤或广泛性软组织损伤导致休克。②体温升高。骨折后的大量出血、血肿吸收而导致体温升高，但一般不超过 38℃。如果是开放性骨折，体温升高表示有感染的可能。

骨折的局部表现有：①畸形。骨折段移位后，受伤部位形状改变。②异常活动。在肢体没有关节的部位，骨折后可有不正常的活动。③骨擦感或骨擦音。骨折端互相摩擦时，可听到骨擦音或感到骨擦感，这是骨折特有的症状。检查时，决不可有意去寻找骨节活动或骨擦音，以免加重伤者的痛苦。

三、骨折的急救原则及注意事项

(1)保持折断的骨骼及临近关节不动。

(2)预防休克。

(3)处理骨折前，须先处理窒息、出血及严重创伤等情况。

(4)除非对伤患者或急救员有危险，否则应在意外事件之处，就地处理骨折患者。

(5)将伤患者移动前，须先固定骨折受伤部位(保持骨折处及上下临近的关节不动)。

(6)千万不要把突出的骨骼推进去。

(7)骨折固定后，抬高受伤的肢体，以减轻肿胀。

(8)用冰袋敷在痛处，可以限制和减少肿胀的痛苦。

(9)可能的话，把伤患者的伤脚与未受伤的脚绑在一起，受伤的手臂与躯体绑在一起。

(10)即刻送医院进行治疗(送医途中继续观察患者伤肢的肤色、温度、脉搏)。

注意事项：四肢固定时上肢屈肘，下肢伸直，固定范围必须包括上下两个关节；夹板要用棉花、毛巾等柔软物品垫好，尤其是骨突出部和夹板两头；固定的松紧要适宜，伤肢要抬高、保暖、不要乱搬动等。

第二节　脱　臼

一、脱臼的原因

脱臼，又称关节脱位。因外力或其他原因造成关节各骨的关节面失去正常的对合关系，因外伤引起者为外伤性脱位；因关节病变引起者为病理性脱位；脱位后，关节面完全丧失对合关系者为完全脱位；部分丧失者为半脱位。外伤性脱位较常见，且多发生在青壮年。最易发生脱位的关节是肘关节，其次是肩及髋关节。

二、脱臼的症状

(1)关节处或附近剧痛、肿胀。

(2)外表异常或出现畸形。

(3)关节不能活动。

(4)关节周围肿胀淤血。

三、脱臼的急救方法及注意事项

(1)骨折处理法。

(2)冷敷，减轻疼痛、肿胀。

(3)不可试图将脱位的骨骼，恢复至正常的位置。

(4)立刻寻求医生进行治疗。

注意事项：脱臼者应及时进行手法复位，越早越好。复位后应使关节固定于稳定位置 2~4 周；解除固定后还应进行主动的功能锻炼，以利恢复关节功能。如果手法复位失败，应进行手术切开复位。

第三节　运动劳损

一、运动劳损发生的原因及症状

运动劳损是因超负荷使用而引起的肌肉或韧带的慢性、机械性损伤。它是人们参加体育运动后常见的伤害事故，实质上是一种无菌性炎症，主要表现为患处疼痛、压痛和功能障碍。劳损好发于支配多动或负重关节的肌肉或维系这些关节的韧带，尤其是肌肉或韧带在骨质上的附着点。长期、经常地重复某一特定的动作是造成超负荷使用的常见原因。

二、运动劳损的治疗原则

(1)限制或停止致伤动作，使局部得到休息。

(2)局部注射醋酸氢化泼尼松或其同类药物，可促使炎症消退。

(3)止痛，用理疗、止痛药等。

(4)手术治疗。仅适用某些特定的劳损，如狭窄性腱鞘炎。

(5)合理的肌肉功能锻炼。

第四节　运动骨折救助过程中夹板的使用方法

一、常用夹板的规格

(1)手指用：长 10 厘米，宽 1.5 厘米，厚 0.5 厘米。

(2)前臂用：长 40 厘米，宽 5.5 厘米，厚 0.5 厘米。

(3)上臂用：长 40 厘米，宽 5.5 厘米，厚 0.5 厘米。

(4)下肢用：长 90 厘米，宽 13.5 厘米，厚 0.8 厘米。

二、选择夹板的条件

(1)牢固、不易弯折者。

(2)切忌使用粗糙不平、不清洁的夹板。

(3)长度必须超过骨折部位上下两端的关节。

(4)代用夹板：紧急运用时，可用硬纸板、报纸、杂志、树枝、拐杖、直木条、卷轴毡子、枕头、门板(脊椎骨折用)等代用品。

三、固定夹板时应注意事项

(1)上夹板前，必须先仔细检查骨折部位，如有外伤出血，必须先止血。

(2)夹板不能绑太紧，以免影响血液循环；也不能太松，而达不到固定的作用。

(3)夹板可用绷带、手帕、领带、三角巾及其他类似的物品来固定。

(4)用绷带包扎固定前，夹板与皮肤表面间，应用软垫料隔开，以避免不适及使皮肤擦破。

(5)绷带应在夹板上或未受伤部位处打结。如两下肢均受伤时，则在两腿间之前方打结。

(6)如伤患躺着，穿带时应利用身体自然空隙处穿过，如颈部、腰部、膝部等处。

(7)上肢骨折，随时测量脉搏、察看手指颜色及肿胀情形，以防绑得太紧，血液循环不良。

(8)经过包扎，若伤患者感到不舒服，有刺麻感，手、脚不能动时，立刻松绑，否则会发生永久性损伤。

(9)有时断骨部分下端移动，只有稍微或完全没有痛的感觉，但也要禁止移动受伤部位。

(10)怀疑有脊椎骨折发生的可能性时，绝不可移动伤患，以免加深脊髓的伤害而造成瘫痪。

四、常用的夹板固定法

对所有骨折或疑似骨折患者，均应视为骨折的伤患固定处理；并须送往医院，以进一步的诊治。

常见的骨折部位：①手指；②上臂；③前臂；④膝盖；⑤大腿；⑥脚或趾；⑦小腿；⑧脊椎骨。

常见骨折部位的固定方法如下：

(1)上臂骨折固定(见图 9-3)：可将 1 块长度超过肘、肩关节的夹板放在上臂外侧，随后用 2 块三角巾或绷带在骨折上、下端固定，屈前臂，悬吊于胸前。没有夹板的情况下，可用三角巾先将上臂固定于胸壁，再将前臂悬吊于胸前。

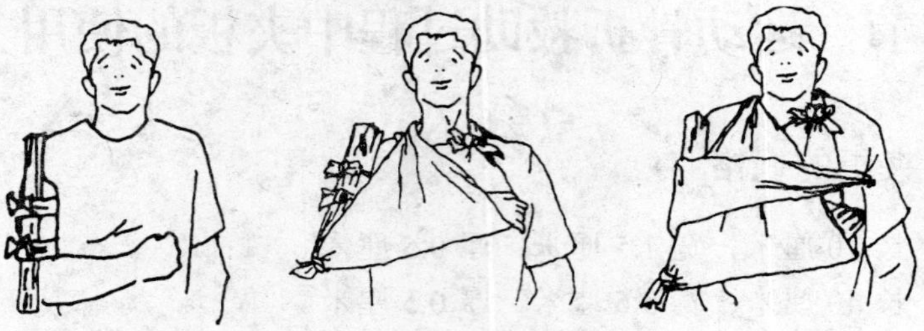

(1)　　(2)　　(3)

图 9-3　上臂骨折固定法

(2)前臂骨折固定(见图 9-4)：可将一块长度超过肘、腕关节的夹板放在前臂背侧，然后用三角巾或绷带、布条固定后悬吊于胸前。

(1)　　(2)　　(3)

图 9-4　前臂骨折固定法

(3)大腿骨折固定(见图 9-5)：可将 1 块长度上至腋下，下达足根的夹板放在大腿外侧，用 6 块三角巾或绷带、布条，分别在踝关节、膝关节下，骨折上、下端，腰部、胸部绑夹板。在没有夹板的情况下，可利用对侧健肢进行固定，将两侧下肢并列，在并列肢体的骨突、关节间隙中垫上软物，然后用三角巾或绷带，分别在踝关节处，膝关节上、下，髋关节处将两下肢绑紧。

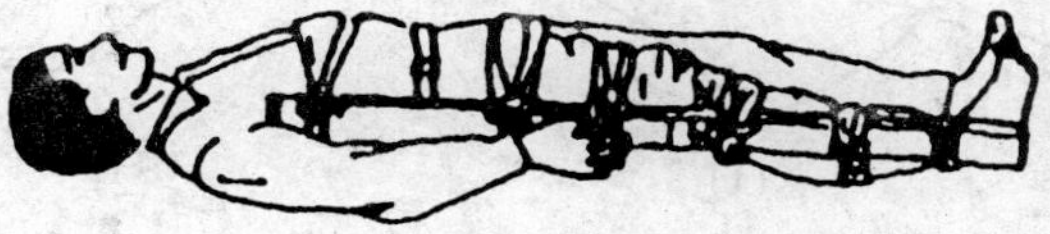

图 9-5　大腿骨折固定法

(4)小腿骨折固定(见图 9-6)：用 2 块长夹板分别在骨折上、下端，踝关节、膝关节上绑紧夹板。如没有夹板，可利用健肢固定，方法见大腿骨折固定。

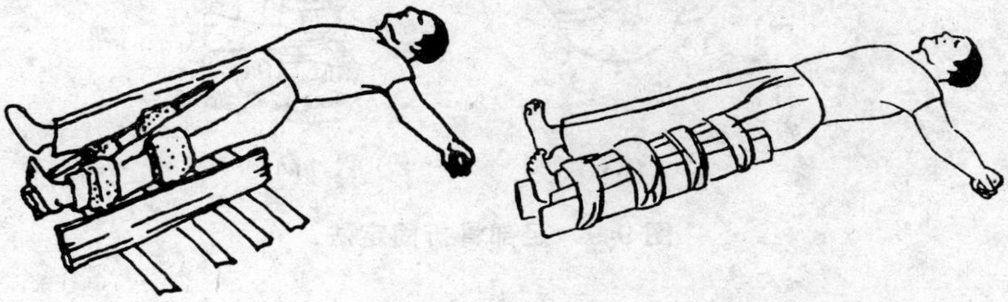

(1)　(2)

图 9-6　小腿骨折固定法

(5)踝部骨折固定法见图 9-7、图 9-8。

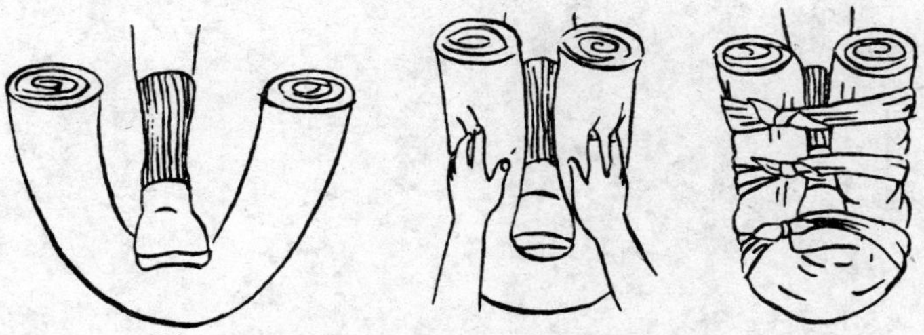

(1)　(2)　(3)

图 9-7　踝部骨折固定法(一)

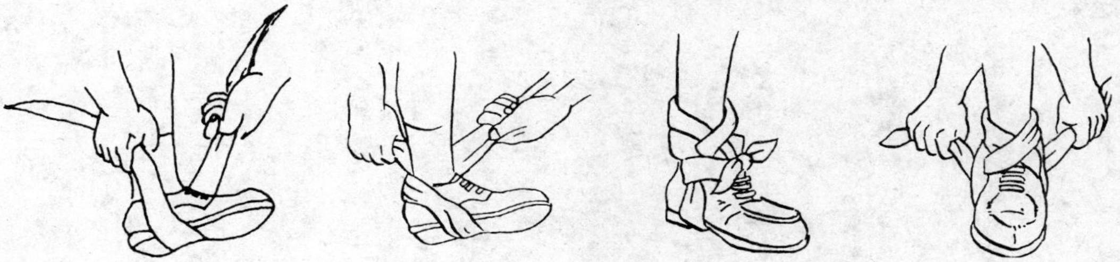

(1)　(2)　(3)　(4)

图 9-8　踝部骨折固定法(二)

(6)足部骨折固定法见图 9-9。

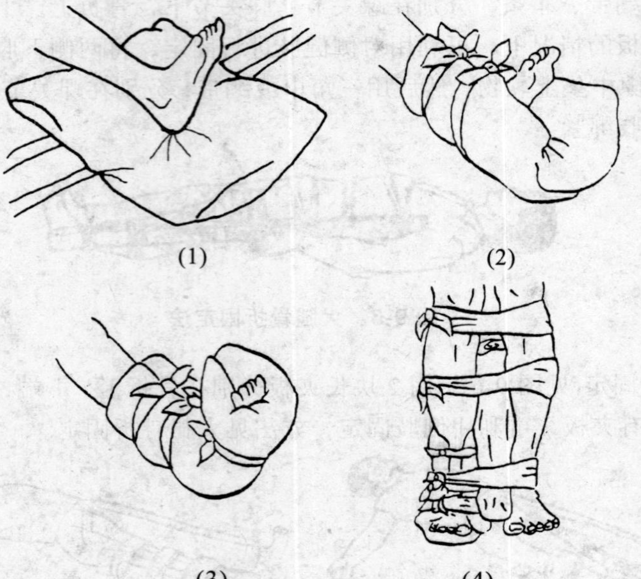

(1)　(2)　(3)　(4)

图 9-9　足部骨折固定法

第十章　运动中受伤者的运送方法

第一节　伤者运送的目的及事项

大学生在校园内进行体育活动时受伤，及人们在户外运动时受伤，需要在同学及同事的帮助下争取在最短的时间，根据伤员的情况，因地制宜，及时送往医院进行治疗。因此受伤者的运送十分重要，本章详细讲述了不同受伤部位的正确运送方法，为学生学习和掌握运送方法提供了参考资料。

一、伤者运送的目的

(1)使伤患者脱离危险地区。
(2)避免伤患者受到不必要的干扰。
(3)迅速送医院进行治疗。

二、运送伤者的注意事项

(1)大学生在运送伤患者前，应先迅速检查患者头、颈、胸、腹、背、四肢的伤势，并加以适当固定支托。

(2)除非当时患者的性命受水、火、下坠中的石屑或有毒的气体所危及，否则，应就地予以急救。

(3)若需要将伤患拖至安全地带，应以身体长轴方向直向拖行，不可自侧面横向拖行(见图 10-1)。

(4)凡是头部、大腿、小腿、手臂或骨盆发生骨折，或是背部受伤的伤患，均不得让其坐在车上运送。

(5)在整个运送过程中，应小心继续观察与施救。

(6)患者的运送必须是安全而稳定的，避免再造成意外伤害。

(7)无论何时，尽量找担架来接送伤患者，而非搬动患者去找担架。

(8)除使用常备担架运送患者外，应把握时间，就地取材，用坐椅、小床、门板、毛毯、衬衣、竹竿等制作临时担架。担架要牢固，避免伤患者跌落。

第二节　伤患者的运送方法

一、徒手运送法

(一)单人搬运法

(1)紧急拖拉法：适用于紧急之情况，非紧急情况勿用此种方法，以免造成伤患另一次的伤害(见图 10-1)。

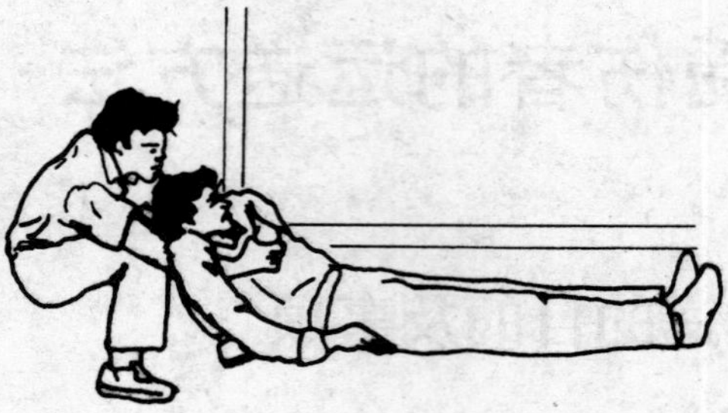

(1)

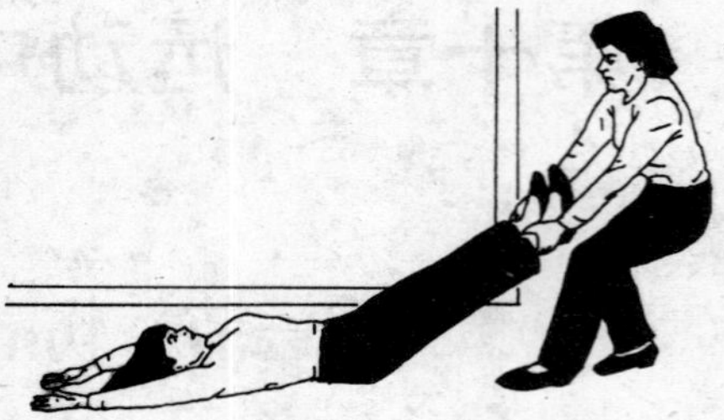

(2)

图 10-1　紧急拖拉法

(2)扶持法：没有骨折、伤势不重，没有心脏病的人可以用此种搬运法(见图 10-2)。

(3)臂抱法：适用于没有骨折，伤势不重，体重轻的学生。为短距离搬运最优良方法(见图 10-3)。

图 10-2　单人扶持法

(1)

(2)

图 10-3　单人臂抱法

(4)背负法：为长距离运送伤患较优之方法，下楼或下坡此方法不适用(见图 10-4)。

(5)肩负法：此方法可用于下楼或快速前进(见图 10-5)。

图 10-4　背负法

图 10-5　肩负法

(二)双人搬运法

(1)扶持法(见图 10-6)。

(2)前后抬式：已经昏迷但身体没有受伤者，可利用此种方法(见图 10-7)。

图 10-6　双人扶持法

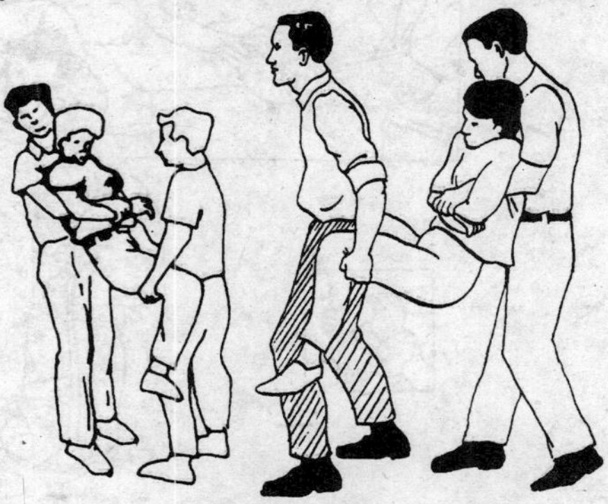

图 10-7　双人前后抬式

(3)两手抬式：此方法只适用于清醒伤者(见图 10-8)。

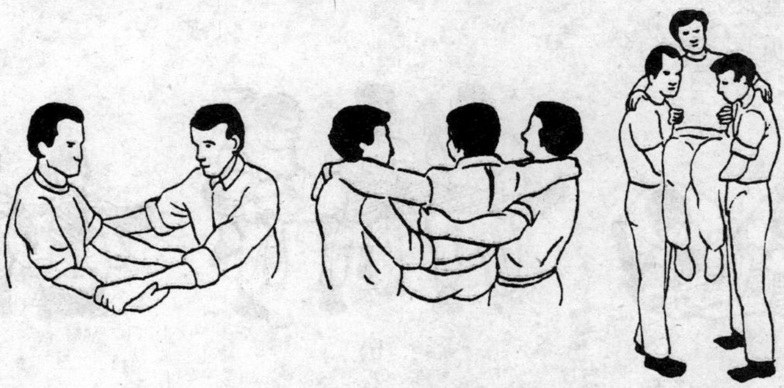

(a)　(b)　(c)

图 10-8　双人两手抬式

(4)三手抬式：用此方法时须注意伤患是否有昏迷之可能(见图 10-9)。

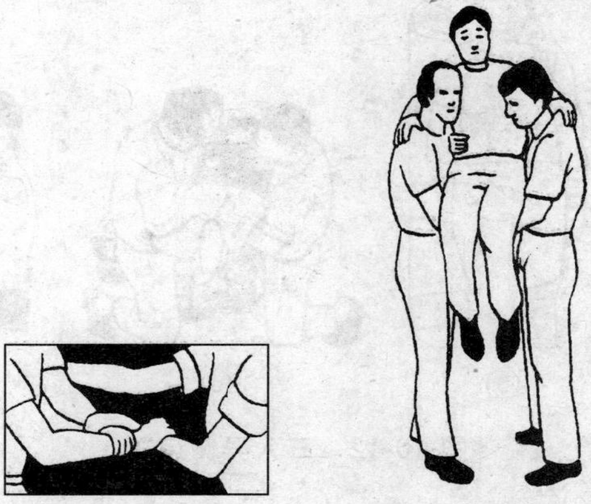

(a)　(b)

图 10-9　双人三手抬式

(5)四手抬式：同三手抬式(见图 10-10)。

图 10-10　双人四手抬式

(三)三人徒手运送法

(1)同侧运送(见图 10-11)。

(a)　(b)　(c)

图 10-11　三人同侧运送

(2)异侧运送(见图 10-12)。

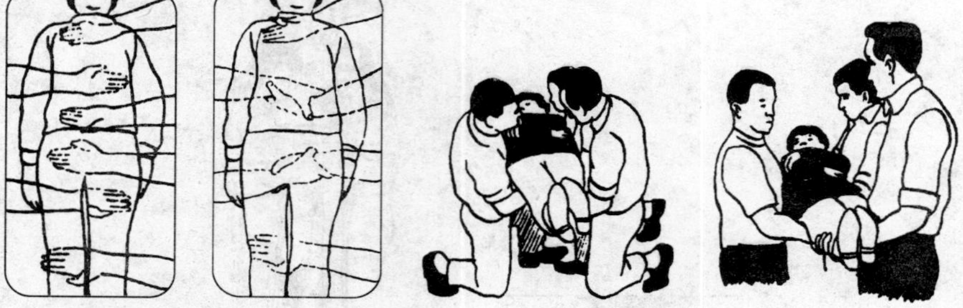

(a)　(b)　(c)　(d)

图 10-12　三人异侧运送

(四)多人徒手运送法(三人以上之多人运送)

以八人为例，其徒手运送法见图 10-13。

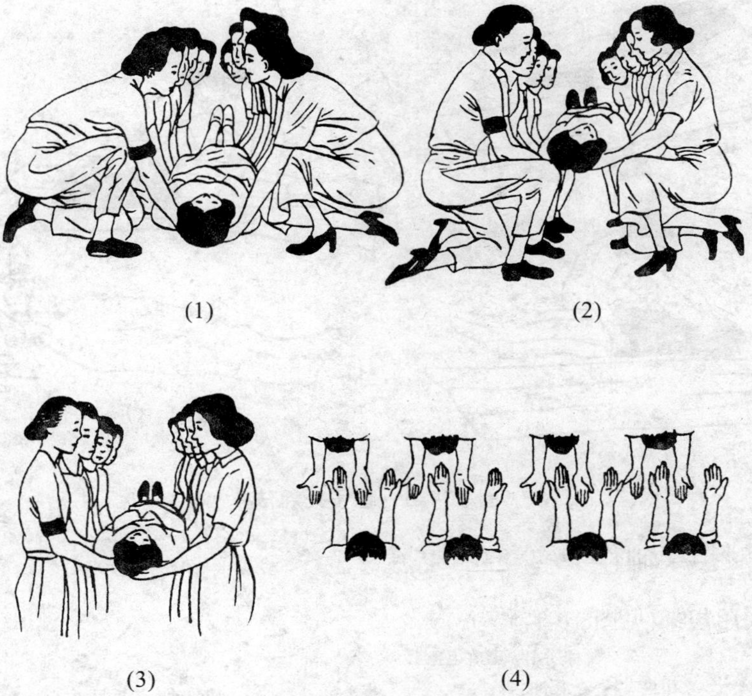

图 10-13　八人徒手运送法

二、器械运送法

(一)担架运送

前进时一律朝伤患者脚步前进，除上坡、上楼、进救护车或进病房等例外，由伤者头部前进(见图 10-14)。

(二)其他代用品之器材运送

(1)家庭椅子运送：易采用前后抬法，将伤患者抬起(见图 10-15)。

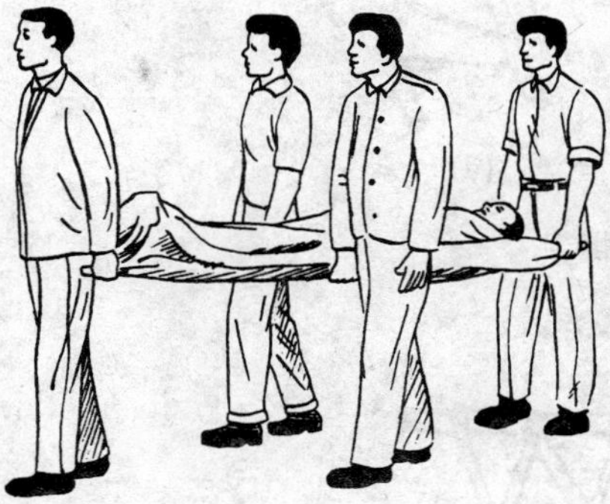

图 10-14　担架运送

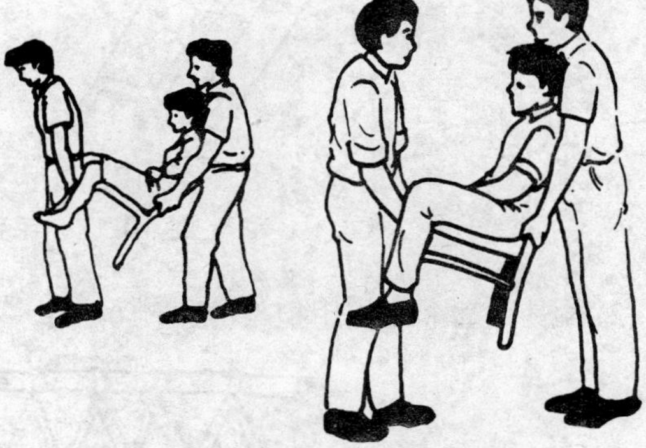

图 10-15　座椅运送

(2)毡子托起法：没有担架，没有硬板急须运送伤患者时，可以毡子来代替(见图 10-16)。

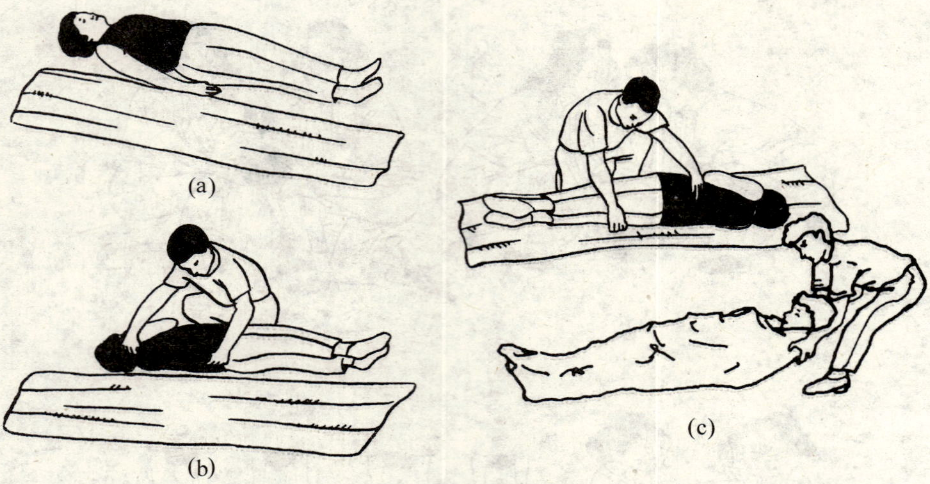

图 10-16　毡子托起法

三、临时担架制作

(1)毛毯代用担架(见图 10-17)。

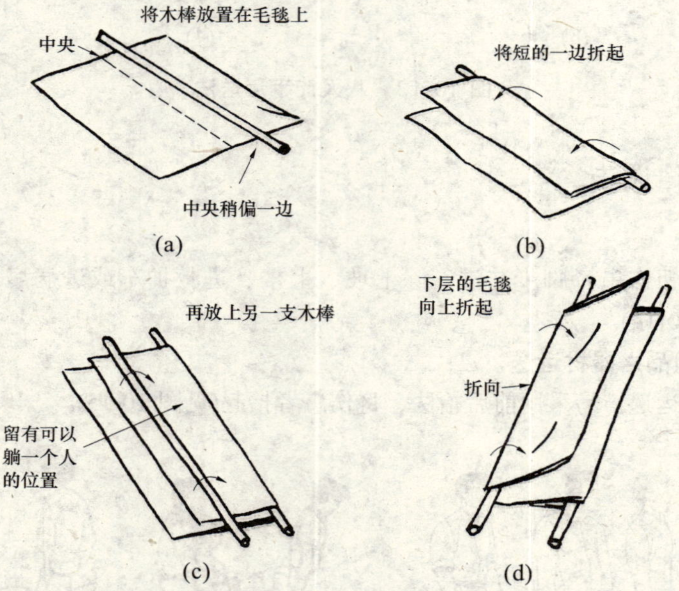

图 10-17　毛毯代用担架

(2)木棍、童军绳代用担架(见图 10-18)。

图 10-18　木棍、童军绳代用担架

(3)椅子代用担架(见图 10-19)。

(4)外套代用担架(见图 10-20)。

图 10-19　椅子代用担架

图 10-20　外套代用担架

四、脊椎损伤患者运送法

应注意，除非伤患是俯卧，为维持呼吸道的畅通，而必须将伤患翻身时，一定要有足够的人手同时移动，才不会发生扭动的情况，否则不宜搬移伤患。

另外，移动时应先固定颈部，且用硬板运送。

(1)四人滚木法(见图 10-21)。

(a)

(b)

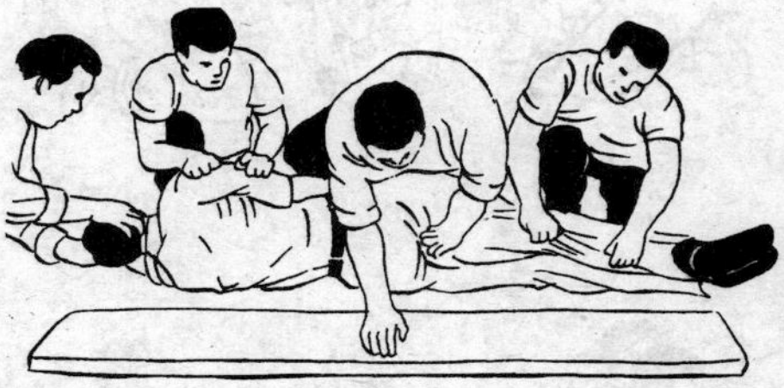

(c)

(d)

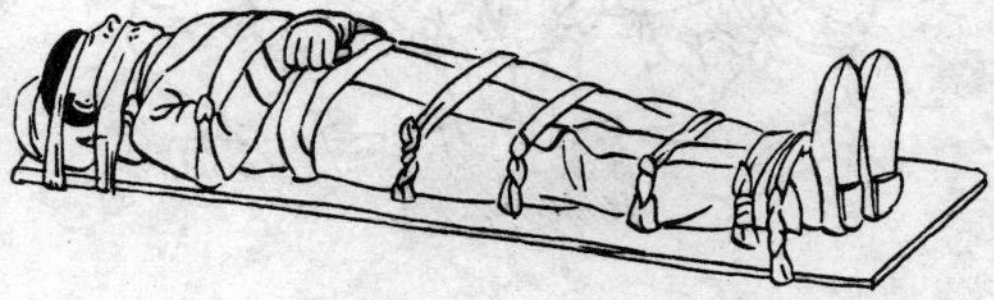

(e)

图 10-21　四人滚木法

(2)五人垫毡法(见图 10-22)。

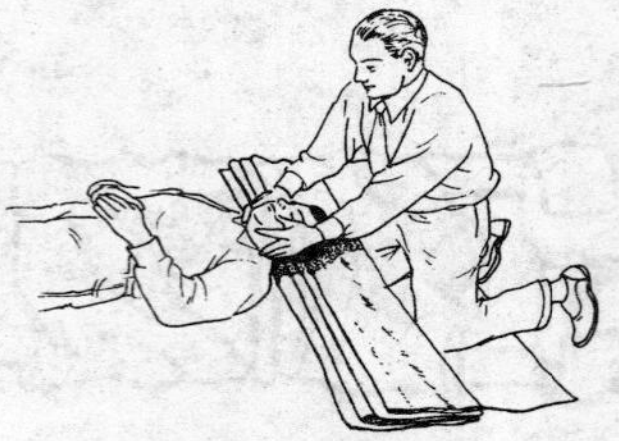

(a)

(b)

(c)

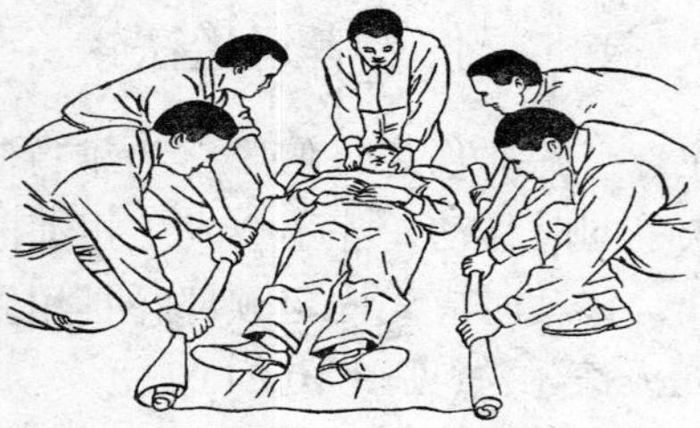

(d)

图 10-22　五人垫毡法

(3)毛毡抬高伤患者法(见图 10-23)。

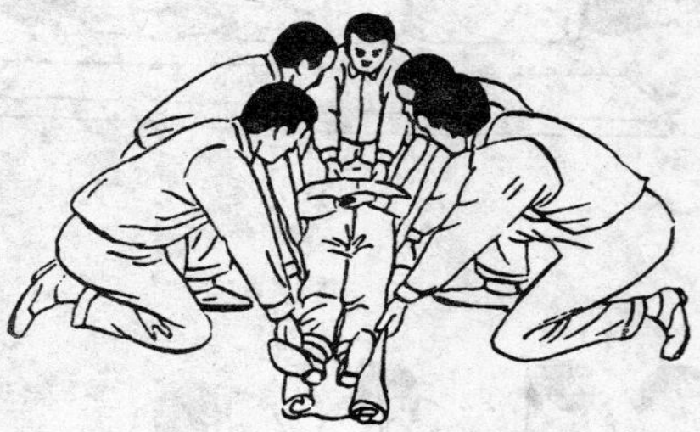

(a)

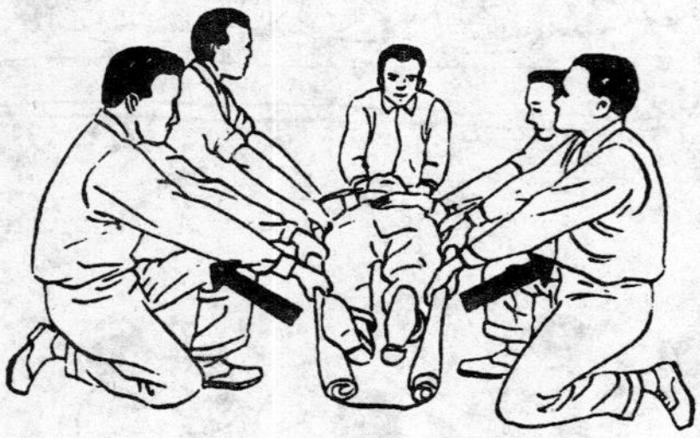

(b)

(c)

图 10-23　毛毡抬高伤患者法

第十一章　游泳与溺水的救护

运用肢体的动作和水的作用力使身体在水中游进或进行活动称为游泳。游泳运动结合了水浴、空气浴、日光浴三者的功能，具有较高的健身价值和实用价值。游泳运动既有强烈的竞争性和观赏性，又有浓厚的趣味性和娱乐性，它不仅是大学生所喜爱的运动项目，也是适合社会群众进行锻炼的一项简单易行的体育活动。

第一节　游泳运动简介

一、游泳的益处

游泳是在水的特殊环境中进行的运动项目。水的导热能力比空气大 23 倍左右，游泳时肌肉活动所耗热量比陆上大得多，人体必须尽快补充热量，这就促进了体内新陈代谢的加强。经常进行游泳锻炼能改善体温调节功能，以适应外界气温的变化。水的密度比空气大 800 倍左右，人站在齐胸深的水中，感觉呼吸急促，是因为胸腔受到了较大的水的压力，这就使呼吸肌必须用更大的力量来完成呼吸动作。经常进行游泳锻炼，可增强呼吸肌的力量，提高呼吸系统的机能。游泳运动员的呼吸差可达 14~16 厘米(一般人只有 6~8 厘米)，肺活量可达 4 000~6 000 毫升，优秀运动员可达 7 000 毫升(一般人只有 3 000 ~ 4 000 毫升)。游泳时，人体处于平卧姿势，在水压力作用下，肢体的血液易于回流心脏，加之游泳时心率加快，心血输出量大大增加。长期从事游泳锻炼，心脏体积呈现明显的运动性增大，收缩更加有力，血管壁增厚，弹性加大，安静时心率徐缓。游泳运动员安静时心率一般为 40~60 次/分，比一般人慢而有力。游泳还能刺激血液中运输氧气的血红蛋白量的增加，促使人体摄氧能力的提高。

坚持游泳锻炼，不但能使神经、呼吸和血液循环系统的机能得到改善，而且还能提高速度耐力和关节灵活性，使身体得到协调发展。

二、游泳的发展历史

据现有史料记载，游泳的起源和发展经历了人类社会的各个历史发展时期。早在远古时代，我国黄河及非洲的尼罗河流域，人类经常与水打交道，在水中渔猎是原始社会里人类所必须具备的生存技能。从旧石器时代的遗址中发现了渔镖之类的工具，5 000 多年前的我国古陶器中刻有人类潜入水中猎取水鸟及类似现代爬泳的图案，这些都说明了当时人们已经掌握了一定的游泳本领。

19 世纪中期和 20 世纪初期，近代竞技游泳开始在英国和澳大利亚等国出现，并逐渐发展以至波及世界各地。

1896 年，在希腊雅典举行的第 1 届现代奥林匹克运动会上，男子游泳列为竞赛项目。1912 第 5 届奥运会时女子游泳也列入竞赛项目。

三、大学生必须掌握游泳技能

随着游泳运动的普及，游泳教学工作也有了相应的发展。国家教育部明文规定游泳作为体育院系的必修课程和各类各级学校的教学内容，把游泳池作为高等学校和重点中学的必配设施。清华大学、北京大学等著名高校历来十分重视游泳教学，1995 年以来就把游泳作为学生必须掌握的运动技能。

另外，游泳还是一项生存、生活、工作技能。人们生活、工作在千变万化的大自然中，难免要与江、河、湖、海接触，有时还要与洪水搏斗，掌握了游泳技能就等于在意外时多了一份生存机会，也多了一种工作和生活能力。

第二节　水中救生时的游泳方式

一、救生游泳方法

(一)抬头自由泳

游泳姿势中以自由泳速度最快，因而称之为自由泳。救生之时的自由泳，是头部维持在水面上实施的游泳，目的：两眼可注视溺水求救者。

1．腿部动作

两腿自然放松、并腿、平伸，以髋关节为轴，用大腿带动小腿，有节律地两腿交互上下运动。向下拨动，弯曲膝盖发出力量，两腿向上拨动时，膝关节伸直，两脚交互打动的距离一般为 2~10 寸(见图 11-1)。

2．臂部动作

两臂分别交替划水，分为 6 个阶段：

(1)入水：手肘抬高，大拇指和其他每个手指向头前插入水中(见图 11-2)。

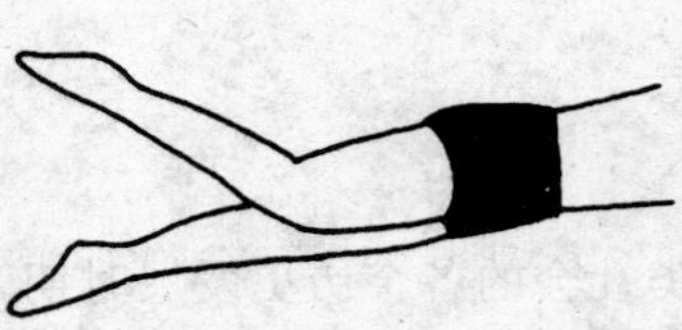

图 11-1　抬头自由泳腿部动作

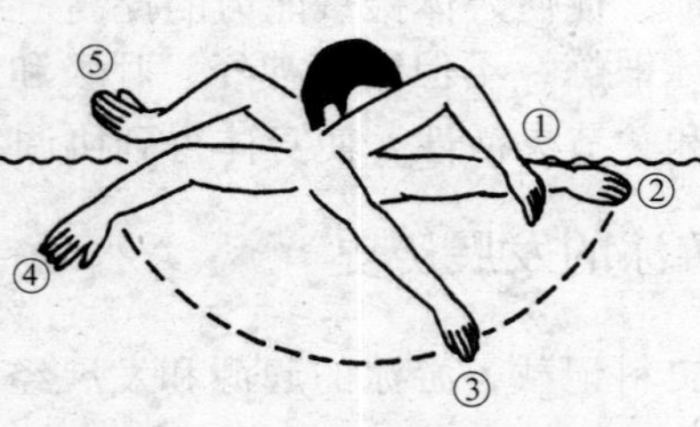

图 11-2　抬头自由泳臂部动作

(2)抓水：由入水处，开始向下，向外抓水(见图 11-2①、②)。

(3)划水：由抓水处开始向下向内划动，肘部开始随划动弯肘约 90 度(见图 11-2②、③)。

(4)推水：由划水处，手掌与小臂转为向后推水，一直快速地推到大腿侧方(见图 11-2

③、④)。

(5)提臂：以肩膀为轴，用大臂提动小臂，肘部弯曲，手掌放松提出水面(见图 11-2④、⑤)。

(6)挥臂：以肩关节为轴，保持轴部在上，小臂自空中挥向头前(见图 11-2⑤、①)。

以上臂部 5 个分解动作，实为连贯的，以划臂的速度而论，应前慢、后快地划动。在水中划水应采用“S”划水的轨迹，有利划长(见图 11-3)，唯有头部抬高的原因，划长会受影响。

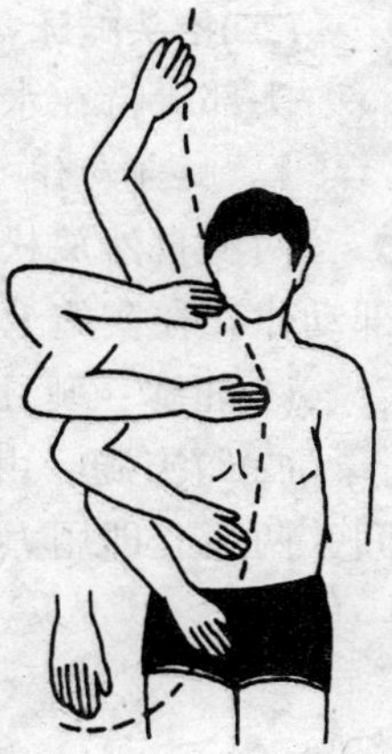

图 11-3 “S”划水的轨迹

3. 头部位置与臂腿联合动作

划臂与腿的上下打水动作，应按照上述要领实施。在游动时，头部、身体都要保持正直，两眼注视前方(见图 11-4)，因头部位于水面上，可自由呼吸，联合动作与呼吸(见图 11-5①、②、③、④、⑤)。

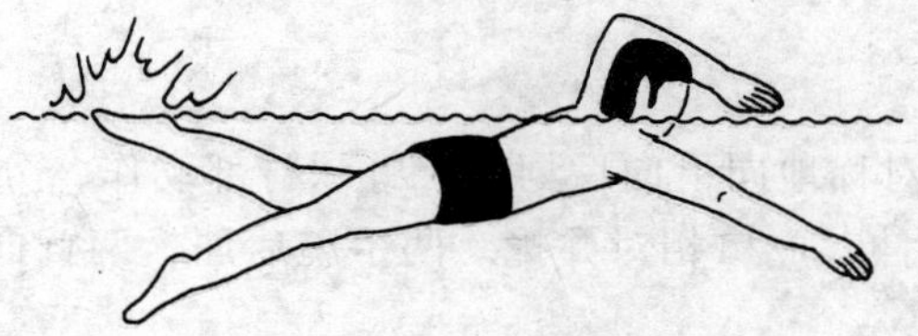

图 11-4 抬头自由泳头部位置

图 11-5 抬头自由泳联合动作与呼吸

(二)抬头蛙泳

头部保持在水面上的蛙泳，称为抬头蛙泳。

1. 腿部动作

两腿自然放松、并拢、平伸。有节律地做“屈”、“蹬”、“夹”的运动。蛙泳腿部动作，在实施上可分为 2 个分解动作。

(1)屈腿：腿往臀部收，小腿屈成 V 字形。足掌朝向水平面(见图 11-6①)。

(2)蹬夹腿：由屈的位置，两小腿与足向后、向外用力蹬出，待膝关节将要伸直的瞬间，两腿立即用力向内夹拢(见图 11-6②)。

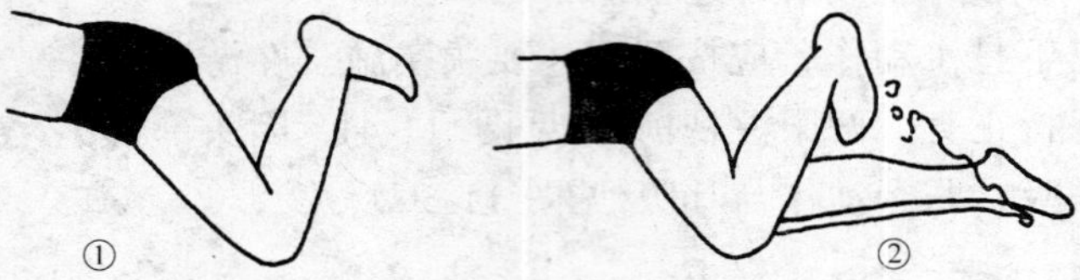

图 11-6　抬头蛙泳腿部动作

2. 臂部动作

两臂位于水面下，对称地向下向后划水，蛙泳臂部动作，分为 4 个分解部分。

(1)分：双臂自然平伸，虎口相对并拢。两手腕后屈，两臂向外、向下分压，自然向两侧分开(见图 11-7①)。

(2)划：双臂对称地向外、向下、向后、向内划水。肘部稍弯高抬，整个臂部在划动时，需有力地“抓住水”。双手划至头部前下方(见图 11-7②)。

(3)收：两大臂做向内夹，两手全拢，小臂在胸前，成三角状(见图 11-7③)。

(4)伸：由收的位置，迅速地向前伸出双手，肘部伸直，两臂放松并拢(见图 11-7④)。以上 4 个分解动作需连续地实施。

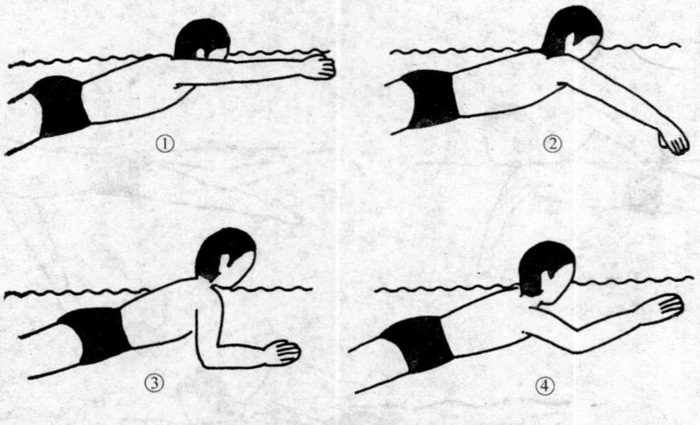

图 11-7　抬头蛙泳臂部动作

3. 头部位置与臂腿联合动作

按照上述动作要领实施，双臂与两腿划与蹬。游动时头部保持在水面上(见图 11-8)。蹬腿时，双手做前伸的动作，划臂与收臂时，双腿做屈腿动作。臂划与腿蹬，均需对称(见

图 11-9①、②、③、④、⑤、⑥)。

图 11-8　抬头蛙泳头部位置

图 11-9　抬头蛙泳联合动作

(三)侧泳

侧泳速度较慢，在竞赛中没有价值，但在救生中用途很广，是水上安全人员必备的泳姿。其动作要领如下：

1. 腿部动作

双腿动作分为“屈”、“分”、“夹”3 部分。

(1)屈腿：两腿由侧姿平伸放松，用大腿屈动小腿，成侧卧三角状，两膝自然靠拢，膝关节弯曲，足跟靠近臀部齐平(见图 11-10①)。

(2)分腿：两腿同时前后分开，前脚踝关节竖起，跨向前面，后腿向后伸，成反弓形，小腿屈起，足背伸平，两腿成跨步状(见图 11-10②)。

(3)夹腿：双腿同时用力夹拢，前腿由前方向下，向后蹬夹，后腿用小腿，足背由后方向前踢动，两腿如剪刀似的用力剪拢，两腿剪成一直线并拢(见图 11-10③)。

图 11-10　侧泳腿部动作

2. 臂部动作

双臂位于水面下，划与推水可分为：

(1)伸与推：上方之手臂，沿肋向下、向后推水，下方手臂自胸部沿耳向前伸出，掌心向下(见图 11-11①)。

(2)划与收：上方的手臂，由后沿肋骨屈肘收至胸处，下方之手臂由头前向下向后划水，划水时肘部需应时地弯曲，使小臂、手掌都能“抓住水”，双手臂收与划在胸侧成三角状交会(见图 11-11②)。

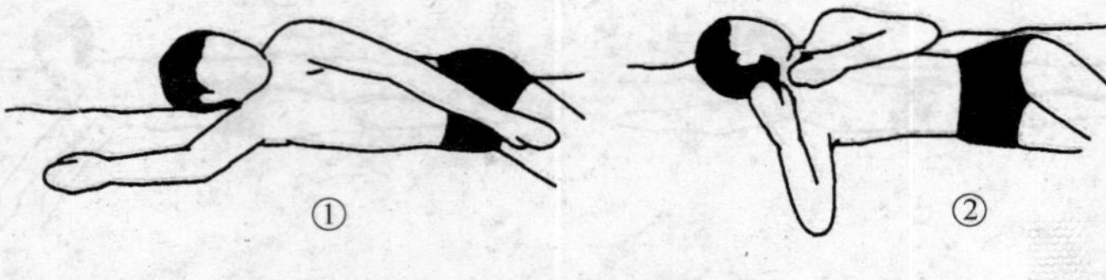

图 11-11　侧泳臂部动作

3. 联合动作与呼吸

身体成右侧平卧，右臂向前伸直，左臂推水位于体侧(见图 11-12①)，右手臂向后划水时，左手臂为收的阶段，双腿做屈的动作，此时为呼气时机(见图 11-12②)。在两手划与收到顶点时，两腿开始前后张开(见图 11-12③)，两腿分开最大时开始做蹬的动作，双手位于胸前交会处(见图 11-12④)，右手前伸，左手开始用力推水，两腿剪拢(见图 11-12⑤)，右手一直向前伸直，左手推水至大腿处，双腿夹拢，伸直滑翔(见图 11-12⑥)。以上 6 个分解动作反复连续进行。

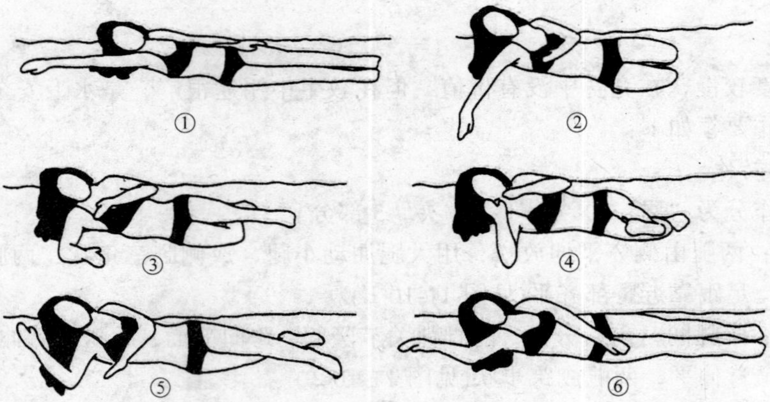

图 11-12　侧泳联合动作与呼吸

(四)仰泳

腿部可以发挥很大的蹬水力量，对救生用途颇有价值，因仰卧水中，用其带人，与水中拖物都十分有用。

1. 腿部动作

分为屈、蹬两个动作。

(1)屈腿：用大腿屈动小腿，两脚掌放松，脚跟靠近臀部，双膝自然分开，不露出水面(见图 11-13①)。

(2)蹬腿：两足指向外，两腿向外、向后用力蹬出。待膝关节即将伸直瞬间，两腿用力向内并拢(见图 11-13②、③)。

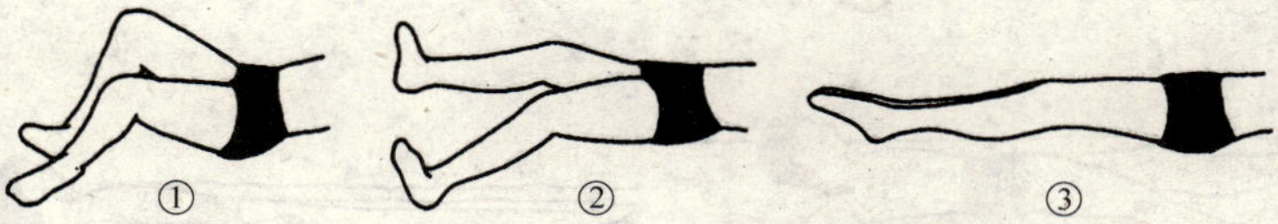

图 11-13　仰泳腿部动作

2. 臂部动作

分为提、分、展、划 4 个动作。

(1)提：两臂自体侧做屈肘，双手同时沿腹、肋用大臂将双手提至胸部(见图 11-14①)。

(2)分：大臂不动，两手自胸窝向两侧分开(见图 11-14②)。

(3)展：两小臂顺分的位置，继续向侧上方伸展(见图 11-14③)。

(4)划：肘部略微地弯曲，两手臂由向下向后划水而逐渐变成推水动作，推到大腿侧(见图 11-14④)。

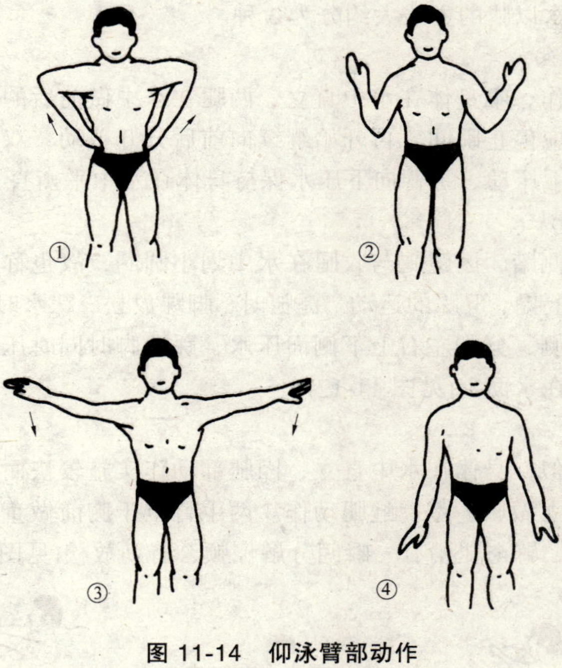

图 11-14　仰泳臂部动作

3. 联合动作与呼吸方法

当腿做“屈”的动作，两手开始做提手的动作时开始吸气(见图 11-15①)。双臂提到尽端，立即向肩部延长线分开，两腿开始自屈的位置准备向后蹬(见图 11-15②)。两手沿肩膀向上向外伸展，开始向下划动，两腿同时向外向后蹬(见图 11-15③)。双手用力向下向后划与推水，两腿蹬夹并拢，吐气，身体挺直滑翔(见图 11-15④)。

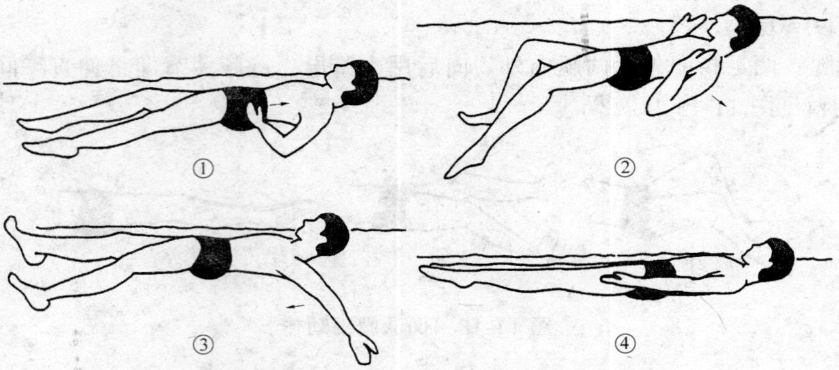

图 11-15　仰泳联合动作与呼吸方法

二、水中求生方法

(一)踩水方法

踩水，俗称“立泳”，是身体直立在水中的一种活动姿势，利用双手划压，双脚踩踏，使身体在水中直立运动，头部露出水面，自由呼吸，对水上求生价值很大，为水上求生必备的技能，踩水以腿的方式大约分为 3 种。

1. 剪刀式踩水方法

相似侧泳腿部动作，唯身体在水中直立。两腿在水中做前后的剪动，在剪动时，双腿剪到两腿交会处，应停止瞬间，再开始继续向前后分开剪动，双臂位于胸前做平伸而两肘弯曲，同时向水下压动，手臂向下压水保持身体在水中平衡直立(见图 11-16)。

2. 侧踏式踩水方法

两腿分别向左右侧踏，因蹬腿与收腿在水中划小圆圈，故也称之“搅蛋式”。双膝分别应时地弯曲，做上提、下踩的运动。提腿时，脚踝放松，踩水时脚踝竖起，脚掌“踩住水”。两手位于体侧，分别左右上下侧面压水，踩左脚时同时压左手，身体在水中成左右晃动而维持头部在水面上(见图 11-17)。

3. 小蛙式踩水方法

其姿势和蛙泳相似，身体在水中直立，因腿部动作实施较快而小，故称之为“小蛙式”，双腿在水中直立做屈、蹬、蛙腿动作。两手臂位于胸前做直体蛙臂划与收 2 个动作，臂部应稳定身体，臂与腿稍有一瞬间分解停顿，有助放松(见图 11-18)。

图 11-16　剪刀式踩水方法

图 11-17　侧踏式踩水方法

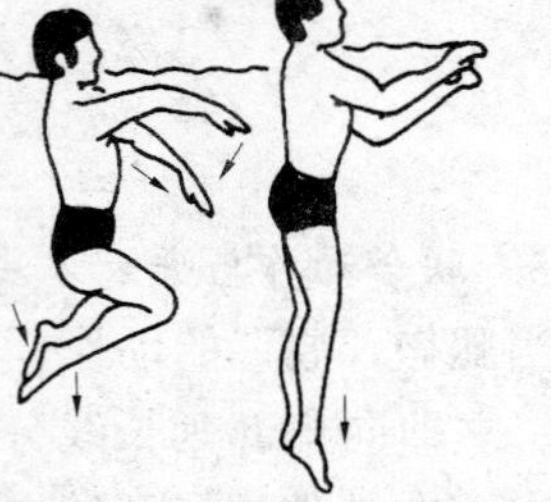

图 11-18　小蛙式踩水方法

4. 节律呼吸

身体直立水中，放松，保持立浮。两手侧平展，向水下轻压，身体借下压上浮，借机吐气，待口部露出水面，立刻吸气，身体因上冲后会逐渐向下沉，吸气与吐气随身体在水中上、下起伏而有节律地实施(见图 11-19①)，此项动作不必使用腿部动作，用单手实施亦可(见图 11-19②)。同样，亦可用单小腿弯曲踢动(见图 11-19③)。

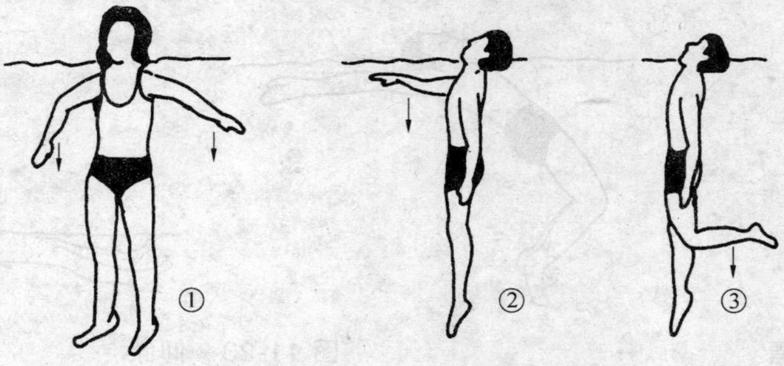

图 11-19 节律呼吸

(二)漂浮

漂浮是在水中求生经急难之后采用的。求生有三种状况：第一，急难时有求生艇利用。如此，在没有大风大浪之情况下，可以安全地渡过难关。第二，急难后，有求生浮具可利用，如此，亦算幸运，可借浮具待援。第三，急难后，没有任何浮具利用，只有凭身体的浮力在水中待援。在水中求生，不论哪种状况，都要做到镇定、信心、忍耐、希望。如此，才能达到求生最高之目的。求生的要求是在水中，利用最少的体力维持最长的生存。

1. 十字漂

身体浮于水中，吸气后，双臂平展，头没入水中，上体爬俯，全身放松，两腿夹拢，身体上浮，借机吐气，并立即吸气(见图 11-20)。

2. 水母漂

身体在水中，像水母状，上体自然地弯曲，含胸，双手下垂，双膝自然弯曲，静静地爬俯在水中。待需要吸气时，双手向上抬至下颌后立即下压，抬头吐气，随即吸气(见图 11-21)。

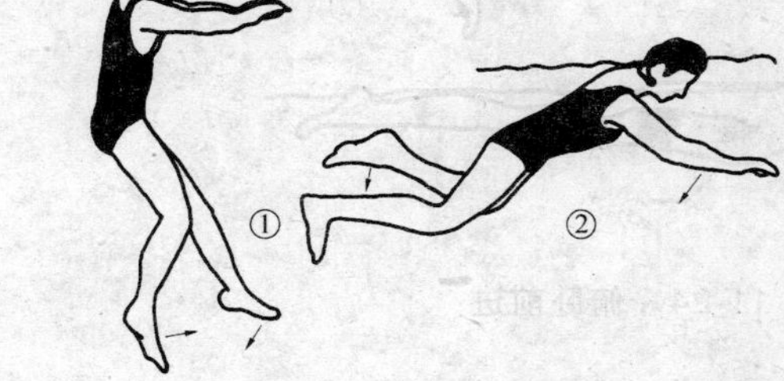

图 11-20 十字漂

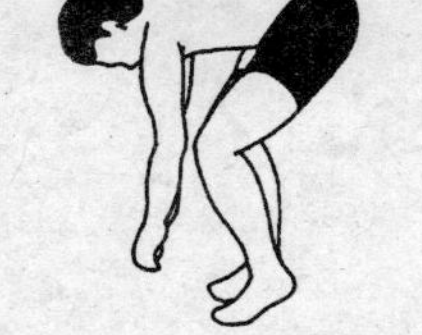

图 11-21 水母漂

3. 俯卧漂

俯卧漂与十字漂动作要领相似，唯身体爬俯在水中，双臂折叠，面额枕在臂膀上，静静地浮在水中。待需要吸气时，双臂平展，两腿夹拢，上体上冲，借机吐气，并立即吸气(见图 11-22)。

4. 仰漂

身体位于水中，仰面后躺，四肢展开，吸一口气，闷在胸腔内，肌肉放松，自然仰浮在水面(见图 11-23①)，如欲身体浮平，双手后伸，两腿可以漂在水面上(见图 11-23)。

图 11-22 俯卧漂

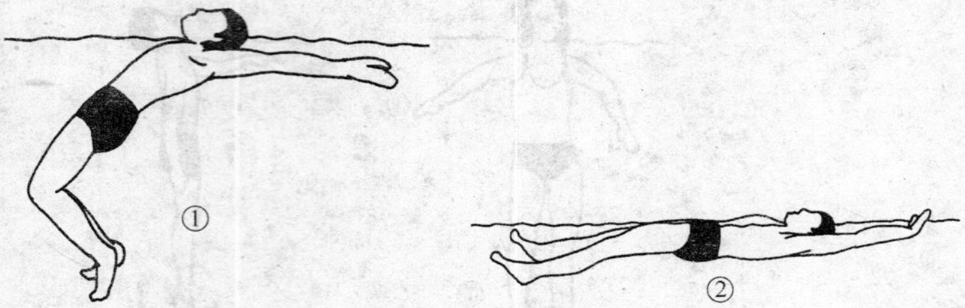

图 11-23 仰漂

(三)求生泳

身陷广大水域，可以看到岸边之距离，但用游泳无法达到目的。用求生游泳，可以达到所求。

1. 俯卧前进

身体浮在水中，双手下压吸气(见图 11-24①)，即两臂由前伸下压到体侧，两腿并拢(见图 11-24②)，双手与双腿并拢滑翔(见图 11-24③)，待身体无动力，需要换气时，再一次做上述动作。

2. 仰漂前进(鱼鳍式)

身体仰浮水中，双手在体侧，向下向后推水，双膝弯曲，两小腿向外、向后踢水，形成手划，脚踢，在水中仰面漂浮滑翔游泳(见图 11-25)。

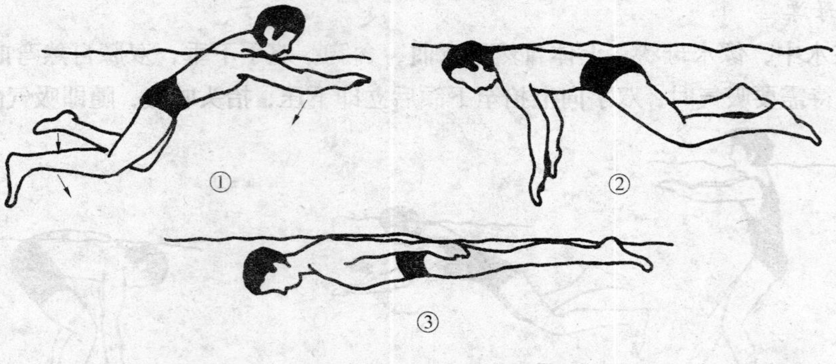

图 11-24 俯卧前进

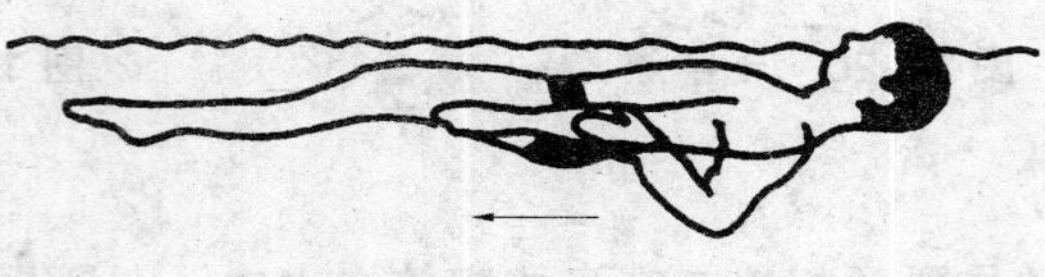

图 11-25 仰漂前进

三、水中自救方法

水中自救，是指身体机能在水中发生障碍，亦或是身体局部肌肉发生痉挛的现象，如此就要在水中自己救自己。水中抽筋是事先可以避免的，万一在水中不幸发生了，首要的是镇定，机警地寻找水中漂浮物，有了浮物的支持，对水中自救，有极大帮助。

(一)衣服利用法

当人失足落水，一般都穿着衣服，利用衣服自救是最方便的方法，若利用不当，反而在水中造成累赘，因此，落水首要的是利用衣服自救，再就是除去不必要的衣物。

1. 水中脱衣

身上穿着的外套、大衣、风衣、夹克、西装等，对漂浮会造成很大负担，应先去除，其次脱除鞋子(见图 11-26)，如鞋子有保留的需要时，应将两鞋带系在一起，分别左右挂在脖子上，之后再脱裤子与上衣。

2. 上衣利用法

方法有二。

(1)直接吹气法：将领襟纽扣扣紧，将第二纽扣解开，吸气后将气吹入衣内，如此胸部将盛满空气(见图 11-27)。

图 11-26　水中脱鞋

图 11-27　直接吹气法

(2)反扣法：将上衣脱下，袖口扎起，并将领襟纽扣反扣在脖子上，双手抓住衣角，提出水面扑在水面上，会形成一大气囊(见图 11-28)。

3. 下裤利用法

方法有三。

(1)打水法：首先将裤子脱下，用拉裤脚或双腿摆动法，就可在水中将裤子脱下(见图 11-29)。脱下后扎起裤管，一手将裤腰提出水面，另一手向裤腰口中打水，空气可盛满在裤管中(见图 11-30)。

图 11-28　反扣法

图 11-29　打水法(一)

图 11-30　打水法(二)

(2)前扑法：将裤脚扎起，双手各抓住裤腰的一边，将裤子置于头后方，两脚用力夹水，双手自头后方向前扑，裤管中可盛满空气(见图 11-31)。

(3)吹气法：先扎起裤管，提起裤腰，吸一大口气，将头投入水中，将气吹入裤管中，可一口接一口地吹入，至吹满裤管为止(见图 11-32)。

图 11-31　前扑法

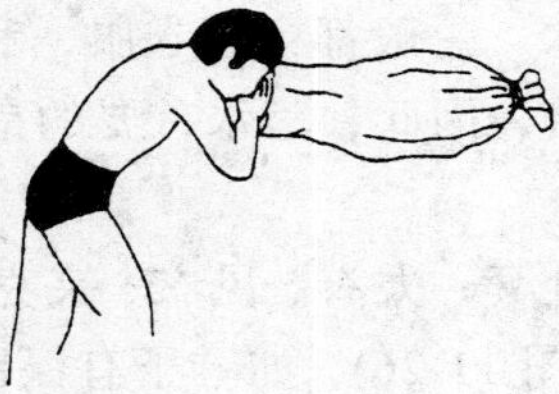

图 11-32　吹气法

(二)抽筋自解

水中抽筋，最可怕的是连带发生呛水，严重的能导致淹溺事件。抽筋多发生在水冷、肌肉受撞击、疲劳、误食药物等情况下，只要遵照运动安全，即可以避免水中抽筋。抽筋的部位与解救的方法介绍如下。

1. 足趾

解救方法有二。

(1)压韧带法：双手用力压住脚心的韧带，可以复原(见图 11-33)。

(2)揉搓脚趾法：将抽筋的脚趾用手抓住，前后左右揉搓，即可复原(见图 11-34)。

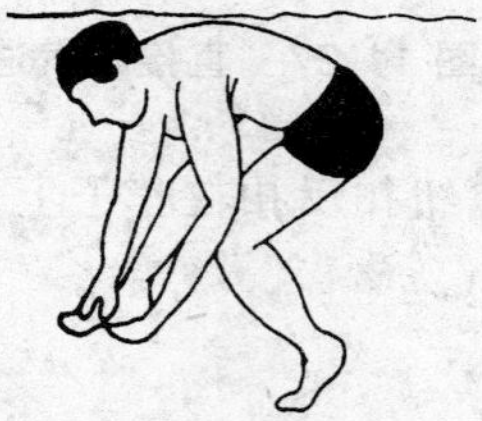

图 11-33　压韧带法

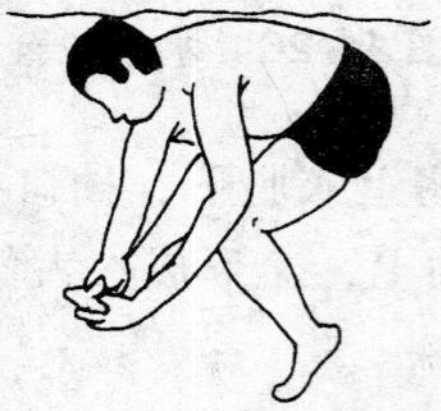

图 11-34　揉搓脚趾法

2. 小腿

解救方法有二。

(1)扳脚肘膝：将抽筋的小腿膝盖向下压，另一手抓住前脚掌向上向后拉，使小腿肌拉伸，即可复原(见图 11-35)。

(2)揉搓小腿：双手抓捏抽筋的小腿，用力揉搓，可以复原(见图 11-36)。

3. 大腿

解救方法有二。

(1)直接揉搓法：在水中先做水母漂浮，用力压迫抽筋的大腿肌，再用力揉搓，即可复原(见图 11-37)。

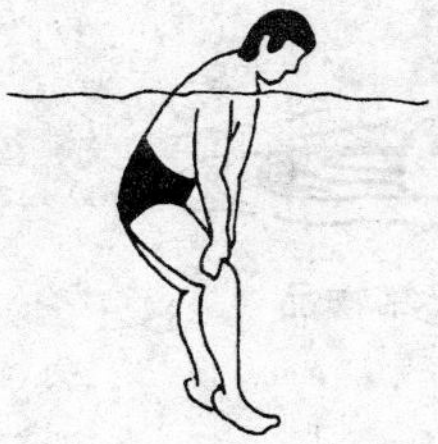
图 11-35 扳脚肘膝

图 11-36 揉搓小腿

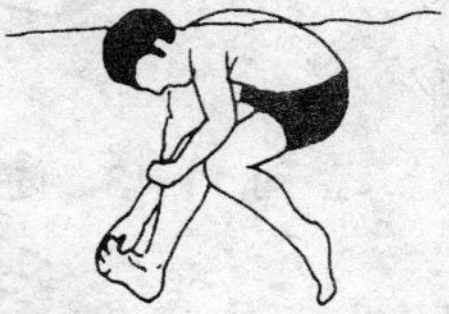
图 11-37 直接揉搓法

(2)扳脚背拉伸法：将抽筋的脚向后弯曲，用双手扳着抽筋腿的脚背，用力向臀部拉，使抽筋的大腿肌拉伸，即可复原(见图 11-38)。

4. 腹部

解救法分为两类。

(1)内部：胃部抽筋。如果是内脏，溺者大吼，而将身体屈起，在水中滚翻，至喝水下沉为止(见图 11-39)。自救与急救，只有设法搭救上岸。

(2)外部：胃部以外的属于肌内抽筋，可用仰漂放松腹部，使身体在水中仰漂或俯漂，即可恢复(见图 11-40)。

图 11-38 扳脚背拉伸法

图 11-39 内部解救法

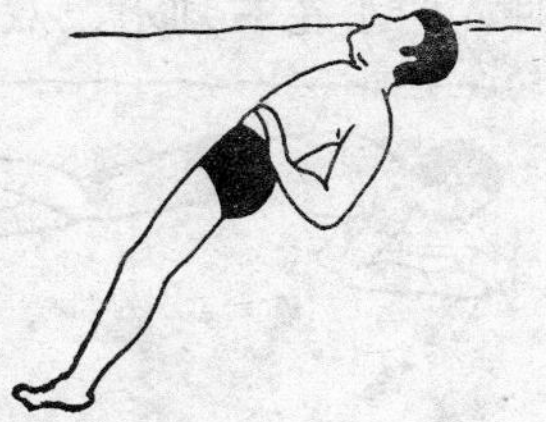
图 11-40 外部解救法

(三)借物待援

利用水中漂浮物，可在水中求生，有事半功倍之效，任何的漂浮物均可利用。

(1)有圆口的浮物：如盒子、水桶、木盒、油箱都可将物体口部压在水下，或将口封住，作为漂浮工具(见图 11-41、图 11-42)。

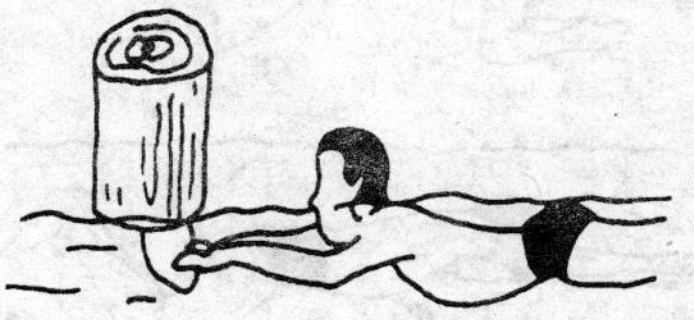
图 11-41 有圆口的浮物(一)

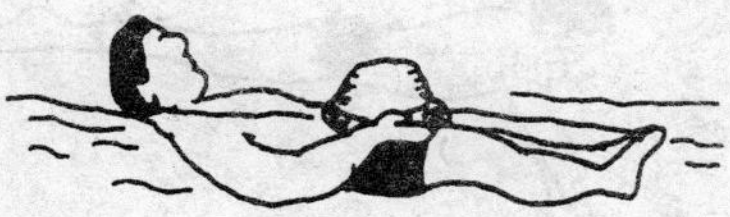
图 11-42 有圆口的浮物(二)

(2)随身携带的物品：如手提袋、手提箱、帆布包、塑料袋，均可以作为水中漂浮物(见图 11-43)。

(3)天然物品：如树枝、木板、木块、废车胎、桌、椅、柜等，均可加以利用(见图 11-44)。

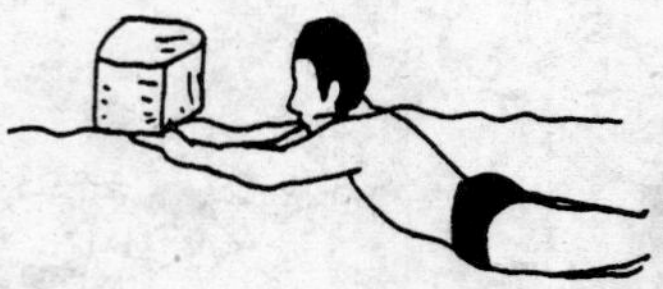

图 11-43　随身携带的物品

图 11-44　天然物品

四、基本潜泳

在水面下的游泳，称之为潜泳。但通常在水中水平游动，皆称潜泳。潜泳多用蛙式的大划手，潜速最快。用侧泳踢腿或蝶泳踢水法均可，但臂部都是在水中伸直或用蛙泳的手臂方式划水。在水面上，向水下潜动，称之潜水，两者应用时是分不开的。救生训练潜泳与潜水均得学习，其方法分别介绍如下：

(一)徒手潜泳

潜泳时，泳者必须在水面上吸气。但不可过于饱胀，以免下潜时，身体内部气体与水压相互挤压而痛苦。就姿势技术上，大约分为两种。

1. 爬式潜泳

爬式潜泳，是腿部与爬泳打水相似，故称之。双腿拨水弯曲度较大，其柔性增大，有利于拨水在水中前进，双臂做蛙式的大划游时速度较快，臂部划手主要控制方向。使用爬式潜泳手与脚没有相关性，亦可双手伸直并拢，只用脚部踢水。在水中潜泳欲变换方向时，两手左右划水，双脚左右踢水，可使身体转向(见图 11-45)。

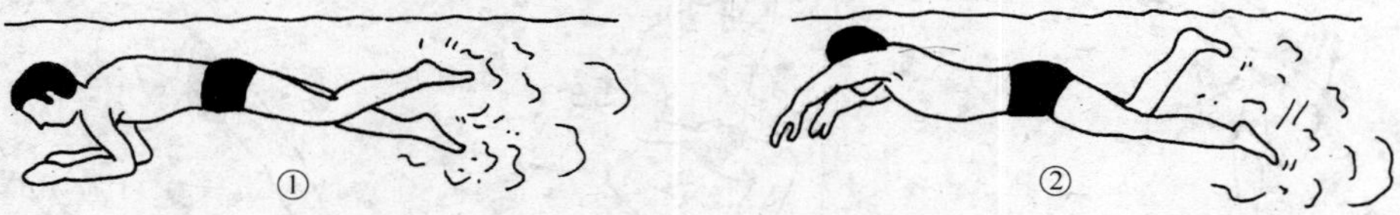

图 11-45　爬式潜泳

2. 蛙泳潜泳

此种潜泳法，在水中速度很快，双腿与蛙泳动作相似，双臂用大划手，即双臂自头前大划至体侧并拢滑翔(见图 11-46)。

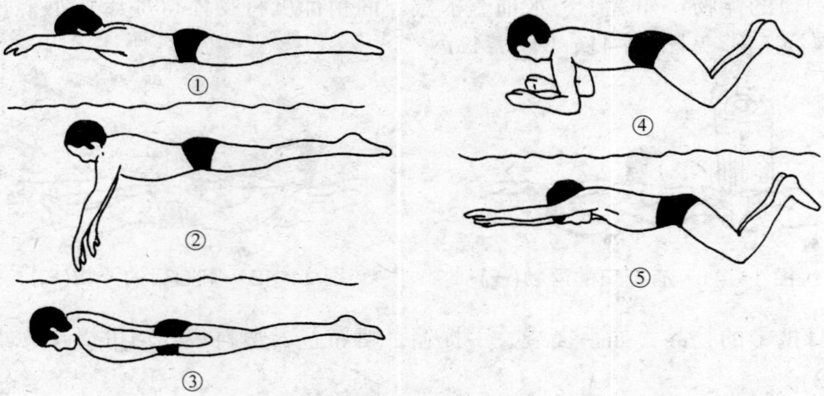

图 11-46　蛙泳潜泳

(二)徒手潜水

潜水时，泳者在水面上先吸一口气，从水面下潜至水中或水底。因此，快速下潜时，身体必须要挺直，力求身体角度符合下潜动力。潜水方式有两种：第一种，直体下潜，即身体直立水中，脚部向下的下潜法；第二种，弓身下潜，即上体弯曲，头手在前，脚部在上的下潜法，可先看到水中目标。对水中寻觅或潜水搜寻溺者都非常实用，动作技术介绍如下。

1. 直体下潜

身体在水中直立，双手侧平展(见图 11-47①)。双手向下压，身体借下压上冲立即闭口吸气(见图 11-47②)。双手掌翻转向上拨水，身体直立，双腿并拢，立即急速向下沉(见图 11-47③)，当身体潜入水下时，再做弓身的水中潜泳(见图 11-47④)。

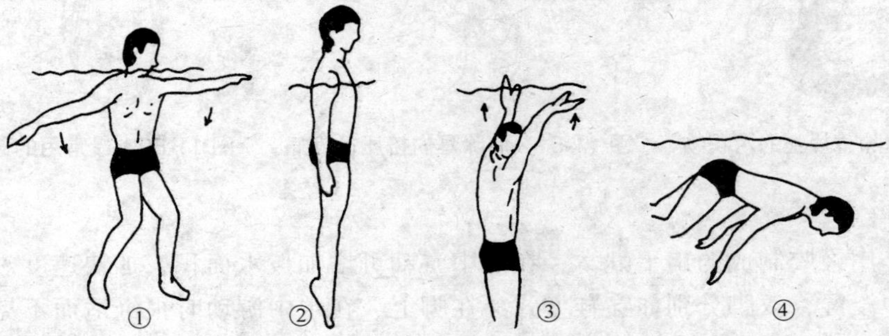

图 11-47　直体下潜

2. 弓身下潜

水中游动，实施下潜时，双手掌平压水面，抬头吸气，上身前弓、双手反划，双腿向水面上甩起(见图 11-48①)。双手拨水立即伸向水下前方，双腿此时甩在空中(见图 11-48②)，身体由于上体前弓，随此惯性潜入水下(见图 11-48③)。

3. 弓身加速下潜

弓身加速，是做过弓身潜水，欲急速向水底下潜而采用的。其动作是：当做弓身下潜时双脚蹬蛙脚，双臂划蛙手，如此身体在水中急速下潜(见图 11-49)。

图 11-48　弓身下潜

图 11-49　弓身加速下潜

五、浮潜

浮潜，又称轻装备潜水。实施浮潜，必须戴面镜、蛙鞋、呼吸管，此称潜水三宝，以下分别介绍。

(一)装备

1. 面镜

选择适合你的脸形之面镜，面镜不扣带子，用鼻轻轻吸气，面镜不脱落，就是最适合你的脸形之面镜。面镜玻璃用口水涂擦、清水冲洗，能清除镜片上的污积物(见图 11-50)，或用水草擦拭亦可。在实施浮潜，面镜内有水时，将头侧转，压住面镜，用鼻用力向外喷气，面镜中的水可以排除。若耳内挤压、疼痛，可用咽口水或活动下腭、闭气内涨方式消除(见图 11-51)。面镜种类繁多，最常用的普通型面镜见图 11-52。

图 11-50　清除镜片上的污积物

图 11-51　消除耳内挤压、疼痛

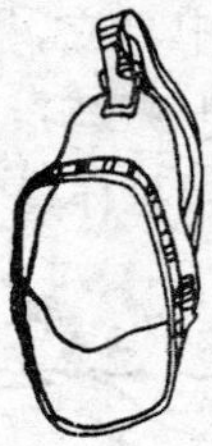

图 11-52　最常用的普通型面镜

2. 蛙鞋

蛙鞋是用橡胶制成的扁平蛙掌，在水中游动可增加拨水面积，加快速度。穿蛙鞋时预先在水中浸湿，双脚分别如穿鞋方式穿在脚上，在水中游动时很舒适而不晃动，表示适合你的脚形。如游长泳，需穿鞋或穿袜子再穿蛙鞋，能减少磨脚的机会(见图 11-53)。使用蛙鞋踢水时，双脚不可过快，膝关节弯曲度稍大，踢水幅度亦大，便于发挥踢水之推进力。

3. 呼吸管

呼吸管一般有 12～14 寸长，口径 2～2.5 厘米(见图 11-54)。当头部浸入水内，呼吸管露在外面 10 厘米，表示长度适合。呼吸管在口嘴部有突出一小块，便于牙齿咬住，中间横嘴咬在唇齿之间(见图 11-55)。在浮潜时，管头露出水面，可一直保持呼吸，可以清楚看到水底，对寻找水中溺者非常管用(见图 11-56)。携带潜水三宝入水前，先在浅水测试呼吸管、面镜，是否漏水或有不适之处。

图 11-53　蛙鞋

图 11-54　呼吸管

图 11-55　呼吸管口部突出

图 11-56　浮潜时呼吸管用法

(二)入水

穿戴浮潜三宝用具，实施放水式，方法与徒手入水大致相似，唯考虑入水时，面镜、呼吸管不能脱落，而入水后，立即可以使用。

1. 跨步式(见图 11-57)

用单腿向前跨出一步，身体前倾，一手压住面镜，一手前平展，跨入水时，手下压，两脚夹拢，身体入水，头部保持在水面上。

2. 侧身式(见图 11-58)

双脚并立，坐(蹲)在岸边上，一手压紧面镜，一手推着池边，侧体直立移入水中。入水后，用蛙鞋踢动，身体浮出水面。

图 11-57 跨步式

图 11-58 侧身式

3. 后滚式(见图 11-59)

背向水面，屈体两脚踏在岸边，一手屈肘置在背后，一手压紧面镜，屈体背滚入水中。入水后，身体竖直，双脚剪水，头露出水面。

(三)搜索

携带上述浮潜三种器具，在水中搜寻溺者，称之水中搜索。按照要领戴好三附件，在水面浮游寻觅。发现溺者，先吸一口气，用弓身下潜潜入水中(换气时，向外吐气需快而用力，可将管中余水喷出；向内吸气需慢而均匀，可免遭管内余留的水呛到)。一个人的搜索方式见图 11-60。多人搜索方式如下。

图 11-59 后滚式

图 11-60 一个的搜索方式

1. 织布式

救者站成一排，同时潜入水中，做并排式的搜寻溺者。搜到尽端，然后再横排一列，用同样的方法下潜搜寻(见图 11-61①)，或做并排向前、向后、向右来回搜索(见图 11-61②)。

2. 地毯式

救者站成一排，同时下潜并列搜寻，同时到水上呼吸，然后做第二次的下潜。当做第二次的下潜时先向后退，再做下潜，如“槐虫”前进方式一进一退搜寻(见图 11-61③)。

3. 标竿式

救者自一定点向水下做来回穿梭或围绕的搜索。定点可先用竹竿插在水底标定，穿梭搜索之后，再将竹竿移位，同样方法再穿梭或围绕地搜索。(见图 11-61④、⑤)。

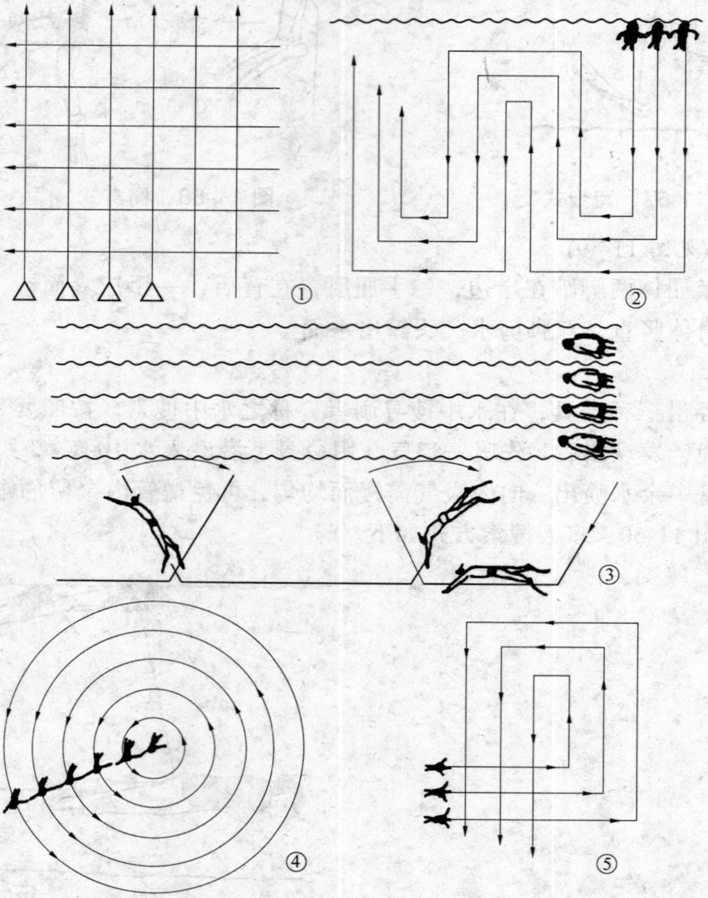

图 11-61 多人搜索方式

(四)水下救援

水下救援，是指携带潜水装置的人，因故沉入水底，此时救人者。应按下列程序施救。

1. 观察与触碰

发现溺者沉在水底，首先观察是否潜水者发生事故，有无挣扎迹象与气泡上升；接近时，轻轻触碰，如没有反应或在水底漂荡，则说明溺者已淹溺很久了(见图 11-62、图 11-63)。

图 11-62　观察与触碰(一)

图 11-63　观察与触碰(二)

2. 解铅带

下潜靠近，首解溺者的铅带(见图 11-64)。

3. 按住管嘴上升水面

在水底拉起溺者，用双臂夹住溺者的管嘴与后颈部，或反手抱头(见图 11-65)。

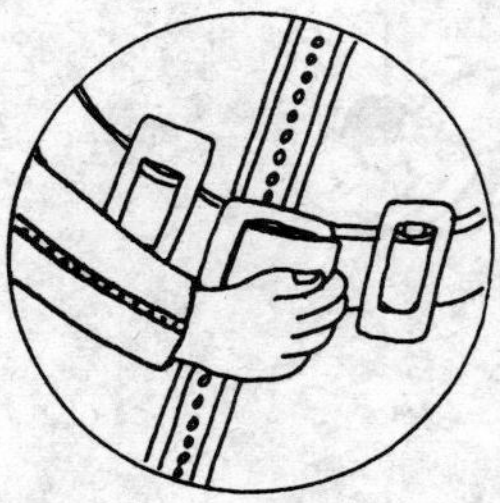

图 11-64　解铅带

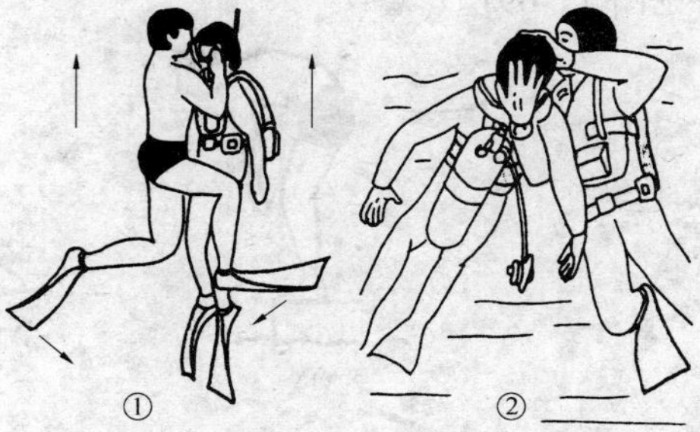

图 11-65　按住管嘴上升水面

4. 水中人工呼吸

上升水面之后，先将面罩管嘴拉下，吹两口气，再将救生背心充气。清理口腔，一手捏住鼻子，一手掐住腰部，开始在水中实施人工呼吸(见图 11-66)。

图 11-66　水中人工呼吸

第三节　救生技能与方法

一、救生的入水法

从岸上跳入水中，称之为“入水法”。入水时要做到迅速、安全、实用。救生入水法，有别竞赛跳水。入水后，保持着注视目标最为重要。方法有以下几种。

(一)静跳

救者走近水边，先缓慢地蹲下，坐在池沿上，双腿伸入水中，双手撑在岸边，身体前移入水。入水后，头部保持在水面上，游向目标(溺者)(见图 11-67)。

(二)跨跳

在不了解水中情况时，用足部先行入水，比较安全。其动作是：用单腿，跨出一大步，上体前倾，双臂侧平展，跃入水中。当身体接近水面，开始做前扑、剪腿、双手向中间抱水，以增阻力。入水后头部保持在水面上(见图 11-68)。

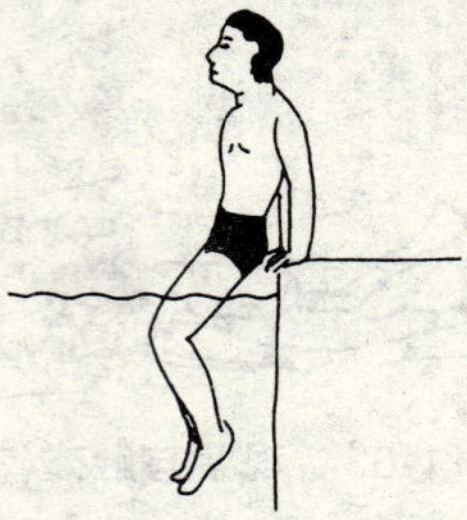

图 11-67　静跳

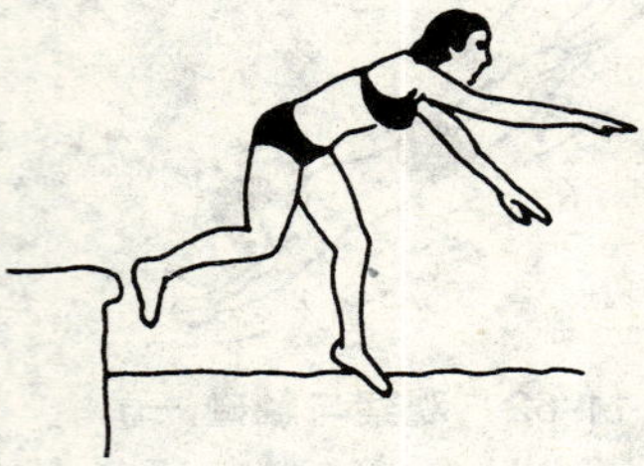

图 11-68　跨跳

(三)平跳

水清澈时，可用此法。实施平跳入水的瞬间，先注视溺者的方向，两脚站稳，上体前弯约 90 度，摆臂、挺身、跃起，入水时双手并拢、两臂夹耳身体入水，角度浅而平，出水快而远(见图 11-69)。

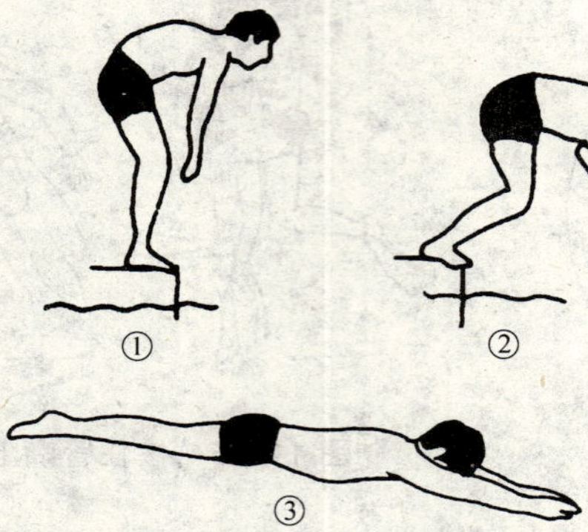

图 11-69　平跳

(四)直跳

直跳也称打椿式或高架入水法，凡距离水面很高的位置如码头上或者大船上，欲入水时，一手捏住鼻子，另一手抱紧大臂，身体直立像打椿似的跃入水中，入水后鼻子向外喷气，可免呛水之苦(见图 11-70)。

(五)跑跳

在很浅的水域或沙滩水边可用水中跑步方式入水，待水齐腰际，必须再做跑跳入水。入水时，最后一步必须蹬地跃起，平扑在水面上，用抬头蝶泳游向溺者(见图 11-71)。

图 11-70　直跳

图 11-71　跑跳

二、基本救生方法

在岸边施救而不下水救援，为岸上之基本救生。此法为最快速、最安全的一种救生方法。可分为下列 3 大类。

(一)徒手救援

1. 手援

溺者落水处，距离岸边很近。救者接近时，快速趴俯岸边，抓住岸边固定物，另一手抓住溺者，拖其上岸(见图 11-72)。

图 11-72　手援

2. 脚援

在手援达不到的距离，用脚去拖救，如此可增加拖救的距离。溺者抓住救者脚部时，立刻拖其回岸(见图 11-73)。

图 11-73　脚援

(二)借物救援

所有可以延伸与抛掷的物品，均可借物救援。

1. 延伸法

如棍、棒、衣服、竹竿、救生钩等，可以延伸救援。注意尖锐的物品，应从溺者两侧递给，以防刺伤溺者。若溺者不省人事，使用救生钩最好，也最为妥善(见图 11-74)。

2. 抛掷法

抛掷法分为绳索抛掷法与漂浮物直接抛掷法两种。

(1)绳索抛掷法：①抛救生绳法(见图 11-75①)。②绳子系住救生圈，抛给溺者，拖其回岸(见图 11-75②)，绳头应在脚下或抓在手里。③用鱼雷浮标抛掷法：将浮标扣起，抛给溺者(见图 11-75③)。

(2)漂浮物直接抛掷法：如保丽龙、球类、内胎、救生圈等，均能快速且具实效地发挥作用(见图 11-75④)。

图 11-74　延伸法

图 11-75　抛掷法

(三)深水救援

深水救援分为深水徒手救援与深水涉水借物救援两类。

1. 深水徒手救援

救者位于能够站到水底的位置，用手施救溺者，待抓牢之后，拖其回岸(见图 11-76)。或用人链法，大家同心协力，手牵手，自岸边到水中，前端一位，抓住溺者，大家一起用力，拖溺者上岸。此法在溪流、河川、海边最为实用(见图 11-77)。但需注意，人为不能抗拒的急流、大风大浪状况下，不能使用，否则会有更多人遭溺水之不幸。

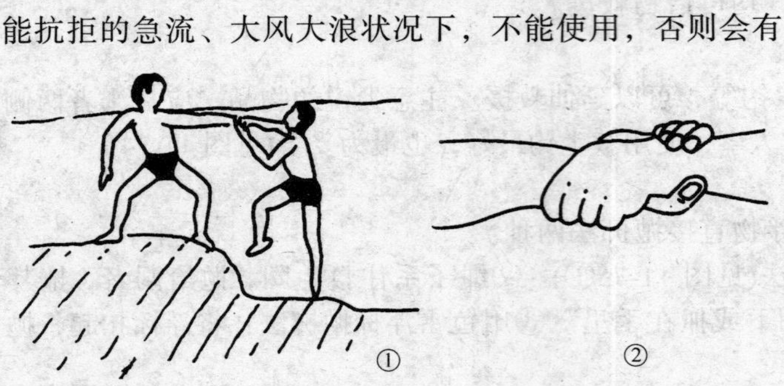

图 11-76　深水徒手救援(一)

图 11-77　深水徒手救援(二)

2. 深水涉水借物救援

使用漂浮物，涉水救助种类很多，此种深水涉水借物救援是一种间接施救溺者之方法。救者与物体之间不会有纠缠的危险，对救者与溺者都非常安全。图 11-78①、②是用救生圈救援，图 11-79 为用木板施救。

图 11-78　用救生圈救援

图 11-79　用木板施救法

三、救生中自我防卫方法

救者在水中预防溺者的抓抱，称为防卫法。

(一)单手阻挡

淹溺者为求生，必拼命挣扎，见到人与物，自然向前抓抱，如果救者被抓住，溺者就不会放手。因此，救者必须防此被抓的不幸。当遇见溺者时，可用阻挡防卫法。其动作是，当溺者抓抱时，救者身体侧转，用单手对准溺者胸部，将溺者推开(见图 11-80)。

(二)双手阻挡

在推动溺者时，很有可能被溺者抓住手臂。此时，救者视岸边距离而定。如果很近，即反抓住溺者手腕，用侧泳带其回岸边(见图 11-81)；若距岸边很远，则需解脱后再救，即做双手阻挡，此动作是溺者抓住救者时，亦不会有安全感，为了更保障自己，会更进一步地向救者头上爬。如果一旦被扼住脖子，后果不堪设想。因此，救者身体转正，用另外一只手推溺者胸部，用力推开(见图 11-82)。

四、救生中接近溺水者的方法

在水中接近溺者，称为接近法。接近时需要见机行事，必须做到迅速安全，其方法如下。

图 11-80　单手阻挡

图 11-81　双手阻挡(一)

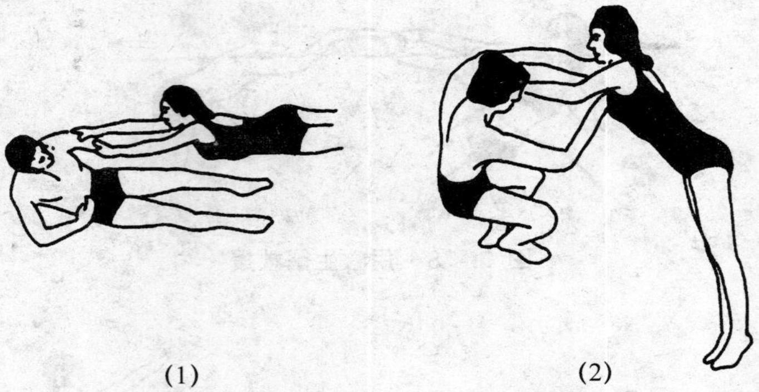

(1)　　(2)

图 11-82　双手阻挡(二)

(一)预备姿势

在溺者挣扎前，约 1 米处，紧急停游，身体侧转，一手摇橹拨水，维持平衡，另一手屈肘，手掌虎口向上准备托住溺者腋窝(见图 11-83)，进而用单(双)手托住溺者的腋窝(见图 11-84)。

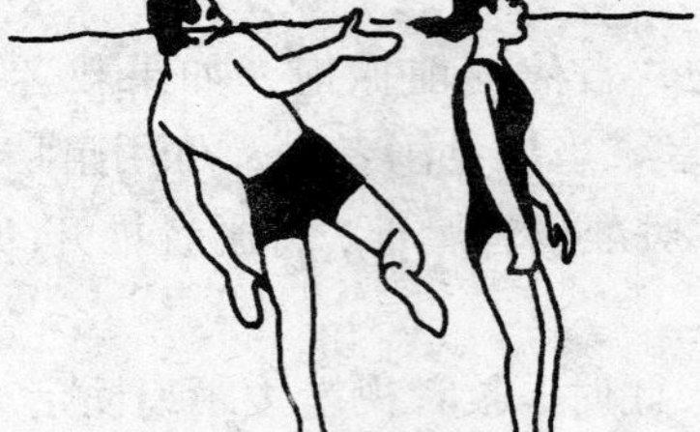

图 11-83　预备姿势(一)

图 11-84　预备姿势(二)

(二)正面接近

1. 上拉法

溺者挣扎将要乏力时，救者用单手由上而下，抓住溺者手腕 (用右手抓其右手腕)，用力做反方向的扭转与拉动，溺者会被拉成仰漂(见图 11-85)。

2. 下拉法

正面接近后，溺者挣扎不停，救者做上拉法很困难时，可试用下拉法，即救者从水面下，手心向上，抓住溺者手腕，将溺者扭成仰卧(见图 11-86)。

(三)背面接近

背后接近时，救者先用双手托住溺者的两腋窝，将其托出水面，再用单手拖腋下携带(见图 11-87)。

图 11-85 上拉法

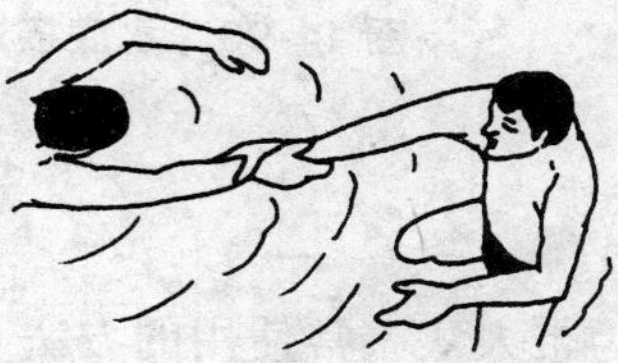

图 11-86 下拉法

图 11-87 背面接近

(四)水中接近

溺者挣扎凶猛，不易接近时，采用水中接近，分为以下几种方法。

1. 正面水中潜水迂回接近法

在溺者面前约 2 米处，做弓身潜水，潜到溺者的背后，先托住溺者双腋窝，再做水中携带法(见图 11-88)。

2. 岸上入水潜水背后接近法

溺者挣扎凶猛，而救者有能力自岸上直接潜到溺者的背后时，可采用正面潜泳背后接近的方式。救者在岸边从后直接潜到溺者的背后施救(见图 11-89)。

图 11-88 正面水中潜水迂回接近法

图 11-89 岸上入水潜水背后接近法

(五)水底接近

溺者挣扎无力，喝太多的水，就会下沉水底。救者在水面看气泡，下潜搜寻，在溺者前约 2 米，潜入水底接近溺者，一只手抓住其臂部，另一手拉住衣服将其带出水面(见图 11-90)。另一情形，溺者下沉很久，俯卧水底，会有小气泡上升水面，用同样潜水方式潜下水底施救。当拉起时，注意不可向上猛拉，以防伤害到溺者脊椎。

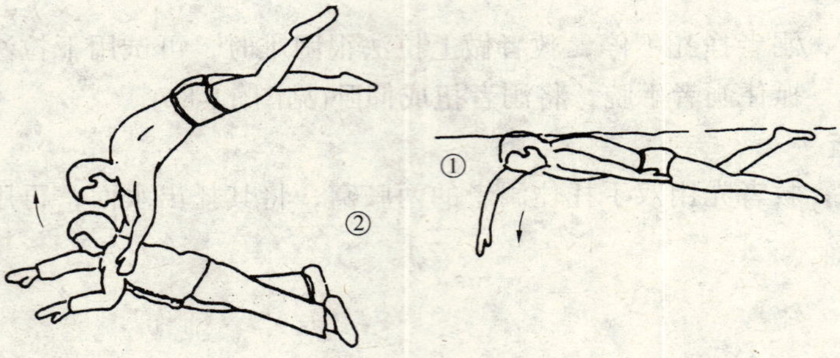

图 11-90　水底接近

五、水中拖带法

在水中拖带溺者，称为带人法。常使用的方法有四种，使用带人时，应视溺者的情况而定。

(一)抓发(衣领)式

溺者成仰漂，救者抓住溺者头发用侧泳拖带。若溺者头发很短或穿着衣服，抓其衣领也可(见图 11-91)。

图 11-91　抓发(衣领)式

(二)抱胸式

1. 上抱法

溺者成仰漂，救者用右手沿其右肩、胸部，抓住溺者的左腋窝肋部，用力抱住。用侧泳携带，此法溺者无法反抗(见图 11-92①)。如溺者有力量反抗，可用另一手扣住扼紧胸肩(见图 11-92②)。

2. 下抱法

溺者成仰漂，救者用右手从溺者腋窝过，抱住其两胸部(见图 11-93)。

上抱法与下抱法仅适合短距离 12 米左右的溺者使用。

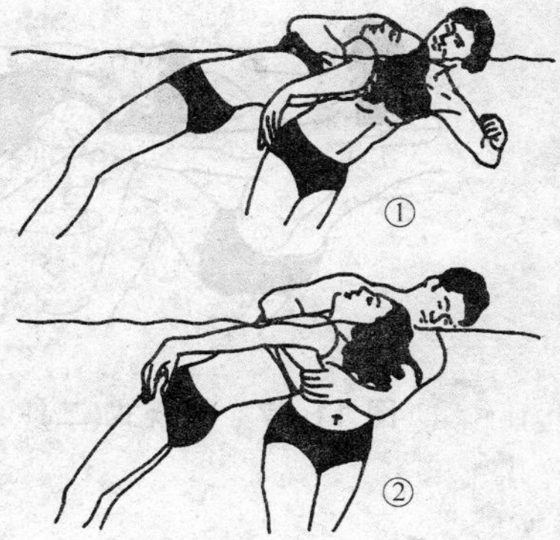

图 11-92　上抱法

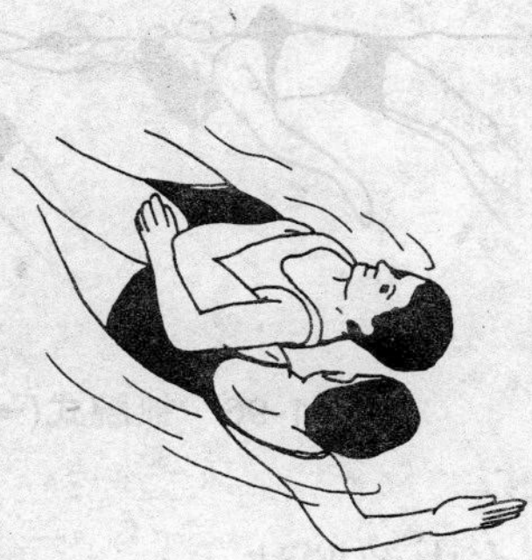

图 11-93　下抱法

(三)疲乏式

疲乏式适用于在水中抽筋、疲劳、乏力的泳者。通常有以下两种方式。

1. 握臂式

疲乏者成俯卧或仰卧，救者在其体侧用手抓住溺者的大臂，安慰他镇定、放松，合作的拖带他回岸(见图 11-94①)，如有两人可使溺者成仰漂或俯漂，两人各在其体侧抓住溺者两大臂拖带溺者回岸(见图 11-94②)。

2. 蛙式

疲乏者成仰漂，双臂伸直，分别放在救者两肩上，两腿分别夹在救者腰部，腹腰挺直。救者用蛙式拖带之(见图 11-95)。

图 11-94　握臂式

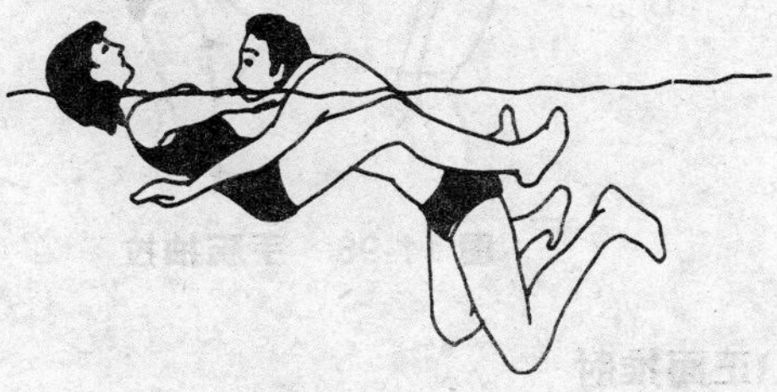

图 11-95　蛙式

(四)抓腕式

在用正面接近之后，或者溺者挣扎无力，甚至溺者已不省人事时，可以用抓住手腕方式直接拖带。抓住手腕拖带法，适合近距离的使用(见图 11-96)。通常抓带人，溺者容易呛水，故用抓腕法后，再做拖腋法(见图 11-97)，溺者能被拖出水面较高。

图 11-96　抓腕式(一)

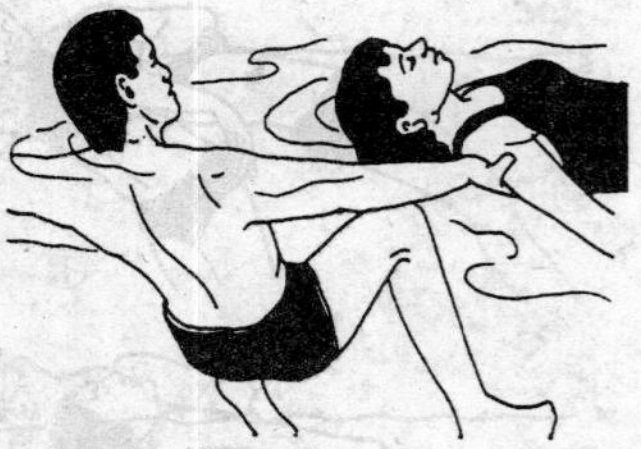

图 11-97　抓腕式(二)

六、水中解脱法

救者在水中，被溺者纠缠时，逼不得已，使用解脱法脱身后再拯救。在实施解脱时，不要有伤害到溺者的行动。溺者在水中挣扎，失去理智，是一种求生的表现，因此，对溺者任何的不智之举，都得容忍，而且尽最大能力去拯救。凡是被纠缠时，都要先做“吸气”、“收下腭”、“拨水下沉”三个动作。如此，溺者即使抓住救者，也会立刻松手，如不放手，应视溺者抓抱位置，设法解脱。

(一)抓腕解脱

溺者抓住救者手腕时，可用以下两种方式解脱。

1. 手腕抽拉

救者从溺者双臂中间抓自己的手掌，用力由下向上向后抽拉(见图 11-98)。

2. 双臂下压

救者被溺者抓住双臂，此时救者迅速吸气，用双手下压溺者双肩。如此，溺者自会松手 (见图 11-99)。

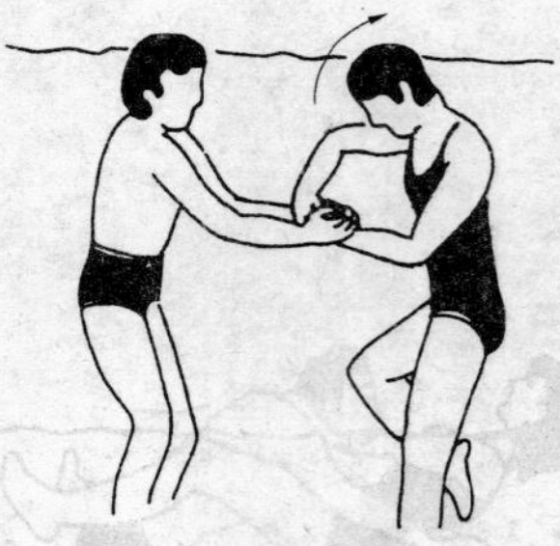

图 11-98　手腕抽拉

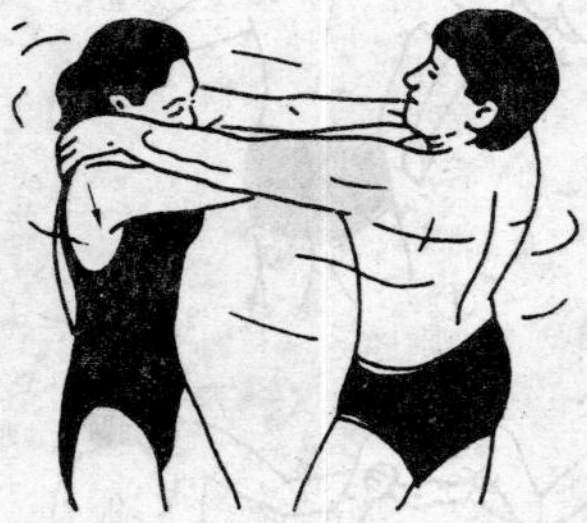

图 11-99　双臂下压

(二)正面推肘

溺者自前方抱住救者的头部时，救者必须先做下述 3 个动作：立即屈肘，双手虎口向上，推住溺者的双肘部，用力向上推开(见图 11-100)。

(三)背面推肘

溺者抱住救者背后时，救者同样做下述 3 个动作：双臂屈肘，两虎口向上，推住溺者两肘部，用力向上撑开。救者此时因推动溺者肘部，会向前漂浮，应立即做翻身俯漂，注视溺者之动向(见图 11-101)。

图 11-100　正面推肘

图 11-101　背面推肘

(四)双溺者解脱

救者与溺者纠缠而双方均乏力，两者会变成双溺者，拥抱在一起下沉。如果是刚刚纠缠时，很有可能两人还在水中漂浮着。此时另一救者，很快地抓住位于下面一位溺者的头发或衣服，拖带上岸。此法适于很短的距离(见图 11-102①)。如果是双淹者已经开始下沉或沉到水底，另一救者应用潜水方式下寻，发现后，一手扳住其中一人的大臂，用脚蹬住另一位的肩膀(见图 11-102②)，用力手拉与脚蹬，使两人分开(见图 11-102③)。发现双淹时，需先拯救一人之后，尽快再救回第二人。

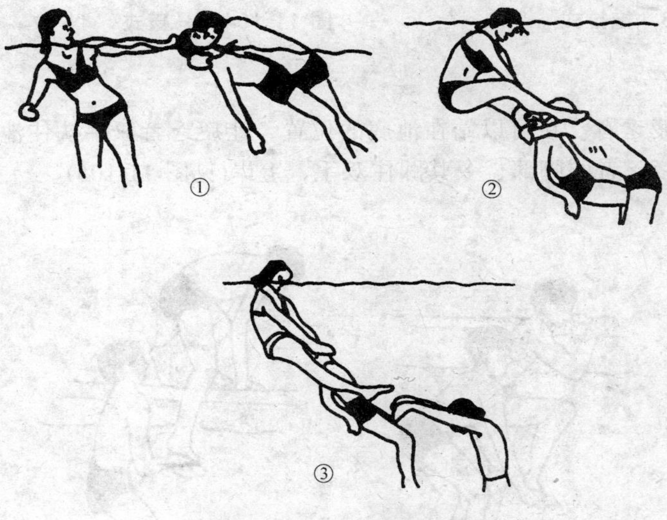

图 11-102　双溺者解脱

七、水中起岸法

救者将溺者携带回岸边，设法使溺者上岸，称为起岸法。

(一)浅水

1. 拖拉式

溺者仰靠在救者的胸肩部，救者双手抱着溺者胸腹部，站在水底，向后拖拉退行，在浅水或沙滩上，可节省体力(见图 11-103)。

2. 马鞍式

溺者被拖拉到水齐腰际，改用马鞍式搬运，实施前先使溺者成仰漂，救者之手抱住溺者的腰间(见图 11-104①)。用右手抓住溺者的右手腕，左手抱腰(见图 11-104②)。将其手腕用力向上拉，其肘部套在救者脖子上，左手移至溺者头旁，托住其头部(见图 11-104③)，然后弯腰，再用右手扳住溺者的双窝膝处，溺者侧弯卧俯在救者背上(见图 11-104④)。马鞍式适用于沙滩上或浅水中，对于不省人事的溺者很有效果。

图 11-103　拖拉式

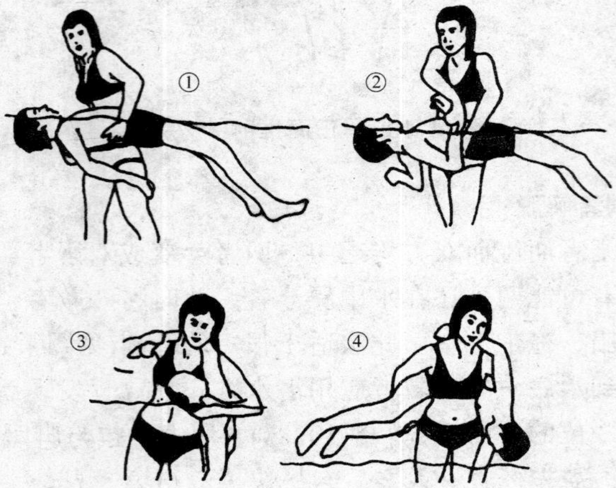

图 11-104　马鞍式

3. 马蹬式

马蹬式用于疲乏者。在可以站在池底的位置，让疲乏者双手扶住池边，救者位于其后，双手掌搬住疲乏者的脚部，令其踩住双手，上岸(见图 11-105)。

图 11-105　马蹬式

4. 搀扶法

当溺者被救到浅水区或海边时，用搀扶法可节省救者体力。搀扶法是溺者手扶在救者的肩膀，利用救者的支撑，搀扶上岸(见图 11-106)。

(二)深水

在救者踩不到水底的深水中，拖救溺者上岸，称为深水起岸。

1. 扶托法

将溺者带至岸边，救者双手自溺者腋下穿过，抓住岸边。此时，注意不使溺者的头部浸在水中，拉着头发使溺者头部昂起(见图 11-107)。

图 11-106　搀扶法

图 11-107　扶托法

2. 直拉式

救者将溺者扶托后，立即拉溺者上岸。将溺者双手交叠按住，身体移到岸旁，双臂撑上岸边(见图 11-108①)。面对溺者而立，分别抓住溺者两手腕(见图 13-108②)。用力拉起溺者，至大腿骨窝处，救者向后退，将溺者上体前弯，俯于岸边(见图 13-108③)，然后抓住溺者大腿内侧，将溺者平拖旋转离开水面，平卧在岸边(见图 11-108④)。

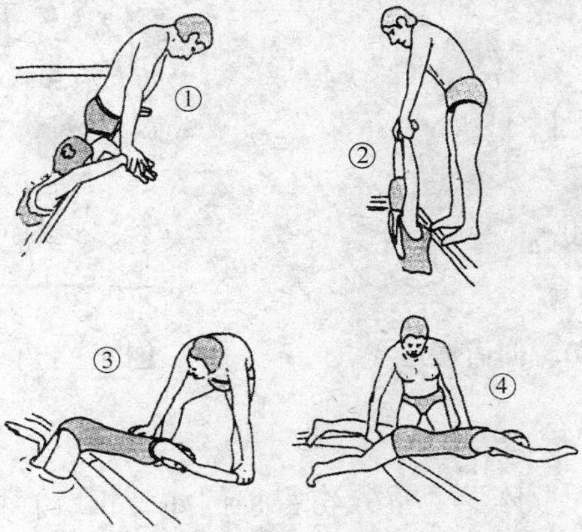

图 11-108　直拉式

(三)搬运

1. 救者两人搬运

两人位于溺者两侧，相互牵手抱住其膝窝，另一手相互抱住其背部。使溺者双臂分别搭在救者两人肩上，好似坐椅子状。救者两人将其抬起搬运(见图 11-109)。此法搬运距离不宜太远。

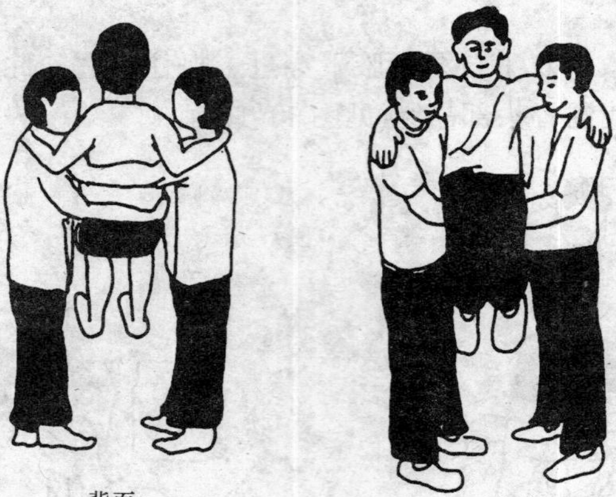

背面　　正面

图 11-109　救者两人搬运

2. 三人搬运

(1)仰面搬运：溺者成仰卧，救者三人位于两侧，两人捧住溺者背腰处，另一人托住其腿部，三人合力平拖溺者(见图 11-110)。此法多因溺者脊椎受伤不宜快速挪动。

(2)俯卧搬运：溺者成俯卧，救者三人分别站在溺者两侧，前面两人用臂肩托住溺者，后面一人肩起溺者双腿。此法用在沙滩及距离较远的地点，可以快速搬运(见图 11-111)。

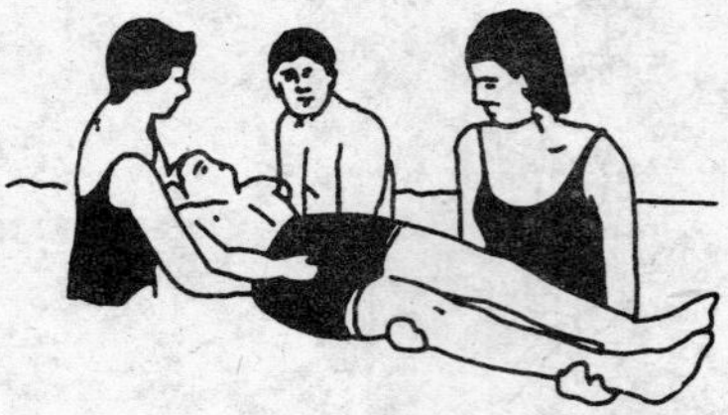

图 11-110　仰面搬运

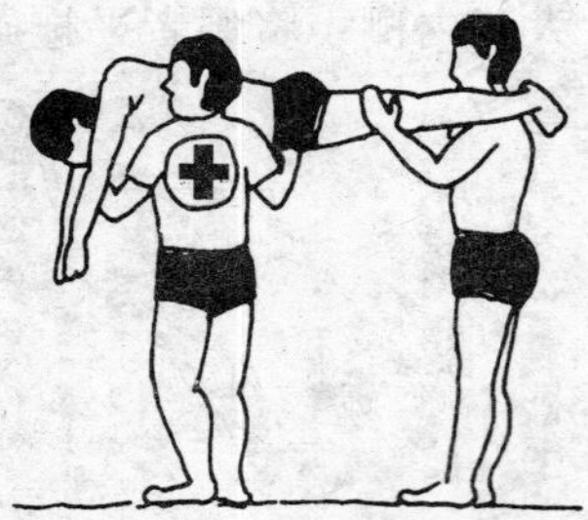

图 11-111　俯卧搬运

(四)伤者搬运

伤者搬运是已发现溺者身体发生重大伤害，例如骨折、脊椎瘫痪，如此，必须要用搬运器材，依溺者受伤害的程度部位，用木板或特制的提架，将溺者固定在木板上，平衡地搬运伤者(见图 11-112)。

救者处理溺者，要做到：第一，注意供氧，实施人工呼吸；第二，如有骨折，使溺者不要乱动，如流血应立即实施止血法；第三，多找帮手搬运，迅速固定送医院；第四，避免伤患受到不必要的骚扰，可用保温的物品覆盖。搬运方式见图 11-113。

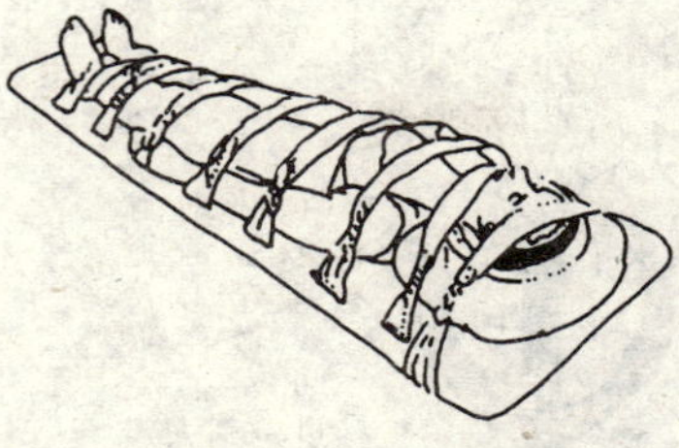

图 11-112　伤患者搬运

图 11-113　搬运方式

第四节　岸上急救方法

急救是对遭到伤害者，给予适当的紧急援助。当实施急救时，要审慎明判，详加诊查，运用正确的急救方法处理。

当救生员发现溺者实施急救时，除了尽最大努力分秒必争拯救之外，还必须设法尽快送医院或请医生到场。注意下列急救的措施与常识。

一、生理急救

生理急救，包括呼吸系统与循环系统急救。呼吸系统包括口、鼻、喉、气管、肺等。循环系统包括血管、血流、心脏等。

(一)呼吸系统

凡是停止呼吸的人，均是呼吸系统发生障碍所致，如溺者口、鼻、喉、气管部位有堵塞物，在喉头气管与食道进口处有一“会厌软骨”。进气入肺时，此骨会自动堵住食道；相反，吞咽食物时，此骨会自动堵住气管(见图 11-114)。气管向下分为两支气管通往肺部，为气体交换转变新血的部位(见图 11-115)。

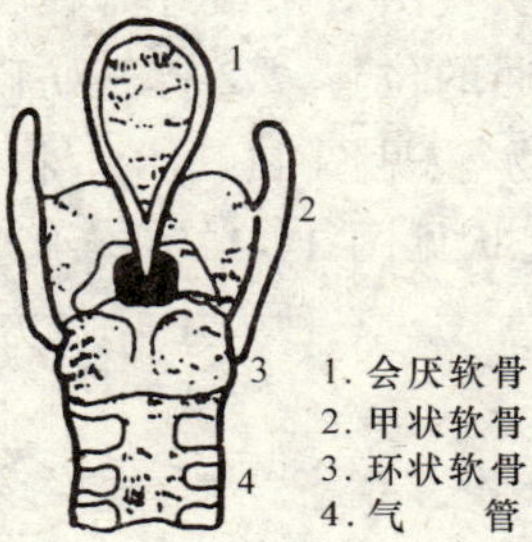

图 11-114　喉头气管及软骨

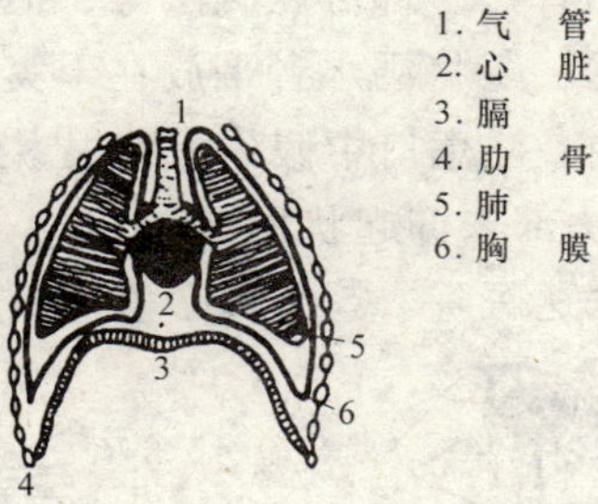

图 11-115　肺部结构

(二)循环系统

肺脏中间为心肺，是血流的发源地。清洁的血、污浊的血均从心脏输入与流出，血液的流动是靠氧带动的，因此一个人无氧的输入，血流就会立即停止。心肺位于胸腔内，在第三至第六肋骨中央偏左位置，新鲜血液由左心房→右心房→动脉→静脉→各组织使用(称大循环)→变成污浊的血→微血管→静脉→右心房→右心室→肺静脉→在肺部气体交换→过滤变成新血(为小循环)。图 11-116 为血流路线。图 11-117 为心脏内部组织。

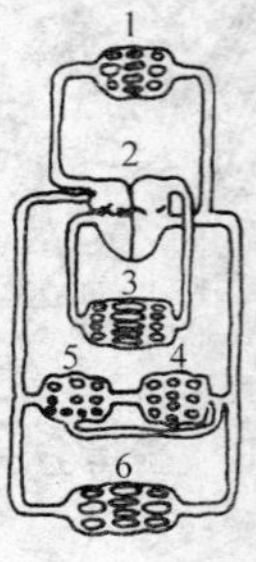

图 11-116　血流路线

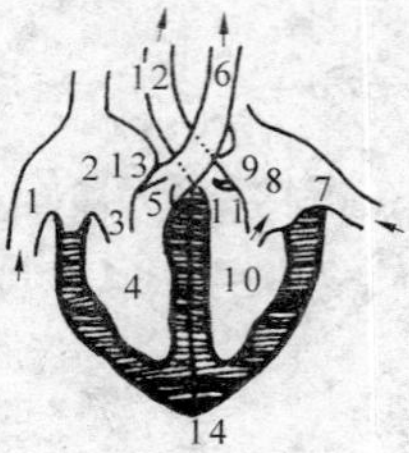

图 11-117　心脏内部组织

(三)陆上急救

1. 急救一般原则

(1)发现溺者，首先要检查：用视觉、听觉、触觉、嗅觉，从头到脚仔细检查，获悉第一手资料。

(2)从头部检查起：①口中有无呼吸和口腔内的伤害；②鼻是否有血水流出；③瞳孔的变化；④脸色的变化；⑤耳部是否有分泌物流出。

二、人工呼吸与心脏按压

人工呼吸是指用人为的方法，运用肺内压与大气压之间压力差的原理，使呼吸骤停者获得被动式呼吸，获得氧气，排出二氧化碳，维持最基础的生命。空气中的纯氧含量只有 20%~21%，而我们呼吸使用过的气体，仍含有大量氧气。因此，人工的吹气法，非常实用。而人类脑部缺氧在 4~6 分钟，细胞就会逐渐败死，如果败死就不能复原。人工呼吸急救的目的是输氧入肺，转进血液供给缺氧的细胞。人工呼吸方法很多，有口对口吹气法、俯卧压背法、仰卧压胸法等，但以口对口吹气法效果最好。在实施人工呼吸之前共同的步骤为：①将溺水者平放在干爽、空气畅通的位置。②打开妨碍呼吸的紧身衣服。③清理口腔，注意口中假牙、舌根、碎屑、食物等(见图 11-118)。将患者头部后仰，有助气管畅通(头部未仰起状见图 11-119，头部仰起状见图 11-120)。④速请医生到场或者请人报警设法送医院。⑤分秒必争地做人工呼吸急救。三种人工呼吸方法介绍如下。

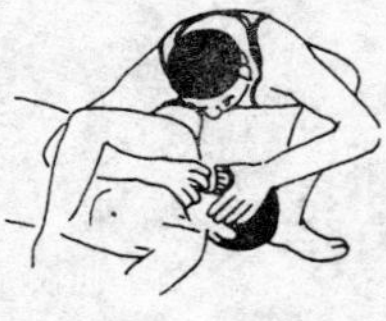

图 11-118　清理口腔

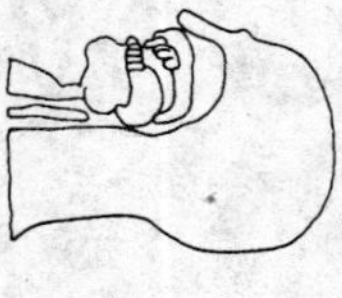

图 11-119　头部未仰起状

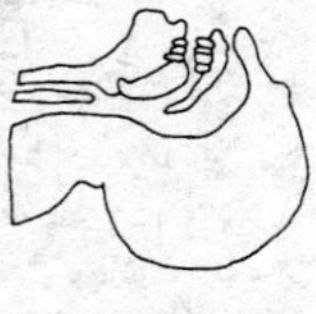

图 11-120　头部仰起状

(一)口对口吹气急救方法

口对口吹气急救方法分三阶段。

1. 准备工作

溺水者成仰卧，两臂平放于体侧，使其头部后仰(见图 11-121①)。救者位于溺水者头侧，一手捏住鼻子，一手拇指与食指压住下腭，启开溺水者嘴巴(见图 11-121②)。

2. 吹气

救者吸一口气，俯身罩住溺者口部(或鼻子上)，将气吹入其肺腑之中(见图 11-121③)。

3. 出气

救者吹气后，立即松开捏鼻子之手，侧转头部听听是否有气排出(见图 11-121④)。

以上三阶段，反复为之。成人每 5 秒钟做一个循环。

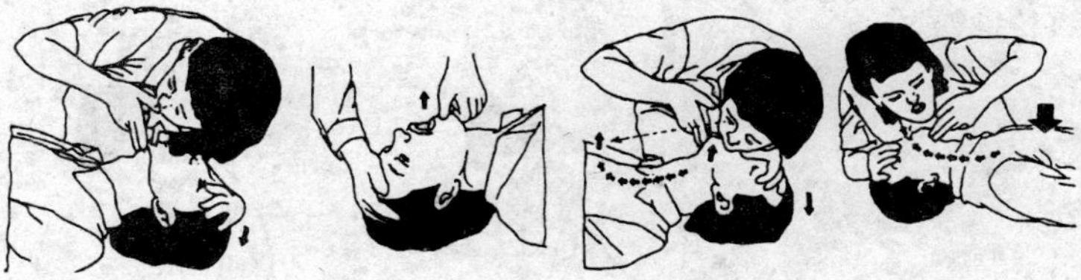

① ② ③ ④

图 11-121 口对口吹气急救方法准备工作

(二)俯卧压背式急救方法

俯卧压背式急救方法分三个阶段。

1. 准备阶段

溺水者成俯卧，两臂屈肘，交叠于头前，头部侧转，面额枕于双臂上。救者位于溺水者头前方，右脚踏在溺水者左肘前，左膝跪在溺水者右小臂前，双手五指分开，置于溺水者两肩胛骨上(见图 11-122)。

2. 下压阶段

救者上体前移，双臂伸直，以身体重量前移下压，约 2 秒(见图 11-123)。

3. 舒展阶段

下压后，救者身体立即后移，两手自背部→沿着大臂→拉住溺水者两肘部，向上抬约 2 秒(见图 11-124)。

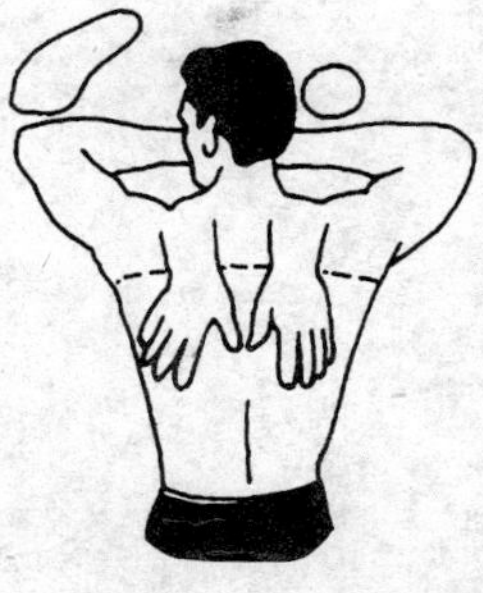

图 11-122 压背式准备阶段

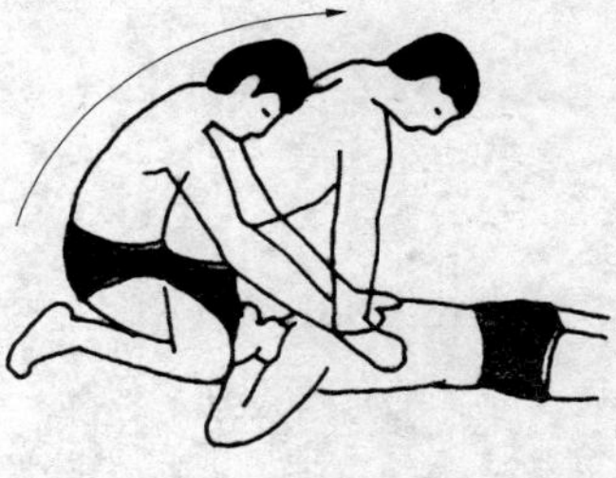

图 11-123 压背式下压阶段

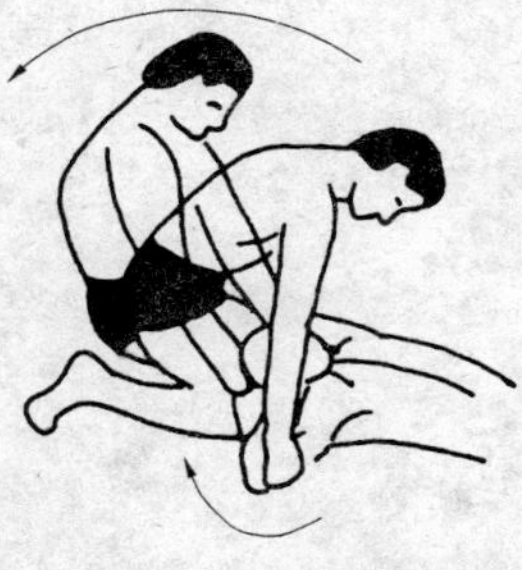

图 11-124 压背式舒展阶段

以上三阶段，反复为之，成人每 5 秒一个循环。

(三)仰卧压胸急救法

仰卧压胸急救法分为三个阶段。

1. 准备阶段

溺水者成仰卧，救者位于溺水者头前，左脚踏在溺水者左肩处，右膝跪在溺水者右肩上方(也可采用双跪方式)。双手握住溺水者双手腕，置于胸部上面(见图 11-125)。

2. 下压阶段

救者上体前移，双臂伸直，以身体重量用力下压，约 2 秒(见图 11-126)。

3. 舒展阶段

下压后，救者身体后移，并将溺者双手向后，向外扩展，约 2 秒，溺者双手以展到地上为止(见图 11-127)。

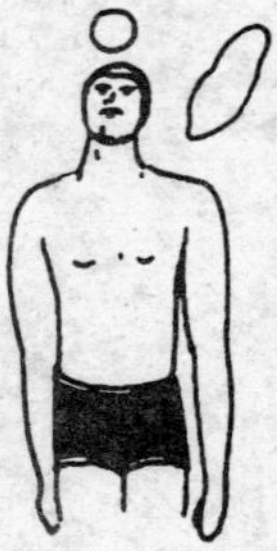

图 11-125　准备阶段

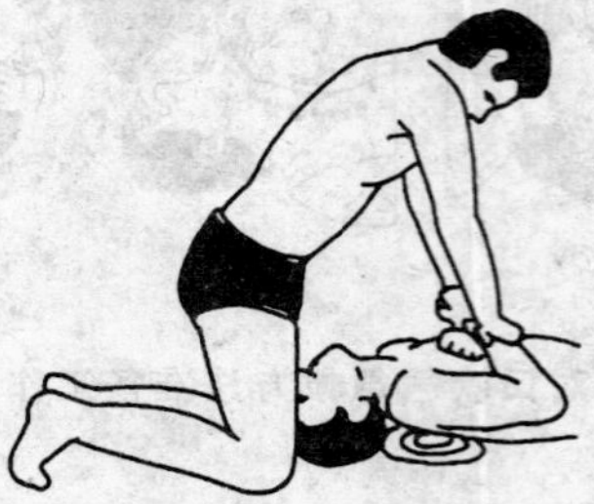

图 11-126　下压阶段

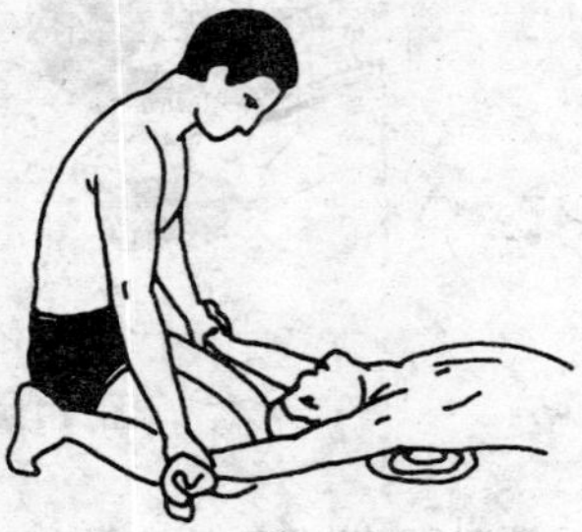

图 11-127　舒展阶段

以上三阶段，反复为之，每 5 秒做一个循环。

附录：国家学生体质健康标准

《国家学生体质健康标准》继承了原《国家体育锻炼标准》和《学生体质健康标准(试行)》的成功经验，并根据《学生体质健康标准》自2002年以来试行过程中发现的主要问题，以及我国学生体质发展变化中的新情况，对评价指标、测试项目和权重进行了修订和完善，并从2007年开始在全国各级各类学校全面实施。本次标准中新增的测评项目主要包括跳绳、引体向上、掷实心球、篮球运球、足球运球、排球垫球等项目。新增测评项目以身体素质和运动能力项目为主，其目的在于通过测试和评价促进学生积极参与体育活动，提高体质健康水平。大学各年级的评价指标体系包括评价身体形态和身体机能的指标，耐力、柔韧、力量、爆发力、速度以及综合身体素质和运动能力的指标。这些指标中，身体形态和身体机能的指标都只设置了一项，必须测评，而身体素质和运动能力的指标设置较多，可供各地选用。

一、《国家学生体质健康标准》测试项目

标准规定大学生测试项目分为6项，其中身高、体重、肺活量为必测项目。选测项目有3项，从50米跑、立定跳远、跳绳、篮球运球、足球运球、排球垫球中选测1项；男生从1 000米跑、台阶试验中选测1项，女生从800米跑、台阶试验中选测1项；男生从引体向上、坐位体前屈、掷实心球、握力中选测1项，女生从仰卧起坐、坐位体前屈、掷实心球、握力中选测1项。

二、《国家学生体质健康标准》评价指标与分值

具体评价指标与分值见表1。

表1 《国家学生体质健康标准》具体评价指标与分值

组别	评价指标(测试项目)	分值	说明
大学各年级	身高标准体重	10	必测
	肺活量体重指数	20	必测
	1 000米跑(男)、800米跑(女)、台阶试验	30	选测一项
	引体向上(男)、仰卧起坐(女)、坐位体前屈、掷实心球、握力体重指数	20	选测一项
	50米跑、立定跳远、跳绳、篮球运球、足球运球、排球垫球	20	选测一项

三、测试项目和评价指标的解说

(1)身高标准体重。评价该指标时，身高的单位为厘米，测试时保留1位小数；体重的单位为公斤，测试时保留1位小数，然后用测试值直接查表评分。可确定学生的体形匀称度，反映学生是营养不良、正常体重，还是超重和肥胖。

(2)台阶试验。测试时由于台阶的高度和频度是固定的，因此相对于每个受试者来说，台阶试验是在固定时间(180 秒)内完成固定的负荷，根据恢复期心跳频率的恢复情况来计算指数，以反映心脏对运动负荷的承受能力，在运动负荷相对等同的情况下来判定心功能的优劣。

标准所使用的评分表中台阶试验是整数，因此计算台阶指数时只保留整数进行评分。

(3)1 000 米跑(男)、800 米跑(女)。标准中 1 000 米跑(男)、800 米跑(女)的测试和评价以分、秒为单位记录成绩，不计小数，然后进行查表评分。例如 5 分 30 秒 8，按 5 分 30 秒查表评分。

(4)肺活量、肺活量体重指数。肺活量的大小与身高、体重、胸围的关系密切，因此在对学生进行评分时采用了肺活量体重指数来进行评价：

肺活量体重指数=肺活量÷体重

标准规定计算肺活量体重指数时，肺活量的单位为毫升，测试时保留整数；体重的单位为公斤，测试时保留 1 位小数，计算出指数后舍去小数，用整数查表评分。例如肺活量指数为 58.6，按 58 查表评分。

(5)50 米跑。标准中 50 米跑的评价以秒为单位，保留 1 位小数，小数点后第二位数非“0”时则进 1，例如 9.01 秒，按 9.1 秒查表评分。

(6)立定跳远。标准中立定跳远的测试和评价以米为单位，保留两位小数。例如 1.584 米，按 1.58 米查表评分。

(7)坐位体前屈。标准中坐位体前屈的测试和评价以厘米为单位，保留 1 位小数，当手指伸过 0 点时记录为“+”值，即手指伸过脚尖；当手指伸不到 0 点时记录为“–”值，即伸不到脚尖。然后根据测试值查表评分。

(8)握力、握力体重指数。握力的大小与体重有关，为了公平起见，标准采用了握力体重指数进行评分：

握力体重指数=握力÷体重×100

标准规定计算握力体重指数时，握力的单位为公斤，测试时保留 1 位小数，体重的单位为公斤，测试时保留 1 位小数。计算出指数后舍去小数，用整数查表评分，例如计算得到指数为 58.6，按 58 查表评分。

(9)仰卧起坐(女)。标准规定仰卧起坐的测试和评价以次为单位，用测试值直接查表评分。

(10)引体向上(男)。标准规定引体向上的测试和评价以次为单位，用测试值直接查表评分。

(11)跳绳。标准规定跳绳的测试和评价以次为单位，用测试值直接查表评分。

(12)篮球运球、足球运球、排球垫球。篮球的测试内容为篮球蛇行运球，足球的测试内容为足球运球过杆，排球的测试内容为排球垫球。

篮球运球、足球运球的测试和评价以秒为单位记录测试成绩，精确到小数点后 1 位，小数点后第二位数非“0”时进 1，排球垫球的测试和评价以次为单位，用测试值直接查表评分。

四、《国家学生体质健康标准》的评定

标准中各评价指标的得分之和为最后得分，满分为 100 分。根据最后得分评定等级：90 分及以上为优秀，75~89 分为良好，60~74 分为及格，59 分及以下为不及格。《国家学生体质健康标准》成绩每学年评定一次，按评定等级记入《国家学生体质健康标准登记卡》。因病或残疾免予执行标准的学生，填写《免予执行〈国家学生体质健康标准〉申请表》。

五、《国家学生体质健康标准》评分表

大学男生、女生身高标准体重及评分标准分别见表 2~表 5。

表 2　大学男生身高标准体重　　（体重单位：公斤）

身高段(厘米)	营养不良	较低体重	正常体重	超重	肥胖
	50分	60分	100分	60分	50分
144.0～144.9	<41.5	41.5～46.3	46.4～51.9	52.0～53.7	≥53.8
145.0～145.9	<41.8	41.8～46.7	46.8～52.6	52.7～54.5	≥54.6
146.0～146.9	<42.1	42.1～47.1	47.2～53.1	53.2～55.1	≥55.2
147.0～147.9	<42.4	42.4～47.5	47.6～53.7	53.8～55.7	≥55.8
148.0～148.9	<42.6	42.6～47.9	48.0～54.2	54.3～56.3	≥56.4
149.0～149.9	<42.9	42.9～48.3	48.4～54.8	54.9～56.6	≥56.7
150.0～150.9	<43.2	43.2～48.8	48.9～55.4	55.5～57.6	≥57.7
151.0～151.9	<43.5	43.5～49.2	49.3～56.0	56.1～58.2	≥58.3
152.0～152.9	<43.9	43.9～49.7	49.8～56.5	56.6～58.7	≥58.8
153.0～153.9	<44.2	44.2～50.1	50.2～57.0	57.1～59.3	≥59.4
154.0～154.9	<44.7	44.7～50.6	50.7～57.5	57.6～59.8	≥59.9
155.0～155.9	<45.2	45.2～51.1	51.2～58.0	58.1～60.7	≥60.8
156.0～156.9	<45.6	45.6～51.6	51.7～58.7	58.8～61.0	≥61.1
157.0～157.9	<46.1	46.1～52.1	52.2～59.2	59.3～61.5	≥61.6
158.0～158.9	<46.6	46.6～52.6	52.7～59.8	59.9～62.2	≥62.3
159.0～159.9	<46.9	46.9～53.1	53.2～60.3	60.4～62.7	≥62.8
160.0～160.9	<47.4	47.4～53.6	53.7～60.9	61.0～63.4	≥63.5
161.0～161.9	<48.1	48.1～54.3	54.4～61.6	61.7～64.1	≥64.2
162.0～162.9	<48.5	48.5～54.8	54.9～62.2	62.3～64.8	≥64.9
163.0～163.9	<49.0	49.0～55.3	55.4～62.8	62.9～65.3	≥65.4
164.0～164.9	<49.5	49.5～55.9	56.0～63.4	63.5～65.9	≥66.0
165.0～165.9	<49.9	49.9～56.4	56.5～64.1	64.2～66.6	≥66.7
166.0～166.9	<50.4	50.4～56.9	57.0～64.6	64.7～67.0	≥67.1
167.0～167.9	<50.8	50.8～57.3	57.4～65.0	65.1～67.5	≥67.6
168.0～168.9	<51.1	51.1～57.7	57.8～65.5	65.6～68.1	≥68.2
169.0～169.9	<51.6	51.6～58.2	58.3～66.0	66.1～68.6	≥68.7
170.0～170.9	<52.1	52.1～58.7	58.8～66.5	66.6～69.1	≥69.2
171.0～171.9	<52.5	52.5～59.2	59.3～67.2	67.3～69.8	≥69.9
172.0～172.9	<53.0	53.0～59.8	59.9～67.8	67.9～70.4	≥70.5
173.0～173.9	<53.5	53.5～60.3	60.4～68.4	68.5～71.1	≥71.2
174.0～174.9	<53.8	53.8～61.0	61.1～69.3	69.4～72.0	≥72.1
175.0～175.9	<54.5	54.5～61.5	61.6～69.9	70.0～72.7	≥72.8
176.0～176.9	<55.3	55.3～62.2	62.3～70.9	71.0～73.8	≥73.9
177.0～177.9	<55.8	55.8～62.7	62.8～71.6	71.7～74.5	≥74.6
178.0～178.9	<56.2	56.2～63.3	63.4～72.3	72.4～75.3	≥75.4
179.0～179.9	<56.7	56.7～63.8	63.9～72.8	72.9～75.8	≥75.9
180.0～180.9	<57.1	57.1～64.3	64.4～73.5	73.6～76.5	≥76.6
181.0～181.9	<57.7	57.7～64.9	65.0～74.2	74.3～77.3	≥77.4
182.0～182.9	<58.2	58.2～65.6	65.7～74.9	75.0～77.8	≥77.9
183.0～183.9	<58.8	58.8～66.2	66.3～75.7	75.8～78.8	≥78.9
184.0～184.9	<59.3	59.3～66.8	66.9～76.3	76.4～79.4	≥79.5
185.0～185.9	<59.9	59.9～67.4	67.5～77.0	77.1～80.2	≥80.3
186.0～186.9	<60.4	60.4～68.1	68.2～77.8	77.9～81.1	≥81.2
187.0～187.9	<60.9	60.9～68.7	68.8～78.6	78.7～81.9	≥82.0
188.0～188.9	<61.4	61.4～69.2	69.3～79.3	79.4～82.6	≥82.7
189.0～189.9	<61.8	61.8～69.8	69.9～79.9	80.0～83.2	≥83.3
190.0～190.9	<62.4	62.4～70.4	70.5～80.5	80.6～83.6	≥83.7

注：身高低于表中所列出的最低身高段的下限值时，身高每低 1 厘米，其实测体重需加上 0.5 公斤，实测身高需加上 1 厘米，再查表确定分值。身高高于表中所列出的最高身高段时，身高每高 1 厘米，其实测体重需减去 0.9 公斤，实测身高需减去 1 厘米，再查表确定分值。

表 3　大学女生身高标准体重　　(体重单位：公斤)

身高段(厘米)	营养不良	较低体重	正常体重	超重	肥胖
	50 分	60 分	100 分	60 分	50 分
140.0～140.9	<36.5	36.5～42.4	42.5～50.6	50.7～53.3	≥53.4
141.0～141.9	<36.6	36.6～42.9	43.0～51.3	51.4～54.1	≥54.2
142.0～142.9	<36.8	36.8～43.2	43.3～51.9	52.0～54.7	≥54.8
143.0～143.9	<37.0	37.0～43.5	43.6～52.3	52.4～55.2	≥55.3
144.0～144.9	<37.2	37.2～43.7	43.8～52.7	52.8～55.6	≥55.7
145.0～145.9	<37.5	37.5～44.0	44.1～53.1	53.2～56.1	≥56.2
146.0～146.9	<37.9	37.9～44.4	44.5～53.7	53.8～56.7	≥56.8
147.0～147.9	<38.5	38.5～45.0	45.1～54.3	54.4～57.3	≥57.4
148.0～148.9	<39.1	39.1～45.7	45.8～55.0	55.1～58.0	≥58.1
149.0～149.9	<39.5	39.5～46.2	46.3～55.6	55.7～58.7	≥58.8
150.0～150.9	<39.9	39.9～46.6	46.7～56.2	56.3～59.3	≥59.4
151.0～151.9	<40.3	40.3～47.1	47.2～56.7	56.8～59.8	≥59.9
152.0～152.9	<40.8	40.8～47.6	47.7～57.4	57.5～60.5	≥60.6
153.0～153.9	<41.4	41.4～48.2	48.3～57.9	58.0～61.1	≥61.2
154.0～154.9	<41.9	41.9～48.8	48.9～58.6	58.7～61.9	≥62.0
155.0～155.9	<42.3	42.3～49.1	49.2～59.1	59.2～62.4	≥62.5
156.0～156.9	<42.9	42.9～49.7	49.8～59.7	59.8～63.0	≥63.1
157.0～157.9	<43.5	43.5～50.3	50.4～60.4	60.5～63.6	≥63.7
158.0～158.9	<44.0	44.0～50.8	50.9～61.2	61.3～64.5	≥64.6
159.0～159.9	<44.5	44.5～51.4	51.5～61.7	61.8～65.1	≥65.2
160.0～160.9	<45.0	45.0～52.1	52.2～62.3	62.4～65.6	≥65.7
161.0～161.9	<45.4	45.4～52.5	52.6～62.8	62.9～66.2	≥66.3
162.0～162.9	<45.9	45.9～53.1	53.2～63.4	63.5～66.8	≥66.9
163.0～163.9	<46.4	46.4～53.6	53.7～63.9	64.0～67.3	≥67.4
164.0～164.9	<46.8	46.8～54.2	54.3～64.5	64.6～67.9	≥68.0
165.0～165.9	<47.4	47.4～54.8	54.9～65.0	65.1～68.3	≥68.4
166.0～166.9	<48.0	48.0～55.4	55.5～65.5	65.6～68.9	≥69.0
167.0～167.9	<48.5	48.5～56.0	56.1～66.2	66.3～69.5	≥69.6
168.0～168.9	<49.0	49.0～56.4	56.5～66.7	66.8～70.1	≥70.2
169.0～169.9	<49.4	49.4～56.8	56.9～67.3	67.4～70.7	≥70.8
170.0～170.9	<49.9	49.9～57.3	57.4～67.9	68.0～71.4	≥71.5
171.0～171.9	<50.2	50.2～57.8	57.9～68.5	68.6～72.1	≥72.2
172.0～172.9	<50.7	50.7～58.4	58.5～69.1	69.2～72.7	≥72.8
173.0～173.9	<51.0	51.0～58.8	58.9～69.6	69.7～73.1	≥73.2
174.0～174.9	<51.3	51.3～59.3	59.4～70.2	70.3～73.6	≥73.7
175.0～175.9	<51.9	51.9～59.9	60.0～70.8	70.9～74.4	≥74.5
176.0～176.9	<52.4	52.4～60.4	60.5～71.5	71.6～75.1	≥75.2
177.0～177.9	<52.8	52.8～61.0	61.1～72.1	72.2～75.7	≥75.8
178.0～178.9	<53.2	53.2～61.5	61.6～72.6	72.7～76.2	≥76.3
179.0～179.9	<53.6	53.6～62.0	62.1～73.2	73.3～76.7	≥76.8
180.0～180.9	<54.1	54.1～62.5	62.6～73.7	73.8～77.0	≥77.1
181.0～181.9	<54.5	54.5～63.1	63.2～74.3	74.4～77.8	≥77.9
182.0～182.9	<55.1	55.1～63.8	63.9～75.0	75.1～79.4	≥79.5
183.0～183.9	<55.6	55.6～64.5	64.6～75.7	75.8～80.4	≥80.5
184.0～184.9	<56.1	56.1～65.3	65.4～76.6	76.7～81.2	≥81.3
185.0～185.9	<56.8	56.8～66.1	66.2～77.5	77.6～82.4	≥82.5
186.0～186.9	<57.3	57.3～66.9	67.0～78.6	78.7～83.3	≥83.4

注：身高低于表中所列出的最低身高段的下限值时，身高每低 1 厘米，其实测体重需加上 0.5 公斤，实测身高需加上 1 厘米，再查表确定分值。身高高于表中所列出的最高身高段时，身高每高 1 厘米，其实测体重需减去 0.9 公斤，实测身高需减去 1 厘米，再查表确定分值。

表 4　大学男生评分标准

等级	单项得分	肺活量体重指数	1 000 米跑	台阶试验	50 米跑(秒)	立定跳远(米)	掷实心球(米)	握力体重指数	引体向上(次)	坐位体前屈(厘米)	跳绳(次/分)	篮球运球(秒)	足球运球(秒)	排球垫球(次)	单项得分
优秀	100	84	3′27″	82	6.0	2.66	15.7	92	26	23.0	198	8.6	6.3	50	100
	98	83	3′28″	80	6.1	2.65	15.2	91	25	22.6	193	9.0	6.5	49	98
	96	82	3′31″	77	6.2	2.63	14.4	90	24	22.0	186	9.6	6.9	46	96
	94	81	3′33″	74	6.3	2.62	13.6	89	23	21.4	178	10.3	7.3	44	94
	92	80	3′35″	71	6.4	2.60	12.5	87	22	20.6	168	11.1	7.7	41	92
	90	78	3′39″	67	6.5	2.58	11.5	86	21	19.8	158	12.0	8.2	38	90
良好	87	77	3′42″	65	6.6	2.56	11.3	84	20	18.9	152	12.4	8.5	37	87
	84	75	3′45″	63	6.8	2.52	10.9	81	19	17.5	144	12.9	8.9	34	84
	81	73	3′49″	60	7.0	2.48	10.5	79	18	16.2	136	13.5	9.3	32	81
	78	71	3′53″	57	7.3	2.43	10.0	75	17	14.3	124	14.3	9.9	29	78
	75	68	3′58″	53	7.5	2.38	9.5	72	16	12.5	113	15.0	10.4	26	75
及格	72	66	4′05″	52	7.6	2.35	9.3	70	15	11.3	108	15.6	10.7	25	72
	69	64	4′12″	51	7.7	2.31	8.9	66	14	9.5	101	16.6	11.2	23	69
	66	61	4′19″	50	7.8	2.26	8.5	63	13	7.8	94	17.5	11.7	21	66
	63	58	4′26″	48	8.0	2.20	8.0	59	12	5.4	85	18.8	12.3	18	63
	60	55	4′33″	46	8.1	2.14	7.5	54	11	3.0	75	20.0	12.9	15	60
不及格	50	54	4′40″	45	8.2	2.12	7.3	53	9	2.4	71	20.6	13.3	14	50
	40	52	4′47″	44	8.3	2.09	7.0	51	8	1.4	64	21.6	13.8	12	40
	30	51	4′54″	43	8.5	2.06	6.7	49	7	0.5	58	22.5	14.3	10	30
	20	49	5′01″	42	8.6	2.03	6.2	47	6	–0.8	49	23.8	15.0	8	20
	10	47	5′08″	40	8.8	1.99	5.8	44	5	–2.0	40	25.0	15.7	5	10

表 5　大学女生评分标准

等级	单项得分	肺活量体重指数	800 米跑	台阶试验	50 米跑（秒）	立定跳远（米）	掷实心球（米）	握力体重指数	仰卧起坐（次）	坐位体前屈（厘米）	跳绳（次/分）	篮球运球（秒）	足球运球（秒）	排球垫球（次）	单项得分
优秀	100	70	3′24″	78	7.2	2.07	8.6	74	52	21.1	190	11.2	7.3	46	100
	98	69	3′27″	75	7.3	2.06	8.5	73	51	20.8	184	11.5	7.8	44	98
	96	68	3′29″	72	7.4	2.05	8.4	72	50	20.3	175	12.0	8.6	41	96
	94	67	3′32″	69	7.5	2.03	8.2	71	49	19.8	166	12.6	9.4	38	94
	92	65	3′35″	64	7.7	2.01	8.0	69	47	19.2	154	13.3	10.5	34	92
	90	64	3′38″	60	7.8	1.99	7.8	67	45	18.6	142	14.0	11.5	30	90
良好	87	63	3′42″	59	7.9	1.97	7.7	66	44	17.7	137	14.6	11.9	29	87
	84	61	3′46″	57	8.0	1.93	7.6	63	43	16.3	130	15.6	12.5	27	84
	81	59	3′50″	55	8.2	1.89	7.5	61	42	15.0	122	16.5	13.2	25	81
	78	57	3′54″	52	8.3	1.84	7.4	58	40	13.1	112	17.8	14.0	23	78
	75	54	3′58″	49	8.5	1.79	7.2	55	38	11.3	102	19.0	14.9	20	75
及格	72	53	4′03″	49	8.6	1.76	7.1	53	37	10.1	98	19.8	15.6	19	72
	69	51	4′08″	47	8.7	1.72	7.0	50	35	8.3	92	20.9	16.7	17	69
	66	49	4′13″	46	8.8	1.69	6.8	48	33	6.5	86	22.0	17.8	15	66
	63	46	4′18″	44	8.9	1.63	6.6	44	31	4.1	78	23.5	19.3	13	63
	60	43	4′23″	42	9.0	1.58	6.4	40	28	1.7	70	25.0	20.8	10	60
不及格	50	42	4′30″	41	9.1	1.56	6.2	39	27	1.5	66	25.8	21.2	9	50
	40	41	4′37″	40	9.3	1.53	6.0	38	26	1.3	59	26.9	21.9	8	40
	30	39	4′44″	39	9.5	1.50	5.7	36	25	1.0	53	28.0	22.5	7	30
	20	37	4′51″	38	9.8	1.46	5.4	34	23	0.6	44	29.5	23.4	6	20
	10	35	5′00″	36	10.0	1.42	5.0	32	21	0.2	35	31.0	24.3	4	10

参 考 文 献

[1] 林志超. 大学体育标准教程[M]. 北京：北京体育大学出版社, 2007.

[2] 丁英俊，崔伟，林克明. 大学体育教程[M]. 郑州：河南人民出版社, 2006.

[3] 孟兴云，杨宁. 大学体育教程[M]. 北京：北京理工大学出版社, 2005.

[4] 邹继豪. 理论教程(修订版)[M]. 大连：大连理工大学出版社, 2003.

[5] 刘清黎. 体育与健康[M]. 北京：高等教育出版社, 2002.

[6] 季浏. 体育与健康[M]. 上海：华东师范大学出版社, 2001.

[7] 闵捷，高涵. 大学体育与健康基础教程[M]. 北京：北京体育大学出版社, 2002.

[8] 冒映晴，曲宗湖，等. 学校体育学[M]. 北京：北京体育出版社, 2002.

[9] 《中国大百科全书》编委会. 中国大百科全书. 体育卷[M]. 北京：中国大百科全书出版社, 1982.

[10] 龙周聂. 运动百科[M]. 北京：东方出版社, 1997.

[11] 《体育保健学》编写组. 体育保健学[M]. 北京：高等教育出版社, 1987.

[12] 肖水源. 大学生心理健康[M]. 北京：人民卫生出版社, 2005.

[13] 张美江. 体育锻炼与常见病防治[M]. 上海：华东师范大学出版社, 2000.

[14] 罗兴中. 现场简易急救 100 法[M]. 深圳：海天出版社, 2001.

[15] 矫玮，等. 运动损伤学双语教程[M]. 北京：北京体育大学出版社, 2003.

[16] 李伟昕. 成年人健身与健康[M]. 上海：上海教育出版社, 1999.

[17] 刘国柱. 实用运动处方[M]. 北京：北京科学技术出版社, 1997.

[18] 杨锡让，等. 运动与身体成分[M]. 北京：北京体育大学出版社, 1997.

[19] 《国家学生体质健康标准解读》编委会. 国家学生体质健康标准解读[M]. 北京：人民教育出版社, 2007.